Rechtsstaatlichkeit und Verantwortlichkeit bei Heinrich von Kleist

Studien zur deutschen und europäischen Literatur des 19. und 20. Jahrhunderts

Herausgegeben von
Dieter Kafitz †, Franz Norbert Mennemeier,
Erwin Rotermund und Bernhard Spies

Band 65

PETER LANG
Frankfurt am Main · Berlin · Bern · Bruxelles · New York · Oxford · Wien

Kuessi Marius Sohoudé

Rechtsstaatlichkeit und Verantwortlichkeit bei Heinrich von Kleist

PETER LANG
Internationaler Verlag der Wissenschaften

Bibliografische Information der Deutschen Nationalbibliothek
Die Deutsche Nationalbibliothek verzeichnet diese Publikation in der Deutschen Nationalbibliografie; detaillierte bibliografische Daten sind im Internet über http://dnb.d-nb.de abrufbar.

Zugl.: Mainz, Univ., Diss., 2009

Gedruckt mit Unterstützung
des Deutschen Akademischen Austauschdienstes.

D 77
ISSN 0946-9168
ISBN 978-3-631-59861-0

Inhaltsverzeichnis

Einleitendes

Zur Rechtsstaatlichkeit in der Bundesrepublik Deutschland ist auf der offiziellen Internetseite des Bundesverwaltungsamtes Folgendes zu lesen:

> Der Rechtsstaat gehört zu den Strukturprinzipien des Grundgesetzes. Alles staatliche Handeln ist an das Gesetz gebunden, es steht unter dem Gebot der Rechtssicherheit. Für alle Bürger gilt Rechtsgleichheit. Unabhängige Gerichte geben dem Bürger Rechtsschutz gegen ungerechtfertigte Eingriffe des Staates. Die formale Bindung der Staatsgewalt an das Gesetz wird ergänzt durch ein inhaltliches, materielles Rechtsstaatsprinzip, nach dem Grundgesetz die Würde des Menschen als oberster Grundwert.[1]

Die beschriebenen Prinzipien, sprich Gesetzesgebundenheit, Rechtssicherheit, Rechtsgleichheit, Unabhängigkeit der Gerichte, Rechtsschutz, Menschenwürde, die aus einem Staat einen Rechtsstaat machen, sind Errungenschaften von andauernden Kämpfen, die in der deutschen Geschichte von verschiedenen Bestandteilen der Gesellschaft, in diversen Formen und differenten Zeiten geführt wurden. Ausschlaggebend war dabei die Zeit um 1800, sodass die Bildung des Begriffs Rechtsstaat der deutschen Staatslehre des 19. Jahrhunderts zugeschrieben wird.[2] Die Idee eines Staates, in dem das Gesetz herrscht und der allen Bürgerinnen und Bürgern Rechtssicherheit gewährleistet, entstand aber schon in der griechischen Antike.[3] In der zitierten Definition der Rechtsstaatlichkeit wird den Gerichten die Verantwortung zugeschrieben, „dem Bürger Rechtsschutz gegen ungerechtfertigte Eingriffe des Staates" zu gewährleisten. Instanzen wie das Bundesverfassungsgericht in Deutschland achten darauf, dass „alles staatliche Handeln" tatsächlich „an das Gesetz gebunden" ist. Sie sorgen insofern für Willkürfreiheit und tragen eine entscheidende Verantwortung für Rechtsstaatlichkeit im Land.

Der preußische Dichter und Publizist Heinrich von Kleist (1777-1811) hat in der Zeit der Kreation des Begriffs Rechtsstaat, zumindest in der Zeit ihrer Vorbereitung, gelebt. Um 1800 waren Literatur und Jurisprudenz nicht voneinander getrennt wie heute. Die Literatur sollte „zum Test einer Theorie eine Geschi-

---

[1] http://www.bund.de/nn_5916/Microsites/Deutsche-Demokratie/Grundlagen/Rechtsstaat/-Rechtsstaat- knoten.html__nnn=true (18.03.2008)

[2] Vgl. *Evangelisches Staatslexikon*. Hrsg. von Roman Herzog et al.. 3. Aufl.. Stuttgart 1987, Spalte 2806.

[3] http://www.bund.de/nn_5916/Microsites/Deutsche-Demokratie/Grundlagen/Rechtsstaat/-Rechtsstaat-knoten.html__nnn=true (18.03.2008)

chte" erzählen.[4] Die meisten Werke von Kleist bezeugen diese historische Realität. So schreibt Hannelore Schlaffer im Nachwort zu der 1980 erschienenen Goldmann-Ausgabe seiner acht hinterlassenen Erzählungen: „Die meisten seiner Erzählungen handeln von Rechtsverletzungen und Rechtssprüchen, sei dies Recht nun natürlichen, menschlichen oder göttlichen Ursprungs."[5] Zu den Dramen behauptet sie, Kleist habe die Thematik von Recht und Gericht in seinen Dramen entschiedener aufgegriffen als seine Zeitgenossen, und sie nennt jeweils *Prinz Friedrich von Homburg*, *Das Käthchen von Heilbronn* und *Der Zerbrochne Krug* als Beispiele.[6] Die Forschung ist dieser starken Präsenz von rechtlichen Zügen in Kleists Werken gerecht geworden. Sehr viele Aufsätze und Monographien zu Kleist und seinem Oeuvre handeln vom Recht. Aus den fünfundzwanzig Ausgaben des Kleist-Jahrbuchs von 1980 bis 2005 zum Beispiel beziehen sich etwa sechsundzwanzig Aufsätze und Abhandlungen unmittelbar auf rechtliche Angelegenheiten, dazu eine große Zahl von Titeln, die nicht auf die Thematik anspielen und doch in ihrer Entwicklung die Rechtsproblematik behandeln. Diese Tendenz illustrieren Titel wie „Heinrich von Kleist und die Krise des Preußischen Staates um 1800" von Rudolf Vierhaus (1980), Jochen Schmidts „Kleists Werk im Horizont der zeitgenössischen Legitimationskrise" (1983), Joachim Bohnerts „Positivität des Rechts und Konflikt bei Kleist" (1985), Klaus Lüderssens „Recht als Verständigung unter Gleichen in Kleists 'Prinz von Homburg' – ein aristokratisches oder ein demokratisches Prinzip?" (1985), Eberhard Schmidhäusers „Das Verbrechen in Kleists ‚Marquise von O-…'. Eine nur am Rande strafrechtliche Untersuchung" (1986), Theodore Ziolkowskis „Kleists Werk im Lichte der zeitgenössischen Rechtskontroverse" (1987), Hasso Hofmanns „Individuum und allgemeines Gesetz. Zur Dialektik in Kleists ‚Penthesilea' und ‚Prinz von Homburg' (1987), Monika Frommels „Die Paradoxie vertraglicher Sicherung bürgerlicher Rechte. Kampf ums Recht und sinnlose Aktion" (1988), Hans-Peter Schneiders „Justizkritik im ‚Zerbrochnen Krug'" (1988), „Die Aporie der Macht. Zum Problem der Amnestie in Kleists ‚Michael Kohlhaas'" von Raymond Lucas (1992), Hans-Jürgen Beckers „Adoption – Verlöbnis – Ehe. Die zivilrechtliche Einbindung des Individuums bei Kleist" (1993), Ethel Matala de Mazzas „Recht für bare Münze. Institution und Gesetzeskraft in Kleists ‚Zerbrochnem Krug'" (2001) und Remigius Bunias

[4] Frommel, Monika: *Die Paradoxie vertraglicher Sicherung bürgerlicher Rechte. Kampf ums Recht und sinnlose Aktion.* In: Kleist-Jahrbuch 1988/89. Berlin 1988, S. 357-374, hier S. 361f..

[5] Kleist, Heinrich von: *Sämtliche Erzählungen.* Hrsg. sowie mit Anmerkungen versehen von Curt Grützmacher. Nachwort, Zeittafel und bibliographische Hinweise von Dr. Hannelore Schlaffer. München 1980, S. 240.

[6] Ebd., S. 241.

„Vorsätzliche Schuldlosigkeit – Begnadete Entscheidungen. Rechtsdog-matik und juristische Willenszurechnung in ‚Der Prinz von Homburg' und ‚Die Marquise von O…'" (2004).[7]

Diese verschiedenen Titel spiegeln an sich unterschiedliche Aspekte des Rechts wider und veranschaulichen, wie stark sich der „Dichterjurist"[8] Heinrich von Kleist mit der Rechtslage seiner Zeit und insbesondere mit der Entstehung und Funktion des Rechtsstaates befasst hatte. In ihrem Aufsatz „Die Paradoxie vertraglicher Sicherung bürgerlicher Rechte. Kampf ums Recht und sinnlose Aktion" zum Beispiel beschäftigt sich Monika Frommel im Wesentlichen mit der widersprüchlichen Debatte um 1800 über Selbsthilfe zwischen Gelehrten wie Immanuel Kant, P.J.A. Feuerbach, Christian Garve, Friedrich Christoph Dahlmann und Adam Müller. Dabei interpretiert sie Kleists Novelle *Michael Kohlhaas* dahingehend, dass Kleist bekannte Antithesen dieser Gelehrten vertausche. Für sie unternimmt Kleist eine „literarische Umsetzung des populären Themas, ob das, was in der Theorie richtig sei, auch unmittelbar für die Anwendung in der Praxis gelte."[9] Kleists Verdienst soll u.a. darin bestehen, dass er einen Grenzfall konstruiert habe, „den keine der bekannten Theorien zu lösen vermochte."[10] Dieser Grenzfall soll nämlich darin bestehen, dass Kohlhaas entgegen den in den geläufigen Auseinandersetzungen erörterten Fällen, nicht „eines Nutzens wegen" zum Rebellen werde, sondern auf alles verzichte und zum Rebellen werde, „weil ihm der ‚Schutz der Gesetze' versagt wurde, dessen er ‚zum Gedeihen seines friedlichen Gewerbes' bedarf."[11] Auch Bunia interessiert sich für Kleists konstruktiven Beitrag zu den Rechtsdiskursen um 1800, aber er vergleicht sie nicht wie Frommel mit den zeitgenössischen Positionen. Für ihn setzen sich *Die Marquise von O…*und *Prinz Friedrich von Homburg* mit Schuld, Vorsatz, Entscheidung, Begnadigung und Freispruch als juristischen bzw. rechtsdogmatischen Konzepten auseinander. Er geht davon aus, dass die genannten kleistschen Texte

[7] Alle Titel werden in dem Literaturverzeichnis komplett aufgelistet.

[8] So nennt Theodore Ziolkowski die Dichter, die in ihrem „Studium Generale" Rechtskurse belegt bzw. Jura studiert hatten und sich in ihren Texten mit rechtlichen Problemen der Zeit beschäftigten. Hierzu erklärt Ziolkowski: „Vom Licentiaten der Rechte Joannes [sic] Wolfgang Goethe Moeno-Francofurtensis zum Doktor juris Heinrich Heine erstrecken sich lückenlos Generationen dichtender Juristen." (Ziolkowski, Theodore: *Kleists Werk im Lichte der zeitgenössischen Rechtskontroverse*. In: Kleist-Jahrbuch 1987. Berlin 1987, S. 28-51, hier S. 28.)

[9] Frommel, Monika: *Die Paradoxie vertraglicher Sicherung bürgerlicher Rechte. Kampf ums Recht und sinnlose Aktion*. A.a.O., S. 368f.

[10] Ebd., S. 373.

[11] Ebd., S. 357.

die Notwendigkeit einer alternativen Straftheorie nahelegen, ohne jedoch eine solche konkreter zu formulieren. In diesem besonderen Sinne handelt es sich um eine Kritik an dem Schuldbegriff, der um 1800 gültig war. Sie legen die Einführung eines subjektiven Tatbestandes und somit die Prüfung des Vorsatzes im Rahmen des Tatbestandes nahe.[12]

Bunia konstatiert, dass der Kurfürst in *Prinz Friedrich von Homburg* von einem Willkürverzicht zeugt, ohne ihn bis zum Ende durchzusetzen. Aber er hält fest, dass im Drama der Versuch vorliege, mit Willkürverzicht durch Rechtsdogmatik Staat zu machen.[13]

Wenn man die genannten Beispiele liest, leuchtet einem ein, dass es um die Frage geht, wie man die herrschenden Gesetze walten lässt und welche Konflikte dabei entstehen. Dabei werden die in der obigen Definition der Rechtsstaatlichkeit erwähnten Prinzipien wie Gesetzesgebundenheit, Rechtssicherheit, Rechtsschutz angesprochen. Insofern behandeln die Exempel, wie viele Forschungen, Erscheinungsformen der Rechtsstaatlichkeit, ohne sie mit diesem Begriff zu verbinden. In der vorliegenden Studie wird explizit auf den Begriff der Rechtsstaatlichkeit eingegangen. Dabei geht es darum, herauszuarbeiten, wie Figuren wie der Kurfürst, die in Kleists Werken öffentliche Verantwortung tragen, mit der Sicherstellung der Rechtstaatlichkeit umgehen. Es wird also zugleich verfolgt, ob Behörden den ihnen in den jeweiligen Texten zugewiesenen Verantwortungen entsprechend handeln und welche Folgen aus ihrem verantwortlichen bzw. unverantwortlichen Verhalten entstehen. In dieser Hinsicht trägt die vorliegende Arbeit den Titel „Rechtsstaatlichkeit und Verantwortlichkeit im Werk Heinrich von Kleists“. Da das Tandem „Rechtsstaatlichkeit und Verantwortlichkeit“ nicht in allen Werken des Dichters zu verorten ist, interpretiere ich im Wesentlichen die Novellen *Michael Kohlhaas* (1810) und *Der Zweikampf* (1811) sowie die Dramen *Der Zerbrochne Krug* (1806) und *Prinz Friedrich von Homburg* (1811), welche die Thematik am deutlichsten veranschaulichen. Andere für die Interpretation relevante kleinere Texte wie die politische Schrift *Katechismus der Deutschen* (1809) oder der Aufsatz *Von der Überlegung. Eine Paradoxe* sowie Briefe des Dichters werden auch herangezogen.

Die Thematik „Rechtsstaatlichkeit und Verantwortlichkeit“ ist komplex und verlangt eine mehrfach gefächerte Herangehensweise. Deshalb wird die Interpretation in dieser Arbeit sowohl werkimmanent als auch textextern angelegt. Die

---

[12] Bunia, Remigius: *Vorsätzliche Schuldlosigkeit – Begnadete Entscheidungen. Rechtsdogmatik und juristische Willenszurechnung in ‚Der Prinz von Homburg' und ‚Die Marquise von O...'* In: Kleist-Jahrbuch 2004. Stuttgart, Weimar 2004, S. 42-61, hier S. 49.
[13] Vgl. ebd., S. 55.

Textanalyse ist semantisch und semiotisch orientiert. Indem ein „Regietheater“ nach Leo Kreutzer[14] geführt wird, wird jedes bedeutungstragende Zeichen, das zur Veranschaulichung der Problematik dienlich sein kann, im Hinblick auf die Themenstellung erforscht und bewertet. Dabei werden historische, politische und juristische Andeutungen nach Möglichkeit dokumentarisch eruiert, dergestalt, dass die darin steckende „social energy“ im Sinne Stephen Greenblatts, des Begründers des „New Historicism“, sichtbar wird.[15] Darüber hinaus werden relevante Befunde aus früheren Forschungen kritisch herangezogen. Die ganze Interpretation richtet sich dennoch streng nach den jeweiligen Gegenstandstexten, jede Beliebigkeit wird vermieden.

Im Vordergrund verfolge ich als Literaturwissenschaftler das Ziel, den Werken des Dichters Heinrich von Kleist einen weiteren Bedeutungswert zu verleihen, indem ich sie aus einer neuen Perspektive interpretiere. Ein anderes Ziel besteht darin, durch die Behandlung der Thematik „Rechtsstaatlichkeit und Verantwortlichkeit“ zur Bekanntmachung von Kleists gewichtiger Teilnahme an den dringlichen Rechtsreformen in Preußen und anderen deutschen beziehungsweise deutschsprachigen Ländern um 1800 beizutragen. Das dritte Interesse dieser

---

[14] Leo Kreutzer betrachtet in seinem Plädoyer für ein „Regietheater in der Literaturwissenschaft“ die Arbeit des Interpreten als „Inszenierung seiner Leseerfahrungen“. Er erklärt dies wie folgt: „Er [der Interpret] meint, einen Text lesend, sich verändert zu haben, nun sucht er diesen Prozeß zu rekonstruieren, das Drama der miteinander kommunizierenden Erfahrungen, seiner eigenen und der im Text aufgehobenen. Bei seiner Lektüre hat der Autor des Textes Regie geführt, nun übernimmt die Regie der Interpret. Sein Schreiben ist eine, es ist *seine* Neuinszenierung des Textes. Er spricht nicht *über* den Text, er analysiert ihn, indem er, sich seiner inneren Dynamik überlassend, ihn neu arrangiert. Neu ‚erzählt'.“ (Kreutzer, Leo: *Für ein Regietheater in der Literaturwissenschaft*. In: Literatur und Erfahrung 12/13 (1983). Berlin 1983, S. 26-28, hier S. 27. Hervorhebungen im Original.)

[15] Es geht Stephen Greenblatt darum, „den literarischen Text wieder mit einem Teil der ‚sozialen Energie' aufzuladen, mit der er zu seiner Zeit reichlich ausgestattet war.“ (Baßler, Moritz: *Einleitung: New Historicism – Literaturgeschichte als Poetik der Kultur*. In: New Historicism: Literaturgeschichte als Poetik der Kultur. Mit Beiträgen von Stephen Greenblatt, Louis Montrose u.a.. Hrsg. von Moritz Baßler. 2. Aufl.. Tübingen und Basel 2001 (= UTB Nr. 2265), S. 7-28, hier S. 16.) In seiner Abhandlung „Kultur“ begründet Greenblatt den New Historicism wie folgt: „Die Welt ist voller Texte, von denen die meisten praktisch unverständlich sind, sobald man sie aus ihrer unmittelbaren Umgebung entfernt. Um die Bedeutung solcher Texte wiederherzustellen, um überhaupt aus ihnen klug zu werden, müssen wir die Situation rekonstruieren, in der sie hergestellt wurden. Im Gegensatz dazu enthalten Kunstwerke einen Gutteil dieser Situation ausdrücklich oder implizit in sich selbst, und diese gespeicherte Aufnahme ist es, was viele literarische Werke den Zusammenbruch der Bedingungen überleben läßt, die zu ihrer Herstellung führten.“ (Greenblatt, Stephen: *Kultur*. Übersetzung aus dem Amerikanischen von Moritz Baßler. In: New Historicism: Literaturgeschichte als Poetik der Kultur. Mit Beiträgen von Stephen Greenblatt, Louis Montrose u.a.. A.a.O., S. 51.)

Studie besteht darin, als nichtdeutscher Deutschlandforscher mit einer sozialen, politischen und rechtlichen Themenstellung aus der Literatur als Feld - im Sinne der Feldforschung - einen Beitrag zu entwicklungstheoretischen Debatten zu leisten, indem ich davon ausgehe, dass Literatur eine wichtige Übermittlerin von Botschaften ist, in der man nach Entwicklungsimpulsen suchen kann.[16] Dabei denke ich, eine „bewusste Aneignung des Fremden"[17] zu untenehmen. Auf diese Weise vertrete ich die Ansicht einer Germanistik zum Dienst der Entwicklung,[18] die den aktuellen Herausforderungen der Forschung in afrikanischen bzw. Entwicklungsländern entspricht, welche der Soziologe Jean-Marc ÉLA im Folgenden definiert:

> Dans un contexte où vivre, c'est combattre la faim, l'ignorance et la maladie, où règnent les discriminations, la violence, la pauvreté et l'exclusion, faire la recherche, c'est porter les enjeux de société dans le champ de la production des connaissances en assumant la responsabilité des hommes et des femmes d'analyse et de réflexion dans les dynamiques de changement.[19]

Um die Bedeutung von Kleists Beschäftigung mit den Rechtskontroversen und den Rechtsreformen zu seiner Zeit genauer zu begreifen und historisch zu situieren, erweist es sich zweckmäßig, die Rechtslage in Preußen und anderen

[16] Vgl. hierzu eine Behauptung von Serge Glitho auf dem Internationalen Kleist-Kolloquium von Oktober 1997 in Frankfurt an der Oder. Nach: Internationales Kleist-Kolloquium: *Recht und Gerechtigkeit bei Heinrich von Kleist - Eine Nachbetrachtung.* In: http:viadrina.euv-frankfurt-o.de/kleist/klemt-kl.html (06.09.2000), S. 1 der ausgedruckten Version.

[17] Witte, Barthold C.: *Fremdheitswissen als Basis auswärtiger Kulturpolitik.* In: Kulturthema Kommunikation. Hrsg. von Alois Wierlacher. Möhnesee 2000, S. 415-422, hier S. 415.

[18] Es geht hier um eine Richtung der Germanistik überwiegend in Afrika der Subsahara, die sich mit entwicklungsrelevanten Themen befasst. Hierzu gibt es beispielsweise eine Forschungsgruppe an der Universität Lomé in Togo mit dem Namen „Laboratoire de Recherches en Germanistique, Littérature interculturelle et Développement" (Forschungsstelle für Germanistik, Interkulturelle Literaturwissenschaft und Entwicklung. Übers. von mir, K.M.S.)

[19] „In einem Kontext, in dem leben heißt Hunger, Ignoranz und Krankheit bekämpfen, wo Diskriminierungen, Gewalt, Armut und Ausgrenzung herrschen, bedeutet forschen, die gesellschaftlichen Probleme auf das Feld der Schaffung von Wissen zu transportieren, wobei man die Verantwortung von Frauen und Männern der Analyse und Überlegung in der Dynamik des Wandels übernimmt." (ÉLA, Jean-Marc: *Guide pédagogique de formation à la recherche pour le développement en Afrique.* Paris et al. 2001, S. 32. Übersetzung ins Deutsche von mir, K.M.S.) Zu den entwicklungsrelevanten Themen zählen laut ÉLA u.a. „le respect des minorités et des droits humains" [die Beachtung von Minderheiten und der Menschenrechte], „la promotion des ressources humaines" [die Förderung der menschlichen Ressourcen] sowie „l'instauration de l'État de droit et l'émergence de la société civile" [die Einrichtung des Rechtsstaates und das Auftauchen der Zivilgesellschaft]. (Ebd., S. 32f.) Dies alles sind Themen, welche in der vorliegenden Arbeit mehr oder weniger behandelt werden.

deutschen Ländern um die Zeit der Französischen Revolution von 1789 einigermaßen zur Kenntnis zu nehmen. Darum widmet sich, vor der eigentlichen Deutung von Kleists Werken, ein erster Teil einem kurzen Überblick über die Situation um 1800 und die Art und Weise, wie Staatsleute, Gelehrte und die bürgerliche Öffentlichkeit an der schrittweisen Entwicklung der Rechtsordnung mitwirkten und damit um die Entstehung des Rechtsstaates rangen. Dieser Teil wird mit einer kurzen Darstellung von Kleists Leben im Bezug auf die damalige Aktualität ergänzt. Die zwei weiteren Teile der Arbeit stellen die Interpretationsphase dar. Der erste Teil dieser Sequenz setzt das Staatsoberhaupt als Garanten für Rechtssicherheit und Rechtsstaatlichkeit in den Mittelpunkt. Darin wird dem nachgegangen, wie die Oberbehörden in den jeweiligen literarisierten Staaten mit dieser aus den Texten entspringenden Verantwortung umgehen. In dem zweiten Teil dieser Etappe und dritten Teil der ganzen Studie wird herausgearbeitet, wie die im Justizapparat eine Verantwortung tragenden Figuren, sprich der Gerichtsrat, der Richter und der Anwalt, ihren jeweiligen Verantwortungen in der Auseinandersetzung mit der Sicherstellung von Rechtsstaatlichkeit nachkommen. Abschließend werden einige Erkenntnisse festgehalten, die als Ertrag der Untersuchung für die entwicklungstheoretische Debatte über Rechtsstaatlichkeit gelten können.

Teil I: Rechtsstaatlichkeit in deutschen Ländern um 1800

Kapitel 1: Der Kampf um Rechtsstaatlichkeit in Deutschland um 1800: ein Überblick

I Die Rechtsunsicherheit von Bauern

„Das ganze 18. Jahrhundert hindurch – und weit darüber hinaus – blieben Wirtschaft und Gesellschaft Deutschlands ganz vorwiegend agrarisch geprägt“. Diese Aussage, die Jürgen Schlumbohm mit einer durchschnittlichen Teilnahme von 60-70% der Gesamtbevölkerung an der Agrarproduktion in Preußen und mitteleuropäischen Staaten am Ende des 18. Jahrhunderts begründet,[20] zeigt einerseits die Bedeutung der Landwirtschaft zu dieser Zeit, denn in „der vorindustriellen Gesellschaft hing die Finanzierung des Staates im wesentlichen von der Fähigkeit der Landwirtschaft ab, Abgaben und Dienste leisten zu können.“[21] Andererseits deutet der Satz darauf hin, dass sich das Wesentliche der Verhältnisse zwischen den damals bestehenden Ständen und dem Staat auf diesem Gebiet abspielte. Die Bauern litten am meisten unter der bis Anfang des 19. Jahrhunderts geltenden Agrarverfassung. Trotz einer Konjunktur und der Einführung kapitalistischer Methoden in die Produktion konnten sie, ob sie Fronarbeiter, Tagelöhner oder selbständige Bauern waren,

> wo alle Rechte einschließlich Gerichts- und Polizeiherrschaft in einer Hand vereinigt waren, verstärkt auch durch ‚außerökonomischen Zwang’ gedrückt werden; hohe Dienstpflichten zwangen zu vermehrter Arbeits- und Zugkräftehaltung oder verhinderten eine intensive Bearbeitung der eigenen Felder, während fixierte Geldabgaben[22] bei steigenden Agrarpreisen eine sinkende reale Belastung darstellten.[23]

Mit diesen schweren Belastungen konnten die Bauern durch ihre Arbeit ihre eigenen Bedürfnisse kaum befriedigen und ihr Anteil an dem landeswirtschaftlichen Aufschwung am Ausgang des 18. Jahrhunderts war eingeschränkt. Die miserable und prekäre soziale Lage veranlasste juristische Konflikte zwischen

---

[20] Schlumbohm, Jürgen: *Freiheit – Die Anfänge der bürgerlichen Emanzipationsbewegung in Deutschland im Spiegel ihres Leitwortes (ca. 1760-ca. 1800).* Düsseldorf 1975, S. 22.

[21] Steinborn, Hans-Christian: *Abgaben und Dienste holsteinischer Bauern im 18. Jahrhundert.* Neumünster 1982 (= Quellen und Forschungen zur Geschichte Schleswig-Holsteins, Bd. 79), S. 5.

[22] Schlumbohm dekliniert diese Belastung beispielsweise in Leistungen an Landesherrn, Kirchen-, Grund-, Leib-, Zehntherren. (Vgl. Schlumbohm, Jürgen: *Freiheit – Die Anfänge der bürgerlichen Emanzipationsbewegung in Deutschland im Spiegel ihres Leitwortes (ca. 1760-ca. 1800).* A.a.O., S. 24.)

[23] Ebd., S. 24.

Bauern und den verschiedenen Herrschaften, namentlich dem Adel, der Kirche und dem Staat. Die Rechtsunsicherheit war aber ebenfalls groß.

I.1 Konflikte zwischen Bauern und Grundherren

In Preußen durften die Bauern Adlige und Behörden anklagen, wenn sie mit ihnen nicht zufrieden waren, aber sie konnten die Prozesse nur schwer gewinnen. Die adligen Gutsherren hatten nicht nur mehr Rechte als die Erbuntertanen und die anderen Bauern, sondern sie hatten auch um 1800 noch in einem Großteil der Länder – Henning nennt beispielsweise etwa 40% aller Orte im Land Paderborn[24] – die Gerichtsbarkeit, die so genannten Patrimonialgerichte, im Griff. Alle Einwohner in dem Zuständigkeitsraum der Herrschaft unterlagen ihrer Polizeihoheit sowie ihrer Patrimonialjustiz.[25] Da das Prinzip, nachdem „'niemand in seiner eigenen Sache Richter sein kann'"[26] herrschte, konnten die Untertanen adlige Gerichtsherren nur vor der Regierung bzw. dem Hofgericht verklagen. Bei Unzufriedenheit mit dem Ausgang des Prozesses an dieser Ebene konnten sie das Reichskammergericht anrufen, wie es die Gesetze um 1800 erlaubten.[27] Dieser höchste Schritt erforderte aber viel Mut und Ausdauer, denn es vergingen oft Jahrzehnte, bis durch Gerichtsurteil die Streitigkeiten endgültig beseitigt waren.[28] Die Bauern waren nicht nur der gutsherrlichen Willkür ausgeliefert, sondern die Gutsherren schüchterten sie auch mit Drohungen, die nach dem geltenden preußischen Recht nicht möglich waren, ein[29] und erfanden Möglichkeiten, Prozesse zu hindern: „Die jeweils nur auf drei Jahre abgeschlossenen Pachtkontrakte ließen den Bauern einfach nicht den zur Führung langwieriger Prozesse notwendigen langen Atem und gaben der Herrschaft die Möglichkeit, unbeque-

---

[24] Vgl. Henning, Friedrich-Wilhelm: *Herrschaft und Bauernuntertänigkeit.* Würzburg 1964, S. 233.

[25] Vgl. Harnisch, Hartmut: *Die Herrschaft Boitzenburg: Untersuchungen zur Entwicklung der sozialökonomischen Struktur ländlicher Gebiete in der Mark Brandenburg vom 14. bis zum 19. Jahrhundert.* Weimar 1968, S. 119.

[26] Henning, Friedrich-Wilhelm: *Herrschaft und Bauernuntertänigkeit.* A.a.O., S. 101.

[27] Die historische Entwicklung beschreibt Henning wie folgt: „Die Berufung gegen eine Entscheidung der Regierungskanzlei ging bis zum Ende des 17. Jahrhunderts an eine Juristenfakultät, im 18. Jahrhundert an das Reichskammergericht." (Ebd., S. 238.)

[28] Vgl. ebd., S. 238.

[29] Harnisch erwähnt z.B. einen Fall, in dem ein Gutsherr bei Weggun 1810 mit der Verwandlung seines Bauernhofs in Vorwerksland drohte, falls die Zeitpächter seine Bedingungen nicht annehmen sollten, obwohl das preußische Recht dies schon verboten hatte. (Harnisch, Hartmut: *Die Herrschaft Boitzenburg: Untersuchungen zur Entwicklung der sozialökonomischen Struktur ländlicher Gebiete in der Mark Brandenburg vom 14. bis zum 19. Jahrhundert.*, A.a.O., S. 126.)

me Bauern ihrer Stelle zu entsetzen."[30] Wenn es den Bauern trotz aller Tricks der Grund– und Gerichtsherren gelang, zum Prozess zu kommen, war der Ausgang wenig sicher. Wie langwierig die Rechterkämpfung war, illustriert ein Verfahren der Freiherren von der Borch mit ihren Hintersassen, dessen Lauf Henning wie folgt darstellt:

> Der Freiherr von der Borch hatte Anfang des 17. Jahrhunderts Streitigkeiten mit seinen Bauern wegen der Dienste; durch Vermittlung des Bischofs kam im Jahre 1657 ein Vergleich zustande. 1685 kam es erneut zu Meinungsverschiedenheiten wegen der Dienste der Untertanen zu Holzhausen und Erwitzen. Die Beschwerden der Untertanen wurden durch Urteil der Juristenfakultät zu Duisburg 1688 abgewiesen. 1720 verweigerten die Bauern wiederum einen Teil der Dienste. Sie wurden durch Strafbefehl und durch persönlichen Arrest von der Paderbornischen Regierung zur Leistung der vergleichs- und urteilsmäßigen Dienste angehalten.[31]

Dieser wiederholte Misserfolg nach 32 Jahren entmutigte die unzufriedenen Untertanen nicht, sie nutzten dann die neue Möglichkeit des Reichskammergerichts.

> 1747 erhoben die Bauern erneut Klage wegen der gleichen Dienste bei der Paderbornischen Regierung. Sie wurden mit dem überwiegenden Teil ihres Klagebegehrens abgewiesen und appellierten nunmehr beim Reichskammergericht in Wetzlar. Das Reichskammergericht entschied nach über 50 Jahren durch Urteil vom 24. VIII. 1804, indem es die Dienste in ihrer Art und in ihrem Umfang präzisierte.[32]

Es gab also de jure einen Rechtsschutz, der de facto für die meisten schutzbedürftigen Untertanen nicht zugänglich war. Durch die zögerliche Rechtsfindung verlor er erheblich an Wirkung.[33] Dank der starken Hinwendung zum Rechtssystem im 18. Jahrhundert, die ferner behandelt werden soll, verbesserte sich die Rechtslage derart, dass der Ausgang des geschilderten Falles möglich wurde.

---

[30] Harnisch, Hartmut: *Die Herrschaft Boitzenburg: Untersuchungen zur Entwicklung der sozialökonomischen Struktur ländlicher Gebiete in der Mark Brandenburg vom 14. bis zum 19. Jahrhundert.*, A.a.O., S. 115.

[31] Henning, Friedrich-Wilhelm: *Herrschaft und Bauernuntertänigkeit*. A.a.O., S. 238.

[32] Ebd., S. 238.

[33] Vgl. Henning, Friedrich-Wilhelm: *Studien zur Wirtschafts- und Sozialgeschichte Mittel- und Ostdeutschlands*. Dortmund 1985, S. 238.

I.2 Streitigkeiten zwischen Untertanen und Beamten

Auch bei Streitigkeiten zwischen Untertanen und landesherrlichen Beamten war es nicht sicher, dass das Recht zu Gunsten der Untertanen gesprochen wurde. In diesen Fällen mussten sich die Untertanen ihr Recht vor dem Reichskammergericht erkämpfen, wobei sie die erneuerte Justizordnung vom 22. September 1764 umgingen, in der es hieß, „daß gegen die Hofkammer nur bei der Kanzlei geklagt werden könne".[34] Nach Henning kamen Streitigkeiten zwischen Beamten und den Delbrückern nicht selten vor. Dies illustriert er mit dem folgenden Beispiel:

> Als die Beamten zu Neuhaus z.B. die Delbrücker immer mehr drängten, einer Abhaltung des Jahrgerichts in Neuhaus zuzustimmen, beschwerten sich die Delbrücker 1767 beim Landesherrn, der die Beschwerde auf Anraten seiner Beamten aus Neuhaus als unbegründet zurückwies. Die Delbrücker klagten daraufhin vor dem Reichskammergericht in Wetzlar. Als der Notar in den einzelnen Bauernschaften des Landes Delbrück die Unterschriften der Bewohner für die Bevollmächtigung der Vorsteher zur Prozeßführung aufnehmen ließ, sperrte der Gograf den Notar kurzerhand ein, ‚weil nicht nur ein solches Beginnen nach einem Aufruhr schmeckt, sondern sich dereinst als ein praejudicierliches factum allegiret werden könnte'.
> Der Bischof befahl dem übereifrigen Gografen aber, den Notar mit seinen Papieren wieder freizugeben.
> Das Verfahren wurde vor dem Reichskammergericht weiter durchgeführt. [...]
> 1775 wurde den Delbrückern durch Urteil bestätigt, daß sie einen Anspruch darauf hätten, daß das Jahrgericht in vollem Umfange in Delbrück zu tagen habe.[35]

Aus dem Beispiel ergibt sich, dass die erste Klage wegen des Einflusses der Beamten scheiterte, welche zugleich Partei und Berater des Richters waren und ihre Interessen schützten. Die willkürliche Inhaftierung des Notars zeigt, wie weit korrupte Beamten gingen, um Prozesse zu blockieren beziehungsweise hinzuziehen, wenn deren gerechter Ausgang für sie ungünstig sein sollte. Auch wenn es in dem geschilderten Fall um keine persönliche Ungerechtigkeit an den Bauern geht, liegt nahe, dass die Rechtsunsicherheit auch in der landesherrlichen Gerichtsbarkeit herrschte. Nur soll sie in adligen Gerichtsbereichen größer gewesen sein als im Bereich der landesherrlichen Gerichtsherrschaft.[36] Wenn man aber über die Bauern hinaus sieht, dann fällt einem auf, dass der Konflikt zwi-

[34] Henning, Friedrich-Wilhelm: *Herrschaft und Bauernuntertänigkeit.* A.a.O., S. 232.
[35] Ebd., S. 230f.
[36] Vgl. ebd., S. 104.

schen Untertanen und Staatsbeamten zu einer Streitigkeit zwischen Staat und Kirche geworden ist. Dies ist ein Merkmal der rechtsstaatlichen Entwicklung in Preußen und anderen deutschen Ländern um 1800.

II Staat gegen Kirche und Adel oder der Kampf des Staates um Rechtsstaatlichkeit

Dass die Kirche unter dem Mantel des Bischofs die Bauern vor der Willkür des unter ihrer Gewalt stehenden Gografen schützt, kann aus einer anderen Perspektive interpretiert werden, insbesondere wenn man den Anlass näher betrachtet. Hier kann es nämlich darum gehen, die Beamten zu hindern, die Gerichtsbarkeit, die unter der bischöflichen Herrschaft stand, unter die alleinige Verantwortung des Landesherrn zu bringen. Die Rolle des Gografen, der von dem Drosten, einem Beamten des Landesherrn, eingesetzt wurde und in der genannten Region von Preußen zugleich für den Bischof und die Administration arbeiten sollte, birgt den Keim des Konfliktes in sich:

> Die Interessen des Bischofs hatten im Lande Delbrück der Gograf und der Landschreiber wahrzunehmen. Die sonstigen Beamten des Landesherrn (Drost, Rentmeister, Hofkammerbeamte) hatten ihren Amtssitz in Neuhaus. Der Gograf hatte vorzüglich richterliche Aufgaben zu erfüllen. Er war aber auch in Verwaltungsangelegenheiten für die Neuhausischen Beamten tätig. Er hatte dafür zu sorgen, daß die landesherrlichen Erlasse ordnungsgemäß bekanntgegeben wurden und auf ‚die Übertreter fleißig acht zu geben' ...[37]

Hinter der Intervention des Bischofs kann man also eine Verteidigung der Macht und Interessen der Kirche und eine Manipulation der gläubigen Untertanen zu diesem Zweck sehen.[38] Von staatlicher Seite steckte hinter diesen Streitigkeiten der staatliche Wille, das Monopol der Gerichtsbarkeit zu erzwingen und somit für mehr Rechtssicherheit zu sorgen, auch wenn der Staat dabei ebenfalls seine Einnahmequellen sichern wollte.[39]

---

[37] Henning, Friedrich-Wilhelm: *Herrschaft und Bauernuntertänigkeit.* A.a.O., S. 216.

[38] Der Bischof von Delbrück hat z.B. in einem Reskript vom 28. November 1762 die gesetzlich ermöglichte Verschickung von Streitigkeiten an die Juristenfakultät streng verboten, weil er nicht wollte, dass zuviel Geld aus dem Ort floss. (Vgl. ebd., S. 224.)

[39] Vgl. Steinborn, Hans-Christian: *Abgaben und Dienste holsteinischer Bauern im 18. Jahrhundert.* A.a.O., S. 114.

Während der für seine Reformen im Allgemeinen und insbesondere im Bereich der Rechtspflege bekannte König Friedrich der Große[40] zum Beispiel schon 1770 die Leibeigenschaft und die damit verbundenen Frondienste in den königlichen Domänen abschaffte, hinderte ihn der Widerstand des preußischen Landesadels, diese Reform im ganzen Land durchzusetzen, sodass erst der ebenso reformeifrige König Friedrich Wilhelm III. 1810 die formelle landesweite Abschaffung der Erbuntertänigkeit verkünden konnte.[41] Zum staatlichen Kampf für Rechtsstaatlichkeit gehörten auch die hoheitlichen Kontrollen, die die Rechtssicherheit sowohl in der landesherrlichen Gerichtsbarkeit als auch in den grundherrschaftlichen Patrimonialgerichten erhöhen sollten. Aber sie konnten die Rechtsunsicherheit nur wenig reduzieren: „In den adligen Gerichtsbereichen wird die Rechtsunsicherheit größer gewesen sein als in dem Bereich der landesherrlichen Gerichtsherrschaft, da die staatlichen Kontrollmöglichkeiten geringer waren."[42] Erst fünf Jahre vor dem Tod von Friedrich dem Großen, der während seiner 46 Jahre langen Regierungszeit Reformen und Zentralisierung groß schrieb, gelang es dem Staat, die vollständige Verstaatlichung des Rechtssystems förmlich ganz durchzusetzen, nachdem er durch eine Reform in den Jahren 1770/1771 die Unabhängigkeit der Justizbeamten gestärkt hatte. Dies weiß Henning zu schätzen:

> Man wird allerdings die Wahrnehmung der patrimonialgerichtlichen Geschäfte durch Gerichtshalter nicht nur als Nachteil ansehen können [...]. Denn erst hierdurch war die Loslösung der Rechtssprechung auch auf der untersten Ebene von Einflüssen des Adels möglich, wie sie durch das Reglement vom 3.XII.1781 durchgeführt wurde.[43]

Trotz diesen erfreulichen Änderungen, die u.a. die finanzielle Situation der Beamten der Patrimonialgerichte verbesserten und ihre Stellung stärkten, konnte die Rechtssicherheit nicht ganz garantiert werden. „Die Schwäche des Systems lag, wie überhaupt bei jeder hoheitlichen Tätigkeit, in der nach dem damaligen Stande der Technik schwerfälligen oder überhaupt nicht durchführbaren Kontrolle der Institutionen, die diese hoheitliche Tätigkeit ausübten."[44]

---

[40] Dank seiner Gewaltenteilung wurde die Unabhängigkeit der Richterschaft ermöglicht und die Beschleunigung von Prozessverfahren mit einer einjährigen Frist gefördert. (Vgl. Höfer, Manfred: *Die Kaiser und Könige der Deutschen.* München, Esslingen 1994, S. 276.)

[41] Vgl. ebd., S. 276 u. 291.

[42] Henning, Friedrich-Wilhelm: *Herrschaft und Bauernuntertänigkeit.* A.a.O., S. 104.

[43] Ebd.

[44] Ebd., S. 103.

Obwohl sich Adlige, Kirche und Hoheit in vielen Hinsichten miteinander verständigten, zeigt die Geschichte, dass der Kampf um Rechtsstaatlichkeit am stärksten vom Staat geführt wurde. Die oben erwähnten Edikte von 1770/71, 1781, das unter König Friedrich Wilhelm II. veröffentliche Allgemeine Landesrecht für die Preußischen Staaten (ALR) von 1794, das Grundrechte für alle Bürger des Landes sicherstellen sollte, die unter König Friedrich Wilhelm III. unternommenen Reformen von 1803, 1807, 1810, die u.a. die Rechtssicherheit der Mehrheit der Bevölkerung und insbesondere die zivilrechtliche Lage der unteren Stände verbessern wollten, sind als Zeichen für den quasi kontinuierlichen Kampf des preußischen Staates für mehr Rechtsstaatlichkeit zu betrachten, dessen Mittel auf folgende Punkte zu resümieren sind: Verstaatlichung und Vereinheitlichung des Rechtssystems, ständige Verbesserung der Gesetze hinsichtlich besserer Rechtslage, Verstärkung der Unabhängigkeit der Justizbeamten durch strukturelle und finanzielle Verbesserungen, Kontrollen bei Gerichten. Die Kennzeichnung „Bauernbefreiung“, mit der man die Stein-Hardenberg'schen Reformen, die u.a. in dem Edikt vom 9. Oktober 1807 besiegelt wurden, verbindet, illustriert die Bedeutung der Handlung des Staates. Die Verhaftung und die Entlassung von Adligen unter der Regierungsführung Friedrichs Wilhelm III. sprechen beispielsweise für die Realisierung der durch die Reformen erwünschten Gleichheit aller Bürger vor dem Gesetz.[45]

Die Abhängigkeit der Rechtsreformen von der Persönlichkeit des herrschenden Staatsoberhaupts scheint dabei eine Rolle gespielt zu haben. Während Friedrich II. z.B. 1780 den Großkanzler Carl Josef Maximilian Freiherr von Fürst, Richter und Kammergerichtsräte wegen des seines Erachtens ungerecht gefällten Urteils gegen den Müller Arnold festnehmen ließ, rehabilitierte sie sein Nachfolger Friedrich Wilhelm II. und besorgte die Aufhebung des Zivilurteils Friedrichs II. zugunsten des Landrates von Gersdorf.[46] Außerdem verhinderte Friedrich Wilhelm II. 1791 das für den 1. Juni 1792 geplante Inkrafttreten des ALR u.a. wegen der Kritik des Adels an liberalen Vorschriften und verlangte eine Korrektur des Gesetzes.[47] Zu berücksichtigen ist außerdem, dass unzählige mutige Erneuerungen unter dem auch sehr reformorientierten König Friedrich Willhelm III., der übrigens als Schüler von Friedrich II. gilt,[48] gewagt wurden. Auch in Österreich wurden die meisten Reformen hinsichtlich der Rechtsstaatlichkeit unter Joseph II. (1780-1790), dem in den Anschauungen des Naturrechts erzogenen

[45] Vgl. Höfer, Manfred: *Die Kaiser und Könige der Deutschen.* A.a.O., S. 292f.

[46] http://www.gewaltenteilung.de/mueller.htm (05.03.2008)

[47] http://www.rewi.hu-berlin.de/jura/ls/knr/Richter/Rechtsgeschichte/AB_08.html (05.03.2008)

[48] Vgl. Höfer, Manfred: *Die Kaiser und Könige der Deutschen.* A.a.O., S. 290.

und überzeugten Anhänger des Aufgeklärten Despotismus und unmittelbar der Reformtätigkeit Friedrichs des Großen, bewerkstelligt oder zumindest eingeleitet. Dort handelte es sich u.a. um die Abschaffung der Leibeigenschaft, die Trennung von Justiz und Verwaltung, die klare und übersichtliche Neuorganisation der Gerichte und die Kodifikation wichtiger Teile des materiellen Rechtes, die erst 1811 glücken konnte, die Höchststellung des Staates gegenüber den ständischen Privilegien und der (katholischen) Kirche.[49]

Der Erfolg und die Effizienz der Reformen hingen auch mit der Persönlichkeit und der Ausbildung der Mitarbeiter zusammen. Die Gewagtheit der Reformen unter Friedrich II. z.B. dankt man nicht nur der freien Hand, die der aufgeklärte Monarch den mit der Justizreform Beauftragten ließ, sondern auch ihrer professionellen Ausbildung und der Kontinuität. Der für seine Reformen bekannte Jurist Samuel Freiherr von Cocceji war beispielsweise Professor an der Universität Viadrina, bevor er Kammergerichtspräsident, Vorsitzender der preußischen Justiz und Großkanzler unter Friedrich II. wurde.[50] Johann Heinrich Casimir Graf von Carmer, der mit Cocceji an den ersten Reformen arbeitete und spätere verantwortete und ab 1780 zum Großkanzler wurde, hatte in Jena und Halle Rechtswissenschaft studiert.[51] Auch seine rechte Hand, Carl Gottlieb von Suarez, war ein berühmter Rechtsgelehrter. Er hatte z. B. nicht nur an der Redaktion des 1788 veröffentlichten Gesetzwerkes „Entwurf eines allgemeinen Gesetzbuchs für die preußischen Staaten" (1784-88) teilgenommen, sondern auch das Endergebnis, das ALR, miterkämpft und 1790/91 als Prinzenerzieher den künftigen König Friedrich Wilhelm III. in die Rechtswissenschaft eingeführt. Alle mussten aber gegen den Widerstand konservativer Kreise kämpfen. Es ging zum einen um die Leute, die für die ihnen dank dem herkömmlichen Rechtssystem versicherten Privilegien und Anmaßungen fürchteten. Zum anderen handelte es sich um Gewalthaber, welche in den neuen Prinzipien der rationalen Rechtslehre und der darauf basierenden Reformen eine verhasste Beschränkung ihrer Macht erblickten, und die durch die Eskalation der Französischen Revolution von 1789 an Gewicht gewonnen hatten.[52]

---

[49] Vgl. Hartung, Fritz: *Neuzeit von der Mitte des 17. Jahrhunderts bis zur Französischen Revolution 1789*. Darmstadt 1962, S. 188f.

[50] http://www.preussenweb.de/personen/cocceji.htm (04.03.2008)

[51] http://www.retrobibliothek.de/retrobib/seite.html?id=103133 (05.03.2008)

[52] Vgl. Ilting, Karl-Heinz: *Naturrecht*. In: Geschichtliche Grundbegriffe. Historisches Lexikon zur politisch-sozialen Sprache in Deutschland. Hrsg. von Otto Brunner et al.. Bd. 4. Stuttgart 1978, S. 245-313, hier S. 312.

Die Beschwerden der mutigen und ausdauernden Bauern und anderen Untertanen, die je nach der Lage und ihren Interessen die eine oder die andere Justizinstanz anriefen und sich öfter an den Landesherrn oder das Reichskammergericht wandten, sind ebenfalls in den Kampf um Gerechtigkeit im Staat einzubeziehen; sie haben mit ihrem Druck sowohl auf Gutsherrschaft als auch auf den Staat nicht nur die Verbesserung ihrer Rechtslage erkämpft, sondern sehr wahrscheinlich auch zu den fortschrittlichen Reformen in der preußischen Gerichtsbarkeit inspiriert. Die größte Rolle im Kampf um Rechtsstaatlichkeit in Deutschland um 1800 haben aber die Gelehrten und die bürgerliche Öffentlichkeit gespielt.

III Der Beitrag von Gelehrten zum Kampf um Rechtsstaatlichkeit in Preußen um 1800

Sowohl unter dem als aufgeklärten Monarchen bekannten preußischen König Friedrich dem Großen als auch seinen Nachfolgern haben Philosophen und andere Gelehrte gewirkt und die Entwicklung des Staates stark beeinflusst. Sie bewirkten nicht nur wie Cocceji, Carmer und Suarez unmittelbar die Reformen, sondern sie beeinflussten sie überwiegend theoretisch. Die große Bedeutung ihrer Beiträge wird deutlich, wenn man sich etwa die folgenden Worte Hennings vergegenwärtigt:

> Der dem Merkantilismus folgende Zeitraum war gekennzeichnet durch die Reformen im Bereich der Landwirtschaft (Bauernbefreiung), des Gewerbes (Gewerbefreiheit) und der städtischen Verwaltung (Selbstverwaltung). Als auslösende Ursachen dieser Reformen, deren Ansätze bereits im 18. Jahrhundert zu finden sind, sind *die geistesgeschichtlichen Strömungen* und die Veränderung der wirtschaftlichen Verhältnisse durch das Wachstum der Bevölkerung und des landwirtschaftlichen und gewerblichen Produktionsbereiches zu nennen.[53]

Diethelm Klippel betont die Rolle der Intellektuellen in der Entstehung des Staates und des Rechtsstaates stärker, indem er schreibt, dass die theoretische Erfassung aller Aspekte von Staatlichkeit in Deutschland im 18. und 19. Jahrhundert eine nicht zu unterschätzende Rolle gespielt habe.[54]

---

[53] Henning, Friedrich-Wilhelm: *Studien zur Wirtschafts- und Sozialgeschichte Mittel- und Ostdeutschlands*. A.a.O., S. 18. Hervorhebungen von mir, K.M.S.

[54] Vgl. Klippel, Diethelm: *Staatsamt und bürgerliche Gesellschaft: Die Theorie des Staatsdienstes im aufgeklärten Absolutismus und im Vormärz*. In: Zeitwende?: Preußen um 1800. Hrsg. von Eckhart Hellmuth et al.. Stuttgart, Bad Cannstatt 1999, S. 77-96, hier S. 78.

Ein Überblick über die theoretischen Auseinandersetzungen in der deutschen Rechts- und Staatslehre wirft ein besonderes Licht auf ihre Auswirkung auf die reale Politik und die Entwicklung zu einem Rechtsstaat.

III.1 Die nötigende Kraft der Rechtsnormen

In Anlehnung an Thomas Hobbes, der sich gegen das Primat des göttlichen Willens wandte und die Menschenwürde sowie die Autonomie des Menschen proklamierte[55], begründet Christian Thomasius das positive Recht, dem allein er im Gegensatz zu allen anderen individuellen Naturrechten eine Verbindlichkeit im strengsten Sinn zuspricht. Die Rechtsnormen bekommen in dieser Hinsicht eine nötigende Kraft.[56] Immanuel Kant geht später in seiner „Einleitung in die Rechtslehre" in die gleiche Richtung und definiert die Rechtmäßigkeit im Staat als „die Vereinigung einer Menge von Menschen unter Rechtsgesetzen"[57] wie folgt: „Eine jede Handlung ist recht, die oder nach deren Maxime die Freiheit der Willkür eines jeden mit jedermanns Freiheit nach einem allgemeinen Gesetze zusammen bestehen kann."[58] Das allgemeine Gesetz sollte insofern dazu dienen, die individuellen Willküren zu kontrollieren und dabei die Rechte jedes dem Gesetz Untertanen zu gewähren und zu schützen.

Die Verbindlichkeit des positiven Rechts, die zugleich dem Inhaber der Staatsgewalt eine Möglichkeit der Gehorsamserzwingung zuerkennt, begründet das Recht des Souveräns, als Oberhaupt des Staates die Rechtsnorm in seinem ganzen Land geltend zu machen. Einige Landesherren haben versucht sie umzusetzen, wie die oben erwähnten Reformen zeigen. Dies ermöglichte die Vereinheitlichung des Rechtssystems vor allem im aufgeklärten Absolutismus[59], den in

[55] Damit die autonomen Menschen in der Gesellschaft aber ohne zu viele Reibungen leben können, postuliert der englische Philosoph die Unentbehrlichkeit des Staates als eine Instanz, welche die Anwendungsbedingungen für die Gültigkeit des Naturrechts schaffen soll. Ideen wie die fastgöttliche überlegene und zentralistische Macht des Souveräns, die dem Letzteren eine Immunität gegenüber seinen Untertanen zuerkennt, gehören hierzu. Daraufhin begründete Hobbes die Wichtigkeit von Sanktionen, ohne die nach seiner Lehre privatrechtliche Verträge im Naturzustand nur bedingt gültig seien. (Vgl. Ilting, Karl-Heinz: *Naturrecht*. A.a.O., S. 280-286.)

[56] Vgl. ebd., S. 294.

[57] Kant, Immanuel: *Metaphysik der Sitten*. Hrsg. von Karl Vorländer. Vierte Aufl.. Leipzig 1922, S. 135.

[58] Ebd., S. 35.

[59] Fritz Hartung begründet die Bezeichnung „aufgeklärter Despotismus" oder „aufgeklärter Absolutismus" dadurch, dass der Staat die Bewegung der Aufklärung nicht nur habe gesche-

Preußen Friedrich der Große und Friedrich Wilhelm III. besonders verkörperten. Wegen des Ziels, alle Herrschaftsfunktionen aus einer einheitlichen Staatsgewalt abzuleiten, wurde „[e]igenständigen Herrschaftspositionen, überkommenen Herrschaftssegmenten und ständischen, aus sich selbst begründeten Herrschaftsrechten [...] die Legitimationsgrundlage entzogen.“[60]

III.2 Der Gehorsam

Damit der Monarch das verbindliche positive Recht gelten lassen kann, sollen die Untertanen aller Stände bereit sein, ihm zu gehorchen. Auch dies wurde von Gelehrten diskursiv unterstützt. So erklärt Johann Bernhard Basedow: „Die menschliche Glückseligkeit erfordert Staaten. Diese können ohne Befehlshaber und Gehorchende nicht bestehen. Folglich ist der Gehorsam der Untertanen eine Pflicht.“[61] Vor ihm forderte Christian August Crusius in seinem Werk *Anweisung vernünftig zu leben* auch die vernünftigen Bürger zum Gehorsam auf:

> 'Der bloß äußerliche Zwang der Oberherren würde auch in der Tat die Untertanen nicht lange im Gehorsam erhalten können, wenn nicht die meisten und die Vernünftigsten gerne und freiwillig gehorcheten, weil sie die Notwendigkeit und Göttlichkeit ihrer bürgerlichen Pflichten im Gewissen empfinden'.[62]

In die gleiche Richtung geht Kant später, indem er 1783 der Aufklärung, der Freiheit „von seiner Vernunft in allen Stücken *öffentlichen Gebrauch* zu machen“,[63] Grenzen setzt und den Gehorsam zu einem Muss erklärt:

> Nun ist zu manchen Geschäften, die in das Interesse des gemeinen Wesens laufen, ein gewisser Mechanismus notwendig, vermittels dessen einige Glieder des gemeinen Wesens sich bloß passiv verhalten müssen, um durch eine

---

hen lassen, sondern auch aufgenommen. Er macht aber deutlich, dass der Staat nicht zur Entstehung und Entwicklung der geistigen Bewegung in Deutschland beigetragen habe. (Vgl. Hartung, Fritz: *Neuzeit von der Mitte des 17. Jahrhunderts bis zur Französischen Revolution 1789*. A.a.O., S. 176 u. 178.)

[60] Klippel, Diethelm: *Staatsamt und bürgerliche Gesellschaft: Die Theorie des Staatsdienstes im aufgeklärten Absolutismus und im Vormärz*. A..a.O., S. 85.

[61] Basedow, Johann Bernhard: *Praktische Philosophie für alle Stände*, Teil 2. Leipzig 1758, S. 839. Hier zitiert nach: Ilting, Karl-Heinz: *Naturrecht*. A.a.O., S. 297.

[62] Thomasius, Christian August: *Anweisungen vernünftig zu leben*. Leipzig 1744. S. 709, (§ 606). Hier zitiert nach: Ilting, Karl-Heinz: *Naturrecht*. A.a.O., S. 297.

[63] Kant, Immanuel: *Beantwortung der Frage: Was ist Aufklärung?* Braunschweig 1947, S. 8. Hervorhebung im Original.

künstliche Einhelligkeit von der Regierung zu öffentlichen Zwecken gerichtet, oder wenigstens von der Zerstörung abgehalten zu werden. Hier ist es nun freilich nicht erlaubt, zu räsonnieren; sondern man muß gehorchen.[64]

Während Kant dem Gelehrten den grenzenlosen kritischen *öffentlichen Gebrauch* der Vernunft zuerkennt, illustriert er diesen beschränkbaren *Privatgebrauch* der Vernunft mit dem Beispiel eines Offiziers und findet es sehr verderblich, „wenn ein Offizier, dem von einem Oberen etwas anbefohlen wird, im Dienste über die Zweckmäßigkeit oder Nützlichkeit dieses Befehls laut vernünfteln wollte; er muß gehorchen."[65] Den gemeinen Untertanen verschreibt er auch den Gehorsam:

Der Bürger darf sich nicht weigern, die ihm auferlegten Abgaben zu leisten; sogar kann ein vorwitziger Tadel solcher Auflagen, wenn sie von ihm geleistet werden sollen, als Skandal (der allgemeine Widersetzlichkeiten veranlassen könnte) bestraft werden.[66]

Aufgrund dieser Argumentation unterstützt Kant im selben Text den aufgeklärten König Friedrich II. ausdrücklich, der gesagt haben soll: „'Räsonniert, soviel ihr wollt und worüber ihr wollt; nur gehorcht!'"[67]

III.3 Immunität des Staatsoberhauptes

Obgleich Kant die „*Freiheit* jedes Gliedes der Societät, als Menschen", die „*Gleichheit* dessen mit jedem anderen, als Untertan", und die „*Selbständigkeit* jedes Gliedes eines gemeinen Wesens, als Bürgers" als die Prinzipien proklamiert, nach denen allein eine Staatserrichtung, reinen Vernunftsprinzipien des äußeren Menschenrechts überhaupt gemäß, möglich sei, überhebt er das Staatsoberhaupt über das herrschende allgemeine Gesetz:

Es ist aber alles, was unter Gesetzen steht, in einem Staate Untertan, mithin dem Zwangsrechte, gleich allen anderen Mitgliedern des gemeinen Wesens, unterworfen; einen einzigen (physische oder moralische Person), das Staatsoberhaupt, durch das aller rechtliche Zwang allein ausgeübt werden kann, ausgenommen. Denn könnte dieser auch gezwungen werden, so wäre er

[64] Kant, Immanuel: *Beantwortung der Frage: Was ist Aufklärung?* A.a.O., S. 9f.
[65] Ebd., S. 10.
[66] Ebd.
[67] Ebd., S. 16f.

> nicht das Staatsoberhaupt, und die Reihe der Unterordnung ginge aufwärts ins Unendliche.[68]

Angesichts der Hinrichtung Ludwigs XVI. im revolutionären Frankreich billigt Kant in seinen allgemeinen Anmerkungen zum Staatsrecht in seinem 1797 erschienenen Werk *Metaphysik der Sitten* dem Volk zugunsten eines rechtlichen Zustandes

> kein Recht des Aufstandes (sedito), noch weniger des Aufruhrs (rebellio), am allerwenigsten gegen ihn als einzelne Person (Monarch), unter dem Vorwande des Mißbrauchs seiner Gewalt (tyrannis), Vergreifung an seiner Person, ja an seinem Leben (monarchomachismus sub specie tyrannicidii).[69]

Um den Monarchen, den er als „Quell der Gesetze" betrachtet, vor den kritischen Positionen der Zeit zu schützen, verbietet der „Aufklärer" jede Bezweiflung der Legitimität des Souveräns und erkennt nur ihm die Maßgabe der Gerechtigkeit zu:

> Der Ursprung der obersten Gewalt ist für das Volk, das unter derselben steht, in praktischer Absicht unerforschlich [...] Denn da das Volk, um rechtskräftig über die oberste Staatsgewalt (summum imperium) zu urteilen, schon als unter einem allgemein gesetzgebenden Willen vereint angesehen werden muß, so kann und darf es nicht anders urteilen, als das gegenwärtige Staatsoberhaupt (summum imperans) es will.[70]

Dieses Räsonnement, das Ilting als Bruch in Kants Staatslehre bedauert, der das Ziel verfolgte, ebenso wie bei vielen Gelehrten in dem ersten Jahrzehnt nach der Revolution von 1789, anhand der Autorität naturrechtlicher Argumente revolutionäre Ideen abzuwehren,[71] ist eigentlich ein Rückschritt in der rechtsstaatlichen Entwicklung des Landes, das unter Friedrich dem Großen die Unabhängigkeit und Effizienz der Justiz stärkte, sodass das Gesetz nicht mehr mit dem Willen des Regenten gleichzusetzen wäre. Folgerichtig rufen derartige Positionen von Gelehrten gegenüber der Realpolitik bei Diethelm Klippel eine harte Kritik an der damals noch herrschenden Naturrechtslehre hervor:

> Das Naturrecht stellte [...] für den Naturzustand, den Staatsvertrag und den Staat bestimmte Regeln auf, die meist dazu dienten, die absolutistischen Be-

---

[68] Kant, Immanuel: *Über den Gemeinspruch: Das mag in der Theorie richtig sein, taugt aber nicht für die Praxis* (1793). Hrsg. von H.G. Gadamer. Frankfurt/Main 1946, S. 36f.
[69] Kant, Immanuel: *Metaphysik der Sitten.* A.a.O., S. 144.
[70] Ebd., S. 142.
[71] Vgl. Ilting, Karl-Heinz: *Naturrecht*. A.a.O., S. 303.

strebungen der Fürsten zu begründen und zu rechtfertigen. So etwa – um ein verbreitetes Missverständnis auszuräumen – waren weder die Staatsvertrags- noch die Staatszwecklehre zunächst dafür gedacht, den Untertanen theoretisch einen möglichst großen Freiheitsraum zu sichern. Sie sollen vielmehr die Gewalt des Herrschers theoretisch begründen.[72]

III.4 Die Unabhängigkeit des Gesetzes von individuellen Einflüssen

Im Gegensatz zur Erhebung des Monarchen als der einzigen Referenz, nach der die Gerechtigkeit aller Handlung gemessen werden soll, um zu vermeiden, dass die Geschehnisse im revolutionären Frankreich auch in Preußen stattfanden, bevorzugten viele Befürworter der freiheitlichen Gesellschaft die schnelle Suche nach grundlegenden rechtsstaatlichen Reformen von oben, die der gesellschaftlich-politischen Krise in Frankreich vorbeugen und den Anforderungen der Zeit entsprechen sollten. Auch Johann Gottlieb Fichte ist einer der Anhänger dieser präventiven Reformen.

Fichte plädiert für die Unabhängigkeit des Rechtes vom „guten Willen" Einzelner: „Auf dem Gebiete des Naturrechts hat der gute Wille nichts zu tun. Das Recht muß sich erzwingen lassen, wenn auch kein Mensch einen guten Willen hätte".[73] Damit sollte jeglicher Einfluss auf den Ausgang von Prozessen ausgeräumt bzw. stark reduziert werden; was die Rechtssicherheit der Untertanen gegenüber Adligen, Geistlichen, landesherrlichen Beamten und anderen Einflussreichen nur stärken kann. Dem Fürsten formuliert Fichte seine Aufgabe ohne Umschweife: „Nein, Fürst, du bist nicht unser *Gott*. Von ihm erwarten wir Glückseligkeit; von *dir* die Beschützung unserer Rechte. *Gütig* sollst du nicht gegen uns sein; du sollst *gerecht* sein."[74]

Die Erzwingbarkeit des für alle und unabhängig von allen zu geltenden Rechtes soll auch die Selbstjustiz unmöglich machen; was auch den Souverän vor ungesetzlichen Aufständen schützen kann. Die unentbehrliche Bedingung für diese

---

[72] Klippel, Diethelm: *Staatsamt und bürgerliche Gesellschaft: Die Theorie des Staatsdienstes im aufgeklärten Absolutismus und im Vormärz.* A..a.O., S. 82.

[73] Fichte, Johann Gottlieb: *Grundlage des Naturrechts nach Prinzipien der Wissenschaftslehre* (1796). Hamburg 1979, § 4 Corollaria., S. 54.

[74] Fichte, Johann Gottlieb: *Zurückforderung der Denkfreiheit von den Fürsten Europens, die sie bisher unterdrückten. Eine Rede* (1793). Hrsg. von Reinhard Strecker. Leipzig 1919, S. 9.

„Unmöglichkeit der Ausübung des Zwangsrechts durch den Beleidigten selbst“[75] ist die Zuverlässigkeit der Rechtsnormen und der Richter:

> Nur an den notwendigen und keiner Ausnahme fähigen Willen des Gesetzes kann man, vernünftigerweise, seine Macht und sein Rechtsurteil veräußern, keineswegs aber an einen freien, und in seinen Entschließungen veränderlichen Willen eines Menschen.[76]

Dies begründet Fichte

> mit der Überlegung, daß jedes subjektive Recht mit der Befugnis verbunden sein muß, es gegen andere notfalls auch gewaltsam durchzusetzen, und daß jeder Versuch der Durchsetzung des eigenen Rechts sofort in einen vorrechtlichen Zustand bloßer Gewaltanwendung zurückführen muß, solange zuverlässige Maßstäbe dafür fehlen, wo die Grenze zwischen Wiederherstellung des Rechts, Strafe und Rache liegt.[77]

Damit die Rückkehr zum Anarchismus vermieden wird, findet er eine Anwendung des Zwangsrechts nur in einem gemeinen Wesen, also einem Staat im Sinne eines öffentlich-rechtlichen Gefüges, und unter positiven Gesetzen möglich.[78]

Diese Position steht in der neuen Tradition der „liberalen Staatslehre“, deren Bedeutung Klippel mit den folgenden Worten kurz fasst:

> Zunehmend ab 1790 wandelten sich die politischen Auffassungen des deutschen Naturrechts. Das Naturrecht wurde in der Weise umgedacht, daß es nunmehr der Einschränkung absolutistischer Herrschaftsstrukturen und –ambitionen dienen konnte. Dies geschah dadurch, daß grundlegende Begriffe und Theoreme – etwa Naturzustands-, Staatsvertrags- und Staatszwecklehre – im Sinne einer liberalen politischen Theorie umgedeutet wurden.[79]

Was diese Umdeutung im Einzelnen bedeutet, präzisiert Klippel im Folgenden:

---

[75] Fichte, Johann Gottlieb: *Grundlage des Naturrechts nach Prinzipien der Wissenschaftslehre* (1796). A.a.O., § 8, S. 100.
[76] Ebd., S.104.
[77] Ilting, Karl-Heinz: *Naturrecht*. A.a.O., S. 302.
[78] Vgl. Fichte, Johann Gottlieb: *Grundlage des Naturrechts nach Prinzipien der Wissenschaftslehre* (1796). A.a.O., § 15, S. 147.
[79] Klippel, Diethelm: *Staatsamt und bürgerliche Gesellschaft: Die Theorie des Staatsdienstes im aufgeklärten Absolutismus und im Vormärz*. A..a.O., S. 87.

> Das Naturrecht bezeichnete sich nunmehr selbst treffend als ‚Wissenschaft der Rechte des Menschen' und entwarf umfangreiche Kataloge von Menschen– und Bürgerrechten, die dem Handeln des Staates entgegengesetzt wurden. Zudem wurde der Zweck des Staates umformuliert; statt der Glückseligkeit trat der Schutz der Rechte der Bürger in den Vordergrund. Der Staatszweck entsprach somit dem Ziel der Einschränkung staatlicher Tätigkeit im liberalen Sinn. Desgleichen wurden Wahlrecht, Repräsentation, Verfassung und Gewaltenteilung erörtert und gefordert – um nur wenige Themen zu nennen.[80]

Diese Entwicklung macht deutlich, wie die Idee des Rechtsstaates überwiegend im 19. Jahrhundert entstand. Es liegt nahe, dass die Gelehrten von der Begründung der Unabhängigkeit des Gesetzes vom guten Willen des Monarchen zum Schutz des Gesetzes vor Eingriffen des Staates übergingen. Hier seien einige ihrer Argumente kurz dargestellt.

III.5 Einige der erörterten und geforderten Rechte

III.5.1 Die Denkfreiheit

Zu den Rechten, die der Rechtsstaat schützen soll und nicht unterdrücken darf, gehört die Denkfreiheit, die Fichte in seiner revolutionären Schrift *Zurückforderung der Denkfreiheit von den Fürsten Europens, die sie bisher unterdrückten.* explizit zum Thema macht. Bevor er die Denkfreiheit fordert, kritisiert er hart die unterdrückenden Despoten[81] und ihre Helfer beziehungsweise Berater. Dabei redet der fest überzeugte Erzieher und Aufklärer die Bevölkerung an:

> Möchtet ihr doch denken und untersuchen, und auf den Dächern predigen, was ihr wolltet; die Satelliten des Despotismus achten eurer nicht; ihre Gewalt steht viel zu fest; ihr mögt von der Rechtmäßigkeit ihrer Forderungen überzeugt sein oder nicht: was verschlägt ihnen dies? sie werden euch schon durch Entehrung oder durch Hunger, durch Festungsstrafe, oder durch Hinrichtungen zu zwingen wissen. Aber ihr macht bei euren Untersuchungen ein großes Geschrei - sie werden es zwar freilich an Sorgfalt nicht fehlen lassen, das Ohr des Fürsten zu bewachen - aber es könnte doch, es wäre

[80] Klippel, Diethelm: *Staatsamt und bürgerliche Gesellschaft: Die Theorie des Staatsdienstes im aufgeklärten Absolutismus und im Vormärz.* A..a.O., S. 87.

[81] Hierzu schreibt Hartung: „Und schon bevor die französische Revolution die ganze Gefährlichkeit der politischen Konsequenzen der Aufklärung den alten Monarchien zeigen sollte, fand das Preußen Friedrich Wilhelms II. es für nötig, im Religionsedikt von 1788 der geistigen Freiheit bestimmte Schranken zu setzen." (Hartung, Fritz: *Neuzeit von der Mitte des 17. Jahrhunderts bis zur Französischen Revolution 1789.* A.a.O., S. 179.)

doch möglich, dass irgend einmal ein unglückliches Wort bis zu demselben gelangte, dass er weiter forschte, dass er endlich weiser würde und erkännte, was zu seinem und eurem Frieden diente. Daran nur wollen sie euch verhindern; und daran, ihr Völker, müßt ihr euch nicht verhindern lassen![82]

Aufgrund dieser Möglichkeit, dass der Fürst trotz aller Hindernisse seiner Umgebung „irgend einmal“ die Worte der Bevölkerung wahrnimmt, bleibt Fichte nicht bei der Beschwerde über die Lage. Er empfiehlt eher den Weg der Ausdauer und der Beharrlichkeit:

Ruft es, ruft es in jedem Tone euren Fürsten in die Ohren, bis sie es hören, dass ihr euch die Denkfreiheit nicht werdet nehmen lassen, und beweist ihnen die Zuverlässigkeit dieser Versicherung durch euer Betragen [...] Es gehört wenig Selbstzutrauen dazu, um zu glauben, dass man Fürsten Dinge sagen könne, die sie nicht wissen.[83]

Für Fichte soll insofern die Bevölkerung die Denkfreiheit erkämpfen. Sie darf nicht vor der Gleichgültigkeit der Unterdrücker resignieren.

III.5.2 Die Selbstbestimmung

Aus dem Grundsatz der Selbstbestimmung, die die Aufklärung (unter anderen unter Kants Feder) postulierte, - „Ausgang des Menschen aus seiner selbst verschuldeten Unmündigkeit“ – leitete sich das Recht des Einzelnen, sein eigenes Glück zu definieren, ab. In seiner etwa im gleichen Jahr erschienenen Schrift *Über die Beziehung der Staatskunst auf das Glück der Menschheit* verbietet Georg Forster z.B. den Fürsten und dem Klerus, welche sich für die Vormünder der Bevölkerung ausgaben, die Einmischung ins Privatleben der Bürger. Sein Appell an sie ist deutlich formuliert:

Wohlan, Ihr Fürsten und Priester! Wir gönnen Euch euren Genuß; aber wir sprechen Euch zugleich los von einer Pflicht, die alle eure Kräfte übersteigt. Anstatt uns Glück zu verheißen, laßt es eure alleinige Sorge seyn, die Hindernisse wegzuräumen, die der freien Entwicklung unserer Kräfte entgegen-

---

[82] Fichte, Johann Gottlieb: *Zurückforderung der Denkfreiheit von den Fürsten Europens, die sie bisher unterdrückten.* (1793). A.a.O., S. 8.

[83] Ebd., S. 8.

> stehen; öffnet uns die Bahn, und wir wandeln sie, ohne Hülfe eures Treibersteckens, an das Ziel der sittlichen Bildung ...[84]

Dass solche auf die Prinzipien der Aufklärung zurückgreifende Forderungen nicht nur die Regierungspraxis, sondern vor allem auch die Bewusstseinsbildung der Masse um die Jahrhundertswende stark beeinflusst hatten, betont Hartung, indem er schreibt, „daß erst die Aufklärung eine selbständige geistige Haltung der Masse geschaffen und damit die Kräfte geweckt hat, die das ancien régime zerstört und die Entwicklung der neuesten Zeit seit 1789 bestimmt haben."[85] Es verwundert daher nicht, wenn sich Fichte wie die meisten Freiheitskämpfer seiner Zeit später als Gegner des entgegen den ursprünglichen Prinzipien der Revolution die Freiheit der anderen Menschen und die Souveränität anderer Völker unterdrückenden Napoleon offenbarte.

III.5.3 Die Erbuntertänigkeit und die Freizügigkeit

Wenn man von Fichtes Zurückforderung der dank der Bewegung der Aufklärung gewonnenen Denkfreiheit absieht, lässt die Wortwahl in seinem Tadel an die Fürsten, die ihre Herrschaft über die Völker beerben, auf eine herbe Anprangerung der Erbuntertänigkeit[86] schließen:

> Und dann, ihr schlauen Sophisten, glaubt ihr denn, dass man Menschen erben könne, wie eine Herde Vieh, oder eine Weide für sie? Die Wahrheit ist nicht so von der Oberfläche abzuschöpfen, wie ihr denkt; sie liegt tiefer, und ich bitte euch, die kleine Mühe über euch zu nehmen, sie mit mir aufzusuchen.

---

[84] Vgl. Forster, Georg: *Über die Beziehung der Staatskunst auf das Glück der Menschheit.* In: Georg Forsters Werke: Revolutionsschriften 1792/93. Bearbeitet von Klaus-Georg Popp. Berlin 1990, S. 565-591, hier S. 570.

[85] Hartung, Fritz: *Neuzeit von der Mitte des 17. Jahrhunderts bis zur Französischen Revolution 1789.* A.a.O., S. 170.

[86] Noch im reformerischen ALR von 1794 in Preußen wurde der Status des Erbuntertanen definiert. Es gab hauptsächlich drei Möglichkeiten, Erbuntertan zu sein: erstens, „durch Geburt von untertänigen Eltern"; zweitens, „bei weiblichen Personen durch Heirat eines Untertanen" und drittens, „durch Übernahme eines mit Untertänigkeit behafteten Hofs, jedoch nicht bei schriftlichem Vorbehalt, sofern der Unternehmer aus dem Bauerstand kam; kam er aber aus dem bürgerlichen Stande, dann wurde er nur untertänig, sofern er sich seiner persönlichen Freiheit ausdrücklich und schriftlich begab." Das ganze wird nach Henning zitiert. Die drei Bedingungen beziehen sich jeweils auf ALR Teil II, Tit. 7, § 93; auf ALR Teil II, Tit. 7, § 96 und auf ALR Teil II, Tit. 7, § 106 und § 107. (Siehe Henning, Friedrich-Wilhelm: *Herrschaft und Bauernuntertänigkeit.* A.a.O., S. 139.)

> Der Mensch kann weder ererbt, noch verkauft, noch verschenkt werden; er kann niemandes Eigenthum sein, weil er sein eigenes Eigenthum ist, und bleiben muß. Er trägt tief in seiner Brust einen Götterfunken, der ihn über die Tierheit erhöht und ihn zum Mitbürger einer Welt macht, deren erstes Mitglied Gott ist, - sein Gewissen.[87]

Abgesehen von der royalistischen Färbung seiner Staatskonzeption ist Kant im Bereich der Freizügigkeit der Bürger ungeachtet ihres Geburtsstandes zu berücksichtigen. Bevor der Philosoph 1795 den bekannten Widerspruch formulierte, hatte er auch für die „Freiheit jedes Gliedes der Sozietät als Menschen" und die „Gleichheit des selben mit jedem anderen als Untertan" plädiert. Es geht ihm zwar nicht um die Abschaffung der Stände, aber er spricht sich deutlich gegen dic Erbuntertänigkeit und für die Freizügigkeit der Bürger aus:

> Jedes Glied desselben [d.h. des gemeinen Wesens, K.M.S.] muß zu jeder Stufe eines Standes in demselben (die einem Untertan zukommen kann) gelangen dürfen, wozu ihn sein Talent, sein Fleiß und sein Glück hinbringen können; und es dürfen ihm seine Mituntertanen durch ein *erbliches* Prärogativ [...] nicht im Wege stehen, um ihn und seine Nachkommen unter demselben ewig niederzuhalten.[88]

Derartige Überlegungen begründen die Abschaffung der Erbuntertänigkeit von Bauern und die Einführung der Gewerbefreiheit, welche am Anfang des 19. Jahrhunderts offiziell verkündet wurden.

III.5.4 Die Verfassung als Garant für den Rechtsstaat

Ein weiterer Aspekt des Kampfes um Rechtsstaatlichkeit um 1800 war die Forderung nach einer Verfassung, die nicht vom Staatsoberhaupt abhängt. Schon vor der französischen Revolution von 1789 erkannten die preußischen Justizleute die Notwendigkeit, dem Monarchen Schranken zu setzen, welche vermeiden können, dass er die rechtsstaatliche Entwicklung des Königtums verhindert. Dabei scheinen sie sich von den englischen Parlamentariern inspiriert zu haben, die Jakob II. durch gesetzliche Maßnahmen bekämpften, dem neuen König die „Bill of rights" auferlegten und damit die Revolution von 1688/9 ermöglichten.[89]

---

[87] Fichte, Johann Gottlieb: *Zurückforderung der Denkfreiheit von den Fürsten Europens, die sie bisher unterdrückten.* (1793). A.a.O., S. 11. Hervorhebungen von mir, K.M.S.

[88] Kant, Immanuel: *Über den Gemeinspruch: ‚Das mag in der Theorie richtig sein, taugt aber nicht für die Praxis.'* A.a.O., S. 38.

[89] Vgl. Hartung, Fritz: *Neuzeit von der Mitte des 17. Jahrhunderts bis zur Französischen Revolution 1789.* A.a.O., S. 207.

So ging es in dem 1784-1788 als Entwurf veröffentlichten allgemeinen Gesetzbuch u. a. um die „Überordnung des Staates über den Fürsten", die „Festsetzung von Grenzen der Macht des Staates und des Monarchen", und vor allem um die „Heraushebung der juristischen Beamten als eines Gegengewichts gegen monarchische Willkür". Der letzte Punkt wurde von dem Minister Suarez ausdrücklich befürwortet, der als Aufgabe des hohen Richtertums formulierte, in einem Staat ohne festgelegte Verfassung diese gleichsam zu ersetzen.[90]

Die theoretischen Auseinandersetzungen fanden erst nach der französischen Revolution von 1789 richtig statt. Von dem von Rousseau eingeführten „Contrat social", nach dem die Bürger sich unter einem ‚allgemeinen und gesetzgebenden Willen' vereinigen[91], ausgehend, befürworteten und begründeten viele Denker die Bildung von freiheitlich demokratischen Staaten. Vor seiner Überhebung des Staatsoberhaupts formulierte Kant z.B. die rechtliche Situation des Individuums in einem modernen Rechtsstaat mit den folgenden Worten: „Etwas Äußeres als das Seine zu haben, ist nur in einem rechtlichen Zustande, unter einer öffentlich-gesetzgebenden Gewalt, d. i. im bürgerlichen Zustande, möglich."[92] Das Recht soll aus einer „bürgerlichen Verfassung" hervorgehen, denn kein einseitiger Wille könne zum Zwangsgesetz für jeden Bürger werden. Seine fernere Definition der Freiheit des Bürgers im Rechtsstaat betont die Mitwirkung des Bürgers an der Entstehung des „jeden anderen verbindende[n], mithin kollektiv-allgemeine[n] und machthabende[n] Wille[n]."[93] Laut dem die Theorie betonenden Philosophen besteht die Freiheit des Bürgers darin, „keinem anderen Gesetz zu gehorchen, als zu welchem er seine Beistimmung gegeben hat".[94] Was das alles impliziert, wird in seiner Definition des öffentlichen Rechts klar verdeutlicht:

> Dieses [das öffentliche Recht, K.M.S.] ist also ein System von Gesetzen für ein Volk, d. i. eine Menge von Menschen, oder für eine Menge von Völkern, die, im wechselseitigen Einflusse gegeneinander stehend, des rechtlichen Zustandes unter einem sie vereinigenden Willen, einer Verfassung (constitutio), bedürfen, um dessen, was Rechtens ist, teilhaftig zu werden.[95]

---

[90] Vgl. Hartung, Fritz: *Neuzeit von der Mitte des 17. Jahrhunderts bis zur Französischen Revolution 1789.* A.a.O., S. 183f.

[91] Hier zitiert nach: Ilting, Karl-Heinz: *Naturrecht.* A.a.O., S. 301.

[92] Kant, Immanuel: *Metaphysik der Sitten.* A.a.O., S. 64.

[93] Ebd., S. 65f..

[94] Ebd., S. 136.

[95] Ebd., S. 133.

Etwa zwei Jahre früher verband der Naturwissenschaftler, Ethnologe, Jakobiner und Mitgründer der Mainzer Republik (März-Juli 1793) Georg Forster das allgemeine Glück der Menschheit mit einer freien Verfassung, die auf der Tugend und Weisheit der Untertanen gründet, welche unter einem allvermögenden Regenten nicht zustande kämen.[96] In seinem 1792/93 veröffentlichten Aufsatz *Über die Beziehung der Staatskunst auf das Glück der Menschheit* konstatiert Forster, dass die meisten Staatsverfassungen in Europa vom eigentlichen Despotismus noch ziemlich weit entfernt seien. Er bemängelt aber, dass nur die größten europäischen Höfe indessen ein zusammenhängendes, festgesetztes Staatssystem und eine damit genau verbundene Politik hätten.[97] Für ihn ist die freie Verfassung die Hoffnung der künftigen Menschen und des Staates, denn durch sie sollten die Ungleichheit und Verschiedenheit der Bestandteile des Staates aufgehoben, ein harmonisches Ganzes ermöglicht und die Kontinuität des Staates sichergestellt werden.[98] Denn nach Forsters Worten bewirke die Politik der europäischen Fürsten weder erwünschte Harmonie noch die Ruhe des Menschengeschlechts, noch allgemeines Glück. Außerdem hänge das Leben der Staaten von den seltenen Genies ab, und der nicht festgesetzte Charakter ihrer Organisation garantiere keine Kontinuität und schütze auch die Dynastien selbst nicht:

> Wie gefährlich kann oft der bloße Vorsatz, allein zu herrschen, dem kühner strebenden Regenten werden! Wie schnell, endlich, stürzt unter einem schwachen Nachfolger das bodenlose Gebäude zusammen, welches sein größerer Vorgänger zu rasch und prunkend, mehr zu den Zwecken seiner eigenen Phantasie, als für die Dauer, aufgethürmt hatte![99]

Im Winter 1810 geht der Staatstheoretiker Adam Müller in einer Vorlesung gründlicher auf die Notwendigkeit einer Verfassung ein, indem er sich auf die Zeit von König Friedrich II. beruft. Obwohl Müller im Gegensatz zu Forster von einer „Ständeverfassung" spricht, duldet auch er nicht, „dass das Geheimnis unserer Nationalexistenz weiter das Arcanum einzelner, privilegierter und doch unzuverlässiger Geister sey."[100] Dank einer Verfassung müsse das ewige Interesse des Staates allgegenwärtig erhalten werden. Dies müsse nicht nur als Stüt-

---

[96] Vgl. Forster, Georg: *Über die Beziehung der Staatskunst auf das Glück der Menschheit.* A.a.O., S. 582.
[97] Vgl. ebd., S. 583.
[98] Vgl. ebd., S. 581 u. 586f.
[99] Ebd., S. 588.
[100] Müller, Adam: *Ueber König Friedrich II. und die Natur, Würde und Bestimmung der Preussischen Monarchie. Oeffentliche Vorlesungen, gehalten zu Berlin im Winter 1810.* Berlin 1810. Hier 9. Vorlesung, S. 242.

ze und Referenz für die Administration gelten, sondern auch für die schon selten gewordenen Genies.[101] Für Müller soll die Ständeverfassung die Dauerhaftigkeit der Administration gewähren und die Garantie für die Fortdauer des Staates sein. Die Verfassung soll auch die Stelle jedes Staatsmanns im Staatsapparat definieren.[102] Müllers Konzeption der *Gewaltenteilung* sieht neben der Ständeverfassung auch *Pressefreiheit* und *öffentliche Meinung* vor, welche es anderen Augen gestatten soll, „hinaufzusehen zu den Angelegenheiten des Ganzen, wenn der Blick der Individuen erdwärts gewendet bleibt, wie der Blick der Thiere auf das Futter und auf das kümmerliche Privatinteresse des Tages!“[103]

Die Notwendigkeit einer Verfassung, die den Realitäten entspricht, war augenfällig für alle selbstverständlich. Auch die Reichsverfassung, die seit dem Ende des Dreißigjährigen Kriegs zwischen Katholiken und den als *Protestantes*[104] bezeichneten Lutheranern und Reformern herrschte, wurde als überholt angesehen; ihre Schwächen waren allgemein verbreitet.[105] Die richtigen Unterschiede in der theoretischen Debatte betrafen deshalb überwiegend die Form der Verfassung.

Ein mit der Frage der Konstitution zusammenhängendes Thema ist die Stellung des Bürgers im modernen Staat. Schon in seiner *Beantwortung der Frage: Was ist Aufklärung?* (1783) verteidigt Kant die Aufklärung als „Ausgang der Menschen aus ihrer selbstverschuldeten Unmündigkeit“, vor allem in Religionssachen, in den Künsten und Wissenschaften, und findet in dieser Freiheit keine Gefahr für die öffentliche Ruhe und die Einigkeit des gemeinen Wesens. Auch für die Verbesserung des Rechtsstaates sieht Kant einen Vorteil, denn ein Staatsoberhaupt, das die Aufklärung unterstützt, würde einsehen,

> daß selbst in Ansehung seiner *Gesetzgebung* es ohne Gefahr sei, seinen Untertanen zu erlauben, von ihrer eigenen Vernunft *öffentlichen* Gebrauch zu machen und ihre Gedanken über eine bessere Abfassung derselben, sogar mit einer freimütigen Kritik der schon gegebenen, der Welt öffentlich vorzulegen.[106]

---

[101] Vgl. Müller, Adam: *Ueber König Friedrich II. ...* A.a.O., S. 239ff.
[102] Vgl. ebd., S. 251ff.
[103] Vgl. ebd., S. 241.
[104] *Theologische Realenzyklopädie: Vernunft III – Wiederbringung aller.* Bd. 35. Berlin, New York 2003, S. 681ff.
[105] Vgl. Hartung, Fritz: *Neuzeit von der Mitte des 17. Jahrhunderts bis zur Französischen Revolution 1789.* A.a.O., S. 194.
[106] Kant, Immanuel: *Beantwortung der Frage: Was ist Aufklärung?* A.a.O., , S. 16.

Dank der Aufklärung soll auch die Regierung verstehen, dass der Mensch *„mehr* als *Maschine"* und seiner Würde gemäß zu behandeln sei.[107]

In *Metaphysik der Sitten* unterscheidet der Rechtstheoretiker jedoch zwischen dem aktiven Bürger und dem passiven Bürger, wobei die Selbständigkeit des Ersteren den Unterschied ausmacht. Zu den aktiven Staatsbürgern gehören nach Kant beispielsweise der Kaufmann und die Bürger im Dienst des Staates, im Gegensatz zu dem Gesellen beim Kaufmann oder dem nichtstaatlichen Dienstboten oder einfach jedem Unmündigen.[108]

Aus Adam Müllers Vorlesung im Winter 1810 geht aber hervor, dass die Unmündigkeit auch in der friderizianischen Administration herrschte: „Die Administration Friedrichs war eine stumme Administration; der Buchstäblichkeit halber ward ihr der Mund verschlossen, und dann nach obenein versiegelt".[109] Er forderte deshalb eine Belebung der Administration, welche durch die Betrachtung der Beamten als „lebendige Werkzeuge" und nicht „todte Werkzeuge" geht.[110]

Dass die Verkündung des ALR, die formelle totale Abschaffung der Erbuntertänigkeit, die vollständige Verstaatlichung des Rechtssystems, kurz die oben erwähnten Reformen zu dieser sehr bewegten Zeit in Preußen erfolgten, verdankt man gewiss den Auseinandersetzungen der Gelehrten. Man kann hier von einem theoretischen Kampf für Rechtsstaatlichkeit reden. Die Rollen der Gelehrten nicht nur als Entscheidungsträger, sondern auch als Hoflehrer und Berater hatten sich sicherlich ausgewirkt. Es scheint dennoch, dass der bedeutendste Teil des Kampfs um 1800 nicht auf der Ebene der rechts- bzw. staatstheoretischen Auseinandersetzungen der Gelehrten geführt wurde, sondern in der so genannten bürgerlichen Öffentlichkeit.

IV Der Beitrag der bürgerlichen Öffentlichkeit zum Kampf um Rechtsstaatlichkeit

Durch den sozialen und ökonomischen Wandel entstand in Deutschland neben den Gelehrten allmählich das gebildete Bürgertum, das wie die kapitalistischen Unternehmer dem Schema der Geburtsstände prinzipiell nicht entsprach. Diese

[107] Vgl. Kant, Immanuel: *Beantwortung der Frage: Was ist Aufklärung?* A.a.O., S. 16.
[108] Vgl. Kant, Immanuel: *Metaphysik der Sitten.* A.a.O., S. 137.
[109] Müller, Adam: *Ueber König Friedrich II. ...* A.a.O., S. 262.
[110] Ebd..

Intelligenz entwickelte sich überwiegend im späten 18. Jahrhundert qualitativ. Eine Zuwendung zu Fragen der Politik, der Gesellschaft, und Wirtschaft zeichnete sie vorwiegend aus.[111]

Diese Gruppe bestand unter Anderen aus Akademikern aus dem Kleinbürgertum, dem Großbürgertum, dem Bauerntum oder den städtischen und ländlichen Unterschichten. Die meisten waren im Staatsdienst: Verwaltungsbeamte, Richter, Professoren, Geistliche, Lehrer, Rechtsanwälte.[112] Diese Lage machte sie einerseits von dem kirchenrechtlichen bzw. staatsrechtlichen System mit ihren absolutistischen Regierungen oder von privaten Privilegierten abhängig. Andererseits bekamen sie durch eine solche Stellung auch die Möglichkeit, grundsätzliche Mängel der bestehenden Staaten in persönliche Erfahrung und unmittelbar gewonnenes Bewusstsein umzusetzen.[113]

Die Benachteiligung der Bürgerlichen im Beruf und ihr Ausschluss von Hofämtern zugunsten der Adligen veranlasste deutliche Zeichen der Rivalität bei dem so genannten „Dritten Stand" mit dem höchsten Geburtsstand, obwohl seine Vertreter, deren Einkommen auf Feudalrenten beruhte, einigermaßen selbst zu den ‚Privilegierten' gezählt werden können.[114]

Da aus verschiedenen Gründen nicht alle Bürger in die Schule gehen konnten, wurde die bürgerliche und oft kritische Intelligenz unmittelbarer Träger der öffentlichen Meinung, sowohl als hauptsächlicher Sprecher als auch Kern des Publikums: sie verstand sich

> als Wortführer der allgemeinen Vernunft und des Fortschritts der Gesellschaft insgesamt; und dieses Bewußtsein hatte insoweit eine reale Grundlage, als die entstehende politische Öffentlichkeit nicht nur die engeren Eigeninteressen der bürgerlichen Intelligenz aufgriff, sondern auch die Probleme aus den anderen Bereichen der Gesellschaft, aus Landwirtschaft und Gewerbe z.B., reflektierte.[115]

Das Entstehen der „politischen Öffentlichkeit" lässt sich an dem starken Anstieg und der zunehmenden Politisierung der literarisch-publizistischen Produktion in Deutschland im Laufe des 18. Jahrhunderts und insbesondere in seinem letzten

---

111 Vg. Schlumbohm, Jürgen: *Freiheit – Die Anfänge der bürgerlichen Emanzipationsbewegung in Deutschland im Spiegel ihres Leitwortes (ca. 1760-ca. 1800)*. A.a.O., S. 36.
112 Vg. ebd.
113 Vgl. ebd., S. 37.
114 Vgl. ebd., S. 38.
115 Ebd.

Drittel bemerken.[116] Nicht nur erweiterte sich diese an der öffentlichen politischen Diskussion teilhabende Gruppe, sodass sie tendenziell zur Allgemeinheit wurde, sondern sie fühlte sich auch verstärkter „als eine eigengewichtige Instanz gegenüber den Regierenden, als ein kritisches, ja richtendes Forum."[117] Ihre Ideen fanden sich sowohl in Zeitungen und Zeitschriften als auch in literarischen Werken, welche überwiegend seit den siebziger Jahren starke Untertöne politisch-sozialer Kritik annahmen.[118] Ansätze sozialen und ökonomischen Wandels aus anderen Bereichen der Gesellschaft wurden aufgegriffen und weiter geführt; was viel Interesse gewinnen konnte.[119]

Eine für die reichliche Produktion günstige Bedingung war die Zunahme der Nachfrage und die Erweiterung des Publikums. So liest man bei Schlumbohm:

> Vielfach bezeugt ist, daß gegen Ende des Jahrhunderts Handwerker, Bauern und selbst Dienstboten auch von der politischen Publizistik erreicht wurden; Flugschriften und Zeitungen, die sich speziell an diesen Kreis wendeten, waren keine Seltenheit mehr.[120]

Auch wenn das an der öffentlichen Diskussion teilnehmende Publikum im Wesentlichen aus den gebildeten Gruppen bestand, war der Zugang der im obigen Zitat erwähnten Schichten zu den Informationen sicherlich eine nützliche Bedingung für ihre Aufklärung.

Eine weitere vorteilhafte Kondition war die Gründung von Lesegesellschaften und Lesekabinetten, die die beste Gelegenheit boten, politische Lektüre mit lebhaften politischen Debatten zu verbinden. Hinzu kamen die demokratische interne Organisationsform dieser Kreise und ihre Zusammensetzung aus Gebildeten aus allen Ständen, was zur Aufhebung der Grenzen zwischen Adel und höherem Bürgertum, zwischen Geschlechtern und Konfessionen in diesem Rahmen und vornehmlich in größeren Städten ermöglichte.[121] Diese Merkmale machten aus diesen Organisationen Institutionen einer „bürgerlichen Öffentlichkeit". Auch weniger bunte Gesellschaften wie die Logen der Freimaurer und vor allem des Illuminatenordens, der sich in der ersten Hälfte der 1780er Jahre

---

[116] Schlumbohm zeigt in seiner Arbeit anhand von Zahlen, wie sich diese Produktion entfaltet hat. (Vgl. Schlumbohm, Jürgen: *Freiheit – Die Anfänge der bürgerlichen Emanzipationsbewegung in Deutschland im Spiegel ihres Leitwortes (ca. 1760-ca. 1800)*. A.a.O., S. 39f.)
[117] Ebd., S. 39.
[118] Vgl. ebd., S. 40.
[119] Vgl. ebd., S. 36.
[120] Ebd., S. 40.
[121] Vgl. ebd., S. 41.

schnell ausbreitete und unmittelbar politischen Charakter nahm,[122] boten ähnliche Foren an, abgesehen von zahlreichen geselligen Klubs, Wirtshäusern sowie Kaffeehäusern, in denen politische Zeitungen vorlagen und politisches Lesen und Gespräch von jedem sozialen und geistigen Niveau herrschten.[123]

Zugleich war die bürgerliche politische Öffentlichkeit nicht der Außenwelt verschlossen. Nicht nur wurden die Grenzen zwischen Territorien ebenfalls überwunden, sondern Schreibende und Lesende in Deutschland beteiligten sich auch an Umwälzungen im Ausland und nahmen Impulse von dort auf, die sie zu verarbeiten suchten.[124] Das deutlichste Beispiel ist die Gründung der Mainzer Republik, die deutsche Jakobiner mit Georg Forster als einer der Leitfiguren dank den Impulsen und der Unterstützung von französischen Revolutionären zustande brachten, bevor sie von den konservativen monarchischen Mächten vernichtet wurde. Auch nach der französischen Revolution von 1789 wurde die Forderung nach allgemeiner Freiheit und rechtlicher Gleichheit sowohl bei den Befürwortern, als auch bei den Gegnern einer Revolution in Deutschland viel stärker und kompromissloser.

Im Vergleich zur nicht gebildeten Masse, die nicht richtig um ihre Rechte wusste und kämpfen konnte, zu den Regierungen, die wegen der verschiedenen ständischen Privilegien, der eigenen Interessen sowie der materiellen Bedingungen nicht immer rechtsstaatlich handeln konnten, im Vergleich zu den Gelehrten, deren Diskussionen überwiegend in den wissenschaftlichen Kreisen blieben,[125] erweist sich die bürgerliche Öffentlichkeit, die verschiedene Bestandteile der

---

[122] Vgl. Schlumbohm, Jürgen: *Freiheit – Die Anfänge der bürgerlichen Emanzipationsbewegung in Deutschland im Spiegel ihres Leitwortes (ca. 1760-ca. 1800)*. A.a.O., S. 36.
[123] Vgl. ebd.
[124] Ebd., S. 42.
[125] Vgl. Henning, Friedrich-Wilhelm: *Studien zur Wirtschafts- und Sozialgeschichte Mittel- und Ostdeutschlands*. A.a.O., S. 46). Auch Ilting wirft den deutschen Aufklärungsphilosophen vor, keine politischen Konsequenzen aus den Lehren des rationalen Naturrechts gezogen zu haben. Er bemängelt außerdem, dass diese Gelehrten wegen ihres Bündnisses mit dem aufgeklärten Absolutismus und ihres Vertrauens in die Reformtätigkeit der Obrigkeit einen entschärften Ton in ihren in der Muttersprache verfassten Schriften zeigten. (Vgl. Ilting, Karl-Heinz: *Naturrecht*. A.a.O., S. 296.) Zeitgenössischen Gelehrten, welche für die Umsetzung der Ideen kämpften, fiel das bereits auf. So äußerte Fichte die Kritik, dass „die mehrsten Rechtslehrer sich begnügt, *formaliter* über den Rechtsbegriff zu philosophieren, und, wenn ihrem Begriffe nur die / bloße Denkbarkeit zukam, sich über die Anwendbarkeit desselben wenig bekümmert". (Fichte, Johann Gottlieb: *Grundlage des Naturrechts nach Prinzipien der Wissenschaftslehre* (1796). A.a.O., § 8, S. 100.). Er hält sogar einige für Sophisten. (Siehe Anmerkung Nr. 87) Hierfür sprechen beispielsweise die oben dargestellten doppelschneidigen Argumentationen von Kant.

Bevölkerung zusammen brachte und die Entstehung und Entwicklung einer öffentlichen Meinung ermöglichte, welche Georg Forster in seinem zwischen 1792 und 1793 verfassten Brieffragment „Über die öffentliche Meinung" in Deutschland bemängelte,[126] und für die Adam Müller 1810 plädierte, als die einflussreichste Instanz für den Kampf um Rechtsstaatlichkeit um die Jahrhundertswende in Preußen und anderen deutschen Ländern. Die Fortsetzung und Verstärkung ihres Kampfes nach den Befreiungskriegen (1813-1815) veranlassten schließlich die Märzrevolution von 1848/49. Mittlerweile verlangte sie ihre Anerkennung durch die Regierenden. So begründete der spätere Abgeordnete der Paulskirche Friedrich Christoph Dahlmann 1835 die dem neuen Stand gebührende Achtung mit den folgenden Worten:

> Fast überall im Welttheile bildet ein weitverbreiteter, stets an Gleichartigkeit wachsender Mittelstand den Kern der Bevölkerung; er hat das Wissen der alten Geistlichkeit, das Vermögen des alten Adels, zugleich mit seinen Waffen in sich aufgenommen. Ihn hat jede Regierung vornehmlich zu beachten, denn in ihm ruht gegenwärtig der Schwerpunkt des Staates, der ganze Körper folgt seiner Bewegung.[127]

Die Errungenschaften der Bewegungen, sprich die endgültige Aufhebung der Erbuntertänigkeit, die Abschaffung der geheimen Inquisitionsjustiz der Restaurations- und Vormärzzeit sowie die Einrichtung öffentlicher Geschworenengerichte, führten zu einer nachhaltigen Verbesserung der Rechtssicherheit in deutschen Staaten. Auch wenn die bedeutendste Errungenschaft, nämlich die ins Leben gerufene Paulskirchenverfassung, von den konservativen Mächtigen außer Kraft gesetzt wurde, zwang sie zumindest den preußischen König Friedrich Wilhelm IV. dazu, die „oktroyierte Verfassung" mit ihren Einflüssen redigieren zu lassen und in Kraft zu setzen.[128]

Wie bereits in der Einleitung erwähnt, lebte auch der preußische Dichter und Publizist Heinrich von Kleist (1777 – 1811) zu dieser Gründungszeit der deutschen

---

[126] In dem Fragment stellt Forster fest, dass es in deutschen Ländern zwar schon sieben Tausend Schriftsteller, aber noch keinen „deutschen *Gemeingeist*" und keine „deutsche *öffentliche Meynung*" gebe. (Vgl. Forster, Georg: *Über die öffentliche Meinung*. In: Georg Forsters Werke: Kleine Schriften zu Philosophie und Zeitgeschichte. Bearb. Von Siegfried Scheibe. Berlin 1974 (= Georg *Forsters Werke: Sämtliche Schriften, Tagebücher, Briefe*. 8. Bd.), S. 364f., hier S. 365.

[127] Dahlmann, Friedrich Christoph: *Die Politik auf den Grund und Maß der gegebenen Zustände zurückgeführt.* (1835). 3. Aufl.. Leipzig 1847, Einleitung. Hier zitiert nach: Frommel, Monika: *Die Paradoxie vertraglicher Sicherung bürgerlicher Rechte. Kampf ums Recht und sinnlose Aktion*. A.a.O., S. 359.

[128] Vgl. Höfer, Manfred: *Die Kaiser und Könige der Deutschen*. A.a.O., S. 296f.

öffentlichen Meinung und des bewegten Kampfes um Rechtsstaatlichkeit in Deutschland um 1800. Eine gezielte Untersuchung seines Lebens gibt zu verstehen, dass er kein passiver Zeuge dieser historischen entscheidenden Phase in der Entwicklung von Deutschland war, sondern die Auseinansetzungen und Ereignisse aktiv miterlebte und entschlossen mitbestimmte. Aus dieser Perspektive wirkt seine Biographie als eine Veranschaulichung der Zeit.

Kapitel 2: Kleists Leben als Zeugnis seiner Zeit

I Kleists Konformität mit seinem Geburtsstand

Bernd Heinrich Wilhelm von Kleist ist adliger Familienabstammung, wie die Präposition „von" vor „Kleist" symbolisiert. Die Familie stammt aus Pommern, aber sie ist ursprünglich slawischer Herkunft. Sie hatte sich mit der Zeit zu einer der größten Offizierfamilien in Preußen entwickelt und zählte schon zur Zeit Heinrich von Kleists sechzehn Generale und zwei Feldmarschälle.[129] Während sein Onkel, Generalleutnant Franz Kasimir von Kleist, bei den Schlachten von 1806 märkischer Infanterie-Inspektor war und den Franzosen Magdeburg übergab, war der widerwillig Offizier gewordene Onkel Ewald Christian von Kleist als Dichter der friderizianischen Zeit bekannt.[130] Kleists eigener Vater, Joachim Friedrich von Kleist, hatte den Grad eines Majors erreicht, bevor er 1788 starb, als Heinrich, sein ältester Sohn, noch in seinem elften Lebensjahr stand. Auch der jüngere Bruder des Dichters namens Leopold Friedrich von Kleist wurde Offizier und schied als Major aus dem Militärdienst aus.

Heinrich von Kleist selbst wurde nach dem Eintrag ins Kirchenbuch am 18. Oktober 1777 in Frankfurt an der Oder geboren, aber er selbst hatte immer den 10. Oktober als seinen Geburtstag betrachtet. Wie viele märkische Adelssöhne der Zeit bekam er das Privileg, bereits nach dem dritten Jahr von Hauslehrern unterrichtet zu werden. Von Januar bis Juni 1788 besuchte er die Privatschule des Hugenotten Frédéric Guillaume Hauchecorne und das Berliner Collège François, bevor er mit 15, der Familientradition gemäß, in das Potsdamer Garderegiment eintrat. Seine Erziehung, die nach den herrschenden Richtlinien im französischen Stil erfolgte, versetzte ihn früh in eine multilinguale Atmosphäre. Dass er in Berlin bei dem aus Halberstadt stammenden französisch-reformierten Prediger, Pädagogen und Übersetzer Samuel Henri Catel wohnte und nach dem Tod seines Vaters vermutlich von dem Letzteren unterrichtet wurde[131], ist eine ebenso günstige Voraussetzung für den sprachlichen Reichtum. Dies hinderte Kleist aber nicht, die deutsche Sprache zu beherrschen und sogar den besser Französisch als Deutsch sprechenden Damen der Frankfurter Gesellschaft die

---

[129] Siehe hierzu beispielsweise: Loch, Rudolf: *Kleist: Eine Biographie*. Göttingen 2003, S. 11; Kraft, Herbert: *Kleist: Leben und Werk*. Münster 2007, S. 7.

[130] Vgl. Hohoff, Curt: *Heinrich von Kleist. Mit Selbstzeugnissen und Bilddokumenten*. 32. Aufl.. Hamburg 1999, S. 11.

[131] Vgl. ebd.

deutsche Grammatik beibringen zu wollen.[132] Diese vorteilhaften Bedingungen erleichterten ihm nachher das Lesen von vielen alten und zeitgenössischen Wissenschaftlern, Philosophen und Dichtern. In Potsdam bekam Kleist als Offizier in der Garnison Unterricht in Mathematik und Deutsch und befasste sich parallel mit Philosophie, Griechisch und Latein, mit dem Willen, die damalige Schüsselsprache der Wissenschaft, Latein, „zur Hauptsache [zu] erheben".[133]

II Kleists Kampf um Denkfreiheit und Freizügigkeit in Leben und Beruf

Während Kleist in seiner Kindheit und seit seinem Eintritt ins Militär die wegen des Militärstandes seiner Familie bestehenden Möglichkeiten fraglos genoss, fing er nach seinen ersten Kriegserfahrungen in Mainz und Kaiserslautern an, das Soldatenleben kritisch zu betrachten. Kleist bezeichnete das Verhalten seines Regiments auf diesem Rheinfeldzug der österreichischen und preußischen Truppen gegen Frankreich als unanständig und wünschte sich einen baldigen Frieden. Aus Eschborn schrieb der baldige Offizier am 25. Februar 1795 an seine Schwester Ulrike: „Gebe uns der Himmel nur Frieden, um die Zeit, die wir hier so unmoralisch tödten, mit menschenfreundlicheren Thaten bezahlen zu können!" (SW4, S. 18). Allmählich wurde Kleist der Unvereinbarkeit des Militärstandes mit seinen Weltanschauungen bewusster und er entschloss sich, das Militär zu verlassen. In einem Brief vom 18./19. März 1799 an seinen früheren Hauslehrer Christian Ernst Martini begründet er seine Entscheidung ausführlich:

> Denn eben durch diese Betrachtungen wurde mir der Soldatenstand, dem ich nie von Herzen zugethan gewesen bin, weil er etwas durchaus Ungleichartiges mit meinem ganzen Wesen in sich trägt, so verhaßt, daß es mir nach und nach lästig wurde, zu seinem Zwecke mitwirken zu müssen. (SW4, S. 27)

Im selben Schreiben betrachtet der junge Offizier die preußischen Offiziere als „Exerziermeister", die Soldaten als „Sklaven" und das ganze Regiment beim Exerzieren als „ein lebendiges Monument der Tyrannei". Er fühlte sich „oft gezwungen, zu strafen, wo ich gern verziehen hätte, oder verzieh, wo ich hätte

---

[132] Er machte zum Beispiel seine spätere Verlobte Wilhelmine von Zenge in kleinen Aufsätzen mit den Hauptregeln der deutschen Sprache vertraut. (Vgl. Barthel, Wolfgang: *Heinrich von Kleist 1777-1811. Chronik seines Lebens und Schaffens auf Grund von Selbstaussagen, Dokumenten und Aussagen Dritter*. Frankfurt/Oder 2001, S. 21. Vgl. auch Hohoff, Curt: *Heinrich von Kleist. Mit Selbstzeugnissen und Bilddokumenten*. A.a.O., S. 31.)

[133] Kleist, Heinrich von: *Sämtliche Werke und Briefe*: in vier Bänden. Hrsg. von Ilse-Marie Barth et al.. Bd. IV. Frankfurt/Main: Deutscher Klassiker Verlag 1997 (= Bibliothek deutscher Klassiker 122), S. 28. Im Folgenden zitiert als (SW4).

strafen sollen“, und er zweifelte daran, ob er „als Mensch oder als Offizier handeln mußte; denn die Pflichten Beider zu vereinen, halte ich bei dem jetzigen Zustande der Armeen für unmöglich.“ (SW4, S. 27) Kleist fand sozusagen in der Armee keinen Ort für die Denkfreiheit und die Emanzipation der Offiziere und Soldaten.

Obwohl Kleist seine Verwandten nur zum Teil über seinen neuen Lebensplan informierte, akzeptierten sie schwer, dass er den Soldatenstand zugunsten des Studiums verließ (SW4, S. 20f.). Nachdem man erfolglos versucht hatte, ihn zu überzeugen, der Familientradition zu folgen, welche eine „gewisse Aussicht“ auf Brot darstellen sollte, ließ man ihm nur die Wahl zwischen Jurisprudenz und der Volkswissenschaft, damals Kameralia oder Kameralwissenschaft genannt. Diese Fachgebiete galten als Brotwissenschaften (SW4, S. 31) und Kleists bürgerliche Zeitgenossen wie Clemens Brentano, Adam Müller, Novalis, die Brüder Eichendorff und die Brüder Grimm, studierten sie gleichfalls.[134] Aber da Kleist nicht

> aus Unzufriedenheit mit meiner bessern Lage, nicht aus Mangel an Brod, nicht aus Spekulation auf Brod, - sondern aus Neigung zu den Wissenschaften, aus dem eifrigsten Bestreben nach einer Bildung, welche, nach meiner Ueberzeugung, in dem Militairdienste nicht zu erlangen ist, (SW4, S. 31)

aus der Armee ausschied, folgte er den Einwürfen nicht ganz und inskribierte sich nach der königlichen Erlaubnis in der philosophischen Fakultät seiner Geburtsstadt, wo er drei Semester lang Kurse in Physik, Mathematik, Philosophie, Kulturgeschichte, Rechtskunde besuchte und an der Verbesserung seiner Lateinkenntnisse arbeitete.[135] Privat betrieb Kleist nicht nur Pflichtlektüre, sondern er kaufte und las auch allerlei interessante Bücher aus anderen Bereichen. Er beschäftigte sich u.a. mit Geschichte und leistete zum Beispiel Vorauszahlung für das Buch „Geschichte der Universität und Stadt Frankfurt a.d.O.“ des Universitätsprofessors Carl Renatus Hausen, sowie mit Rechtsfragen und las beispielsweise das Gesamtwerk von Rousseau, dem Begründer des Gesellschaftsvertrages.[136] Damit war der spätere Dichter über die aktuellen Probleme und Debatten seiner Zeit und seines Kontinentes gründlich informiert. Nachdem Kleist

---

[134] Vgl. Hohoff, Curt: *Heinrich von Kleist. Mit Selbstzeugnissen und Bilddokumenten.* A.a.O., S. 17.

[135] Vgl. Barthel, Wolfgang: *Heinrich von Kleist 1777-1811. Chronik seines Lebens und Schaffens auf Grund von Selbstaussagen, Dokumenten und Aussagen Dritter.* A.a.O., S. 17f.

[136] Ebd., S. 26f.

seinen Glauben an das Glück in der Wissenschaft verloren hatte,[137] waren seine Schwester Ulrike und die Familie gegen seinen Wunsch, nach Shakespeares Beispiel als Landmann bzw. Bauer und Schriftsteller in der Schweiz zu leben, den Kleist wegen des Einmarsches der französischen Truppen nicht verwirklichen konnte. Außerdem wurde er davon abgehalten, „'sich in Coblenz zu einem Tischler zu verdingen'". Sein Mainzer Arzt Dr. Wedekind soll sich stattdessen beim Präfekten des Départements Rhin-et-Moselle erfolglos um ein Amt für ihn bemüht haben; der Präfekt habe Kleist geraten, „'in sein Vaterland zurückzukehren, dort Anstellung zu suchen.'"[138] Weder die Familie noch die meisten Bekannten waren also damit einverstanden, dass Kleist sein Glück in einem unteren und aussichtloseren Stand versuchte.

Auf der königlichen Seite kam Kleist nicht ungestraft davon. Er durfte nach seinem Abschied vom Kriegsdienst weder ohne allerhöchste Entscheidung des Königs in ausländische Kriegs- und Zivildienste treten, noch jemals wieder um die

[137] Überzeugt von dem Prinzip der Denkfreiheit der Aufklärung, wollte sich Kleist „die goldne Unabhängigkeit, oder, um nicht falsch verstanden zu werden, die goldne Abhängigkeit von der Herrschaft der Vernunft" erobern. (SW4, S. 33) Er lernte deshalb selbst zu denken, und empfahl seiner Geliebten Wilhelmine, die er in dem gleichen Geist bilden wollte, sein Lehrwerk, Christian Ernst Wünschs „kosmologische (weltbürgerliche) Unterhaltungen" (SW4, S. 163). Nach den ersten eigenen Erfahrungen in der Wahrheitserkenntnis der Wissenschaften sah der gelehrige Schüler der Aufklärung bald ihre Schwachstellen ein. Er fand das Feld der Wissenschaften traurig und äußerte schon in einem Brief vom 12.11.1799, kaum sieben Monate nach seiner Immatrikulation, an seine Halbschwester Ulrike seinen Vorbehalt gegenüber dem Primat des Verstandes. Im Schreiben schildert er das Gefühl und die Vernunft als komplementäre Bestandteile des Menschen, wobei er dem Gefühl die bessere Rolle im Erlangen des menschlichen Glücks zuschreibt (Vgl. SW4, S. 44f.). Seine kritische Auseinandersetzung mit der Bedeutung der Wissenschaft stürzte 1801 seine Überzeugung von der Gewissheit der menschlichen Urteilskraft und der Wahrheitsfindung in der Wissenschaft, was in der Forschung als „Kant-Krise" bezeichnet wird. Seine Erbitterung wurde wenig später bei einem Aufenthalt in Paris dadurch verstärkt, dass er nun einerseits einer Einseitigkeit der Naturwissenschaften bewusst wurde, die ihm ekelte, andererseits angesichts der üppigen, morallosen Lebensart in der französischen Metropole den Eindruck bekam, dass die Werke von Berühmtheiten wie Rousseau, Hervetius, und Voltaire keine bleibenden Spuren in den Menschen hinterlassen hätten: „O hätten alle, die gute Werke *geschrieben* haben, die Hälfte von diesem Guten *gethan*, es stünde besser um die Welt." (SW4, S. 260) Kleist wünschte, dass die Erkenntnisse der Wissenschaft auf die Realität angewendet würden, denn „Kenntnisse, wenn sie noch einen Werth haben, so ist es nur, in so fern sie vorbereiten zum Handeln". Das Erlebnis der „höchsten Sittenlosigkeit bei der höchsten Wissenschaft" nahm ihm seine bereits wackelige Neigung zur Wissenschaft weg, und er fasste den Entschluss, die Wissenschaften ganz aufzugeben. (Vgl. SW4, S. 271ff.)

[138] Barthel, Wolfgang: *Heinrich von Kleist 1777-1811. Chronik seines Lebens und Schaffens auf Grund von Selbstaussagen, Dokumenten und Aussagen Dritter*. A.a.O., S. 44.

Aufnahme in die preußische Armee bitten. Ihm blieb nur die Möglichkeit, „dem Vaterlande im Civilstande zu dienen.“ (SW4, S. 36) Diese Beschränkung, die auch Kleists Glauben, anderswo und nämlich im Bereich der Wissenschaften sein Glück zu finden, einigermaßen entsprach, besiegelte Kleists ersten Standeswechsel.[139] Als Kleist nach seinen Enttäuschungen in der Wissenschaft und seinen erfolglosen Abenteuern in der Schweiz um eine Anstellung in Preußen bat, wurde klar, wie stark der monarchische Staat die Freizügigkeit hasste und hinderte. So verheimlichte ihm der Generaladjutant des Königs, Karl Leopold von Köckeritz, nicht, dass er sehr ungünstig von ihm denke, bevor er ihm die hoheitlichen Vorwürfe mitteilte, wie Kleist Ulrike am 24. Juni 1804 berichtete:

> ‚Ich hätte das Militair verlassen, dem Civil den Rücken gekehrt, das Ausland durchstreift, mich in der Schweiz ankaufen wollen, *Versche* gemacht […] die Landung mitmachen wollen, […] Ueberdies sei des Königs Grundsatz, Männer, die aus dem Militair in's Civil übergiengen nicht besonders zu protegiren.‘ (SW4, S. 323)

Nicht umsonst war Kleist bei der ihm trotzdem erlaubten kameralistischen Ausbildung, die ihn auf ein Amt als Reformbeamter in den fränkischen Provinzen vorbereiten sollte, besonders an der Bauernbefreiung und der Aufhebung der Zunftzwänge interessiert. Aus seinem Brief vom 10. Februar 1806 an den Geheimen Finanzrat Karl Freiherrn von Stein zum Altstein, in dem der bis dahin den Staatsdienst Vermeidende um die Verlängerung seiner Ausbildung bei der Königsberger Kammer bittet, geht hervor, dass Kleist auch mit den Ungerechtigkeiten an Bauern konfrontiert wurde und willentlich war, an dem Kampf der Reformer um seinen persönlichen Freund von Stein zum Altstein und den ihm wohl bekannten Staatskanzler Karl August Freiherrn von Hardenberg für mehr Rechtssicherheit und Freizügigkeit teilzunehmen. Kleist schrieb:

> Wenn es mir vergönnt wird, noch diese Zeit über bei der hiesigen Kammer zu arbeiten, so werde ich das Befreiungs-Geschäft der Zünfte (mein Lieblings-Gegenstand) völlig auslernen. Bisher ist man nur mit Hinwegschaffung der Misbräuche, und Befreiung der Gewerbe innerhalb der Zunft-Schranken, beschäfftigt gewesen; vor wenig Tagen ist aber ein Rescript eingegangen, das die völlige Auskaufung der Zunft-Gerechtsame, und gänzliche Wiederherstellung der natürlichen Gewerbsfreiheit eingeleitet hat. (SW4, S. 354)

---

[139] Kleist betrachtet den Bereich der Wissenschaften als einen Stand, aber für ihn ist das „kein neuer Stand, weil ich schon seit ich in Potsdam mehr Student als Soldat gewesen bin.“ (SW4, S. 27f.)

Obwohl Kleist die Ausbildung offiziell aus gesundheitlichen Gründen nicht mehr zu Ende führen konnte, lässt die Tatsache, dass er sich nach seiner Genesung nicht zurückmeldete, wie der Finanzrat erwartete, sondern sich der damals schon ständeübergreifenden schriftstellerischen und publizistischen Tätigkeit widmete, folgern, dass er seiner „'hohen Lehre'" - „'Tue recht und scheue niemand.'"[140] - treu blieb, auch wenn ihm „die Zeit und die Schicksale" vor seinem Selbstmord am 21. November 1811 nicht den ersehnten Ruhm brachten. Seine Mündigkeit und Denkfreiheit erkämpfte und bewahrte der Aufgeklärte mit Herzen trotz aller Schwierigkeiten sowie Einflussversuche und Kränkungen[141] von Seiten der Familie, Bekannten, und Obrigkeiten, selbst wenn dies auch zum Freitod verholfen haben mag.[142]

Diese Aspekte in Kleists Leben zeigen, wie schwer es war, der etablierten ständischen Organisation der Gesellschaft zu entgehen, auch wenn man zum Adel gehörte. Dass die meisten Adligen wegen der prekären Situation der anderen bzw. unteren Schichten ihren Stand nicht wechseln wollten, zeugt außerdem von der Bedeutung der Chancenungleichheit in den ständisch organisierten deut-

---

[140] Zitiert nach: Barthel, Wolfgang: *Heinrich von Kleist 1777-1811. Chronik seines Lebens und Schaffens auf Grund von Selbstaussagen, Dokumenten und Aussagen Dritter.* A.a.O., S. 28. Dies soll Kleist am 17. März 1801 in ein Album Henriette von Schliebens geschrieben haben. Kleist war der Schwierigkeiten seiner Wahl bewusst. Bereits in einem Brief vom 12. November 1799 an Ulrike vergleicht sich der noch von der Wissenschaft Begeisterte mit Christoph Kolumbus und meint, „man soll mich auf der Straße, die ich wandle auslachen, wie man den Colomb auslachte, weil er *Ost*indien in *Westen* suchte. Nur dann erst bewunderte man ihn, als er noch mehr gefunden hatte, als er suchte" (SW4, S. 48). Etwa ein Jahr später schreibt Kleist in einem Brief vom 13. November 1800 an Wilhelmine von Zenge, dass er sehr fest entschlossen sei, den ganzen Adel von sich abzuwerfen. Dabei bezieht er sich wieder auf Leitbilder: „Viele Männer haben geringfügig angefangen u königlich ihre Laufbahn beschlossen. Shakespeare war ein Pferdejunge u jetzt ist er die Bewunderung der Nachwelt." (SW4, S. 155)

[141] Noch elf Tage vor seinem Freitod klagte Kleist in einem Brief an Marie von Kleist über seine auf seinem materiellen und sozialen Misserfolg beruhende Missachtung von seinen Verwandten: „der Gedanke, das Verdienst, das ich doch zuletzt, es sey nun groß oder klein, habe, gar nicht anerkant zu sehn, und mich von ihnen als ein ganz nichtsnutziges Glied der menschlichen Gesellschafft, das keiner Theilnahme mehr werth sey betrachtet zu sehn, ist mir überaus schmertzhaft, wahrhaftig, es raubt mir nicht nur die Freuden die ich von der Zukunft hoffte, sondern es vergiftet mir auch die Vergangenheit." (SW4, S. 508f.)

[142] Hierzu sagte der Zeitgenosse Johann Wolfgang von Goethe schon 1809: „'Sein Hypochonder ist zu arg; er richtet ihn als Menschen und Dichter zugrunde.'" Nach Kleists Tod schrieb Clemens Brentano am 10. Dezember 1811 an Archim von Arnim: „'Er ist allein so weit gekommen, weil er keinen recht herzlichen Menschen gekannt und geliebt, und grenzenlos eitel war.'" (Beide sind zitiert nach: Hohoff, Curt: *Heinrich von Kleist. Mit Selbstzeugnissen und Bilddokumenten.* A.a.O., S. 174.)

schen Fürstentümern. Insofern war die Gewerbefreiheit, an deren Verwirklichung Kleist unter Altenstein auch mitwirken wollte, nicht nur eine Befreiung für die Bauern, sondern auch für die Adligen, die mit ihrer Lebenssituation nicht zufrieden waren und sich trotzdem an das ALR halten sollten bzw. mussten.

III Kleist und die Organisationen der bürgerlichen Öffentlichkeit

Wenn man von Kleists Schwierigkeiten mit seinem Geburtsstand und der ständischen Organisation der Gesellschaft absieht, haben Kleists Herkunft und geburtsgemäße Situation ihm geholfen, viele der damals aktiven Kreise zu besuchen und verschiedene Persönlichkeiten kennen zu lernen.

Schon kurz nach seinem Eintritt ins Heer durfte Kleist das Haus Marie von Kleists, die zugleich die Frau eines entfernten Verwandten namens Friedrich Wilhelm Christian von Kleist und eine der Vertrauten der Königin Luise von Preußen war, besuchen. Bei dieser Persönlichkeit, die Kleist später finanziell unterstützte, trafen sich kunstinteressierte Offiziere und Schöngeister. Dort soll Kleist bereits 1795 Adolfine von Werdeck kennen gelernt haben, deren erster Mann namens Christoph Wilhelm Werdeck als Regierungsbeamter in Potsdam arbeitete,[143] und die selber „wegen ihrer scharfen Zunge“ in Potsdam gefürchtet war.[144] Mit seinen jungen Kameraden teilte Kleist außerhalb der Garnison in Potsdam ‚höhere geistige Bestrebungen'. Aus Kleists Freund Otto August Rühle von Liliensterns Bibliographie geht hervor, wie die jungen Offiziere ihre Bestrebungen auslebten: ‚Wissenschaft, Dichtkunst und Musik [...] waren der Stoff, welcher die Zusammenkünfte dieser jungen Offiziere belebte. Die von allen Mitgliedern periodisch eingereichten Arbeiten und Produktionen wurden hier gehört und verhandelt.'[145]

Bei seiner Ausbildung in Königsberg im Jahre 1806 verkehrte Kleist in mehreren wichtigen Häusern. Er besuchte u.a. das Haus des Kammerpräsidenten von Auerswald, „dessen Gattin Sophia zum Mittelpunkt regelmäßiger Treffen re-

[143] Vgl. Barthel, Wolfgang: *Heinrich von Kleist 1777-1811. Chronik seines Lebens und Schaffens auf Grund von Selbstaussagen, Dokumenten und Aussagen Dritter*. A.a.O., S. 15f.
[144] Vgl. Hohoff, Curt: *Heinrich von Kleist. Mit Selbstzeugnissen und Bilddokumenten*. A.a.O., S. 14f.
[145] Siehe Barthel, Wolfgang: *Heinrich von Kleist 1777-1811. Chronik seines Lebens und Schaffens auf Grund von Selbstaussagen, Dokumenten und Aussagen Dritter*. A.a.O., S. 15.

formerisch gesinnter Kreise wurde.“[146] Es interessierten den früheren Leutnant nicht nur landesinterne Angelegenheiten, sondern auch der Krieg. So war er mehrmals beim früheren preußischen Kriegs – und Steuerrat und Schriftsteller Johann Georg Scheffner, der wie Kleist auch eine Zuneigung zu den Plänen der preußischen Reformer hatte, zu Gast.[147] Noch einige Wochen vor seinem Freitod erstattete Kleist dem Militärreformer Neidhardt von Gneisenau, der einen Volkskrieg gegen Napoleon heimlich vorbereitete, einen Besuch, und versorgte ihn mit „'militärische[n] Aufsätze[n]'“.[148]

Kleist hatte auch Erfahrungen mit der rein gelehrten Welt. Nach seinem Abschied von dem Kriegsdienst wurde er durch den Frankfurter Professor Johann Sigismund Huth in die Welt der Berliner Gelehrten eingeführt. Kleist verließ aber bald den Kreis, weil er sich darin nicht sehr wohl fühlte. Für ihn säßen die Gelehrten „sämmtlich wie die Raupe auf einem Blatte, jeder glaubt seines sei das Beßte, u[nd] um den Baum bekümmern sie sich nicht.“ (SW4, S. 198) Trotz dieser Kritik an der Handlungslosigkeit bzw. Realitätsferne der Gelehrten suchten sich Kleist und seine Schwester Ulrike auf ihrer Reise zwischen April und Juni 1801 nach Paris die „würdigsten“ Wissenschaftler u.a. in Leipzig, Halle und Göttingen auf, mit denen sie „ein freundliches Wort“ wechselten. In einem Brief vom 3. Juni 1801 aus Göttingen an Wilhelmine von Zenge lobt Kleist die Gelehrten als „die Lehrer der Menschheit“ (SW4, S. 231). Auch in Paris, wo er „an lauter Pariser Gelehrten adressiert“ war, bekam Kleist die Gunst, vom preußischen Gesandten in der französischen Metropole, Marquis Girolamo Lucchesini, und dem späteren Gelehrten und Staatsmann Wilhelm von Humboldt, der damals in Paris weilte, um sein Studium fortzuführen und die gesellschaftliche Entwicklung zu verfolgen,[149] „vorläufig bei einigen französischen Gelehrten eingeführt“ zu werden, bevor die Welt der Naturwissenschaften ihm wegen ihrer „cyklopische[n] Einseitigkeit“ missfiel (SW4, S. 256f.).

In der Schweiz scheint Kleist die Aktivitäten der intellektuellen Treffen besonders produktiv mitgemacht zu haben. Dort sah Kleist zum Beispiel 1802 bei einer Zusammenkunft mit Ludwig Wieland, dem Buchhändler Heinrich Gessner, seinem ersten Verleger, und dem Regierungskommissar und Schriftsteller Heinrich Zschokke in der Wohnung des Letzteren den Kupferstich „Le juge, ou la cruche cassée“ von Jean-Jacques Le Veau, der zum Anlass für ein literarisches

[146] Barthel, Wolfgang: *Heinrich von Kleist 1777-1811. Chronik seines Lebens und Schaffens auf Grund von Selbstaussagen, Dokumenten und Aussagen Dritter*. A.a.O., S. 51.
[147] Vgl. ebd.
[148] Ebd., S. 99.
[149] Siehe http://www.hu-berlin.de/ueberblick/geschichte/wilh_html (26.05.2008)

Wettbewerb zwischen den drei Männern wurde. Wie die Stimmung aussah, und was aus dem Wettbewerb wurde, liest man aus einem Bericht von Zschokke:

> ‚Als uns Kleist eines Tages sein Trauerspiel *Die Familie Schroffenstein* vorlas, ward im letzten Akt das allseitige Gelächter der Zuhörerschaft, auch des Dichters, so stürmisch und endlos, daß bis zu seiner letzten Mordszene zu gelangen, zur Unmöglichkeit wurde. Wir vereinten uns auch, wie Virgils Hirten, zum poetischen Wettkampf. In meinem Zimmer hing ein französischer Kupferstich, ‚La cruche cassée'. In den Figuren desselben glaubten wir ein trauriges Liebespaar, eine keifende Mutter mit einem zerbrochenen Majolikakruge und einen großnasigen Richter zu erkennen. Für Wieland sollte dies Aufgabe zu einer Satire, für Kleist zu einem Lustspiele, für mich zu einer Erzählung werden. Kleists *Zerbrochener Krug* hat den Preis davon getragen.'[150]

Die Figuren und die Gattungen zeigen, dass die Freunde sofort an gesellschaftliche und juristische Probleme ihrer Zeit dachten. Welche Bedeutung Kleists *Der zerbrochne Krug* für Rechtsstaatlichkeit beziehungsweise Rechtssicherheit trägt, wird später behandelt.

In Berlin machte Kleist aber die Erfahrungen, die den oben über die Clubs dargestellten Eigenschaften der ständeübergreifenden öffentlichen Meinung am meisten entsprechen. Zum Beispiel soll Kleist im Winter 1809/10 den Historiker, Schriftsteller, Publizisten und entscheidende Figur in der Aufhebung der Leibeigenschaft in Vorpommern, Ernst Moritz Arndt, bei dem Verleger Georg Andreas Reimer, der auch sein Verleger wurde, getroffen haben. In Reimers Wohnung kamen Napoleongegner zusammen. Die dort verkehrenden Gebildeten waren aus verschiedenen Bereichen. Zu ihnen zählten beispielsweise die Schriftsteller der Romantik Achim von Arnim, Clemens Brentano, der schon oben vorgestellte Philosoph Johann Gottlieb Fichte, der Theologe und Reformbegeisterte Friedrich Schleiermacher, der historisch orientierte Rechtsgelehrte Friedrich Carl von Savigny und der Schriftsteller, Publizist und spätere Diplomat Karl August Varnhagen.[151] Die Dominanz von rechtlichen Auseinandersetzungen bei derartigen Zusammenkünften bestätigen die folgenden Worte von Theodore Ziolkowski zu Literatursalons von deutschen Romantikern um 1800:

> Der Literaturhistoriker, der sich mit den Romantikertreffen in Jena, Heidelberg oder Berlin beschäftigt, könnte fast meinen, er sei unversehens in die

[150] Zschokke, Heinrich: *Eine Selbstschau.* Aarau 1853, S. 173. Hier zitiert nach: Hohoff, Curt: *Heinrich von Kleist. Mit Selbstzeugnissen und Bilddokumenten.* A.a.O., S. 36f.
[151] Vgl. Barthel, Wolfgang: *Heinrich von Kleist 1777-1811. Chronik seines Lebens und Schaffens auf Grund von Selbstaussagen, Dokumenten und Aussagen Dritter*, a.a.O., S. 77.

> Tagung eines Juristenverbandes hineingeraten, angesichts von Rechtsstudenten wie Wackenroder, Novalis, Zacharias Werner, Görres, Arnim, Eichendorff, den Brüdern Grimm, Uhland, Hoffmann und anderen.[152]

Kleists Name findet sich auch auf der Mitgliederliste der patriotischen „Christlich-deutsche[n] Tischgesellschaft" von Arnim, bei der Kleists auch oben erwähnter Freund, früherer Verleger und Mitarbeiter Adam Müller auch war.[153] Aber der tolerant „denkende Mensch" scheint, wahrscheinlich wegen der „gewissen Königstreue, verbunden mit einem frivolen Antisemitismus"[154] und der Frauenfeindlichkeit der Tischgesellschaft, von ihr Abstand genommen zu haben, denn „Kleist selbst hat [...] diesen Kreis und seine Zwecke nie erwähnt, Arnims Antisemitismus lag ihm ohnehin fern."[155] Erwähnenswert ist außerdem, dass Kleist mit Dahlmann, der vorhin erwähnt wurde, befreundet war.[156]

Abgesehen davon, dass diese Beispiele aus Kleists Beziehungen konkreter vor Auge führen, wie sich die bürgerliche Öffentlichkeit beziehungsweise die öffentliche Meinung u.a. in Preußen bildete und funktionierte, zeigen sie einigermaßen, wie sehr Heinrich von Kleist über die brennenden Realitäten seines Landes und seiner Zeit informiert und in sie involviert war, und daher nicht „im Niemandsland"[157] war. Über seine Diskussionen mit mehreren Persönlichkeiten und Verantwortungsträgern hinaus, leistete Kleist überwiegend in seinen dichterischen und publizistischen Oeuvres seinen Beitrag sowohl zu den Lösungen für interne Probleme seines Vaterlandes und anderer deutscher Länder als auch zu der Befreiung von der napoleonischen Fremdherrschaft. Aber auch dieser Weg war für Kleist sehr steinig. Dies zeigt sich nicht nur an seinen wiederholten und mal gescheiterten, mal gelungenen Versuchen, seine Dramen auf die Bühne zu bringen, sondern auch seine von seinen journalistischen Tätigkeiten bedingten Konflikte mit den Behörden, die keine richtige kritische öffentliche Meinung

---

[152] Ziolkowski, Theodore: *Kleists Werk im Lichte der zeitgenössischen Rechtskontroverse.* A.a.O., S. 29.

[153] Vgl. Foley, Peter: *Heinrich von Kleist und Adam Müller. Untersuchungen zur Aufnahme idealistischen Ideenguts durch Heinrich von Kleist.* Frankfurt/Main et al. 1990, S. 79.

[154] Ebd.

[155] Barthel, Wolfgang: *Heinrich von Kleist 1777-1811. Chronik seines Lebens und Schaffens auf Grund von Selbstaussagen, Dokumenten und Aussagen Dritter.* A.a.O., S. 89.

[156] Vgl. Frommel, Monika: *Die Paradoxie vertraglicher Sicherung bürgerlicher Rechte. Kampf ums Recht und sinnlose Aktion.* A.a.O., S. 358.

[157] Dass Kleist in allen seinen Werken ganz mit seiner Gesellschaft beschäftigt war, zeigen unter anderen Studien die Beiträge zu einer im Dezember 1964 von der Heinrich-von-Kleist-Gesellschaft organisierten Diskussionsveranstaltung zum Thema „Kleist und die Gesellschaft". (Siehe: Müller-Seidel, Walter (Hrsg.): *Kleist und die Gesellschaft: Eine Diskussion.* Berlin 1965.)

duldeten. Kleist musste erfahren, dass die öffentliche Meinungsfreiheit noch Illusion war; die seiner Zeitschrift „Berliner Abendblätter" aufgelegte Zensur machte endlich seiner unmittelbaren öffentlichen Mitwirkung an der National- bzw. Kontinentalsache ein Ende. Indessen hatte Kleist mit dem „Gebet des Zoroaster" das Motto der ersten Berliner Tageszeitung[158] sehr deutlich formuliert. Darin sagt der sich für wenig würdigen göttlichen Ausgewählten haltende Betende:

> Stähle mich mit Kraft, den Bogen des Urteils rüstig zu spannen, und, in der Wahl der Geschosse, mit Besonnenheit und Klugheit, auf daß ich *jedem, wie es ihm zukommt, begegne*: den Verderblichen und Unheilbaren, dir zum Ruhm, niederwerfe, den Lasterhaften schrecke, den Irrenden warne, den Toren, mit dem bloßen Geräusch der Spitze über sein Haupt hin, necke. Und einen Kranz auch lehre mich winden, womit ich, auf meine Weise, den, der dir wohlgefällig ist, kröne![159]

Der Publizist wollte offenbar entsprechend dem Postulat des Gelehrten Kant mit konstruktiver und differenzierter Kritik an der Verbesserung der gegenwärtigen Lage und dem Reformkurs mitwirken. Dabei verfolgte er das Ziel, die öffentliche Meinung zu stärken. So erklärte Kleist bezüglich der vor den *Berliner Abendblätter* projizierten Zeitschrift *Germania*, die er anonym herausgeben wollte, Friedrich Schlegel am 13. Juni 1809 aus Prag:

> Überhaupt will ich mit der Eröffnung desselben weiter nichts [...] als unsern Schriftstellern, und besonders den norddeutschen, eine Gelegenheit zu verschaffen, das, was sie dem Volke zu sagen haben, gefahrlos in meine Blätter rücken zu lassen. Wir selber nennen uns nicht; und mithin auch keinen anderen, wenn es nicht ausdrücklich verlangt wird. (SW4, S. 436)

Kleist musste wegen der politischen Lage und der Zensur andere Wege finden, seine Beiträge zu den Reformen und zur Befreiung zu leisten. Deshalb befinden sich die meisten Ideen in seinen literarischen Werken, in denen der posthum berühmt gewordene Dichter „aus der Blütezeit des deutschen Geistes"[160] durch Techniken wie die Tarnung die strukturellen und politischen Hindernisse umgehen konnte.

---

[158] Vgl. zur Lage der Pressefreiheit in Preußen um die Jahrhundertswende und Kleists Konflikten beispielsweise: Wichmann, Thomas: *Heinrich von Kleist*. Stuttgart 1988, S. 189 -205.
[159] Kleist, Heinrich von: *Sämtliche Werke und Briefe*: in vier Bänden. Hrsg. von Ilse-Marie Barth et al.. Bd. III. Frankfurt/Main: Deutscher Klassiker Verlag 1990 (= Bibliothek deutscher Klassiker 51), S. 541f.. Im Folgenden zitiert als (SW3). Hervorhebungen von mir, K.M.S.
[160] Bisky, Jens: *Kleist: Eine Biographie*. Berlin 2007, S. 9.

Im Rahmen der vorliegenden Studie werden nun Kleists Beiträge unter dem Gesichtspunkt der Dichotomie Rechtsstaatlichkeit und Verantwortlichkeit analysiert. Es wird dabei nachgegangen, wie in und mit Kleists Werk für Rechtssicherheit beziehungsweise Rechtsstaatlichkeit im Sinne der Gesetzgebundenheit gekämpft wird. Zunächst wird der Umgang von Machthabern und insbesondere vom Staatsoberhaupt mit seiner Verantwortung für Rechtssicherheit und Rechtsstaatlichkeit herausgearbeitet.

Teil II: Das Staatsoberhaupt als Garant für Gerechtigkeit und Rechtsstaatlichkeit

Kapitel 3: Der Vorgesetzte als Verantwortlicher für die Vergehen seiner Untergebenen in *Michael Kohlhaas*

Die Interpretation in diesem Kapitel konzentriert sich auf Kleists bekannteste Novelle *Michael Kohlhaas*. Es geht hier darum, die Verantwortlichkeit des Oberhaupts seinen Untergebenen gegenüber herauszuarbeiten. Es soll dabei überwiegend nachvollzogen werden, wie sich die im Mittelpunkt der Analyse stehenden Behörden gegenüber den gesetzwidrigen Handlungen ihrer nahen Mitarbeiter verhalten.

I Der Junker Wenzel von Tronka und die Willkür seiner Untergebenen

Der Junker, im Text auch Jungherr genannt, ein unverheirateter Adliger also, hat die Tronkenburg als „[l]andesherrliches Privilegium“[161] verliehen bekommen und ist „Erb-, Lehns- und Gerichtsherr“ (SW3, MK, S. 91). Für die Führung seiner Burg auf sächsischem Boden hat er einen Burgvogt, auch Schlossvogt genannt, einen Verwalter und einen Zöllner, der zugleich als Grenzwächter fungiert. Zu seiner Verfügung stehen außerdem Knechte und eine Haushälterin. Überdies hat der Junker, Wenzel von Tronka, Ritter als Freunde, mit denen er zur Jagd geht, sowie ein Feld, das er bewirtschaften lässt.

Im Text steht nirgendwo, dass der Junker einer höheren Behörde gegenüber eine formelle regelmäßige Rechenschaft für seine lokale Verwaltung, sein „Privilegium“, ablegt oder geben muss. Trotzdem stehen er und die ihm untergeordneten Personen unter dem im sächsischen Land geltenden Gesetz, und an der höchsten Ebene, unter dem des ganzen Heiligen Römischen Reiches, wie wir später sehen werden.[162] Gerade diese gesetzliche Abhängigkeit macht es möglich, überhaupt von Verantwortung bei diesem privilegierten Adligen zu sprechen und seine Verantwortlichkeit zu verfolgen.

---

[161] Kleist, Heinrich von: *Sämtliche Werke und Briefe*: in vier Bänden. Hrsg. von Ilse-Marie Barth et al.. Bd. III. Frankfurt/Main: Deutscher Klassiker Verlag 1990 (= Bibliothek deutscher Klassiker 51), S. 13. Im Folgenden zitiert als (SW3, MK).

[162] Die Tatsache, dass die Gesellschaft in der erzählten Zeit noch einen privilegierten Adelsstand kennt, der zugleich einem Zentralrechtssystem unterliegt, kann verstanden werden, wenn man sich u.a. auf Jin bezieht. Laut Jin, beabsichtigte das Allgemeine Landrecht, das 1794 zur Vereinheitlichung des Rechts und Vereinfachung des Gesetzes eingeführt wurde, u.a. einen Ausgleich zwischen der traditionellen Ständegesellschaft und den modernen Prinzipien der Aufklärung. Jin situiert Kleist daher in eine „Krisen- und Umbruchszeit“, „eine regelrechte Zeitwende“. (Vgl. Jin, Il-Sang: *Die gesellschaftlichen Formationen in Heinrich von Kleists Erzählungen*. Frankfurt/Main et al. 1997; S. 17 u. S. 21.)

Das erste Zeichen für die Verantwortung des Junkers zeigt sich in der Entscheidung der Titelfigur Kohlhaas, sich an ihn zu wenden, als ihm die Behauptung des Schlossvogts, dass er „ohne einen landesherrlichen Erlaubnisschein" nicht über die Grenze ziehen dürfe (SW3, MK, S. 15), merkwürdig und unrechtmäßig vorkommt: „Der Roßhändler, den *diese ungesetzlichen Erpressungen* zu erbittern anfingen, stieg, nach einer kurzen Besinnung, vom Pferde, gab es einem Knecht, und sagte, dass er *den Junker von Tronka selbst* darüber sprechen würde."(SW3, MK, S.17, Hervorhebungen von mir, K.M.S.)

Damit erkennt der Pferdehändler den Junker als oberste Befehlsgewalt am Grenzort an. Für ihn geht es um eine Autorität, die an das Gesetz gebunden ist. Er hofft daher, dass der Junker sein Problem besser lösen würde, dass er ihn *gesetzlich* behandeln würde, wie der alte verstorbene Besitzer der Orte, „[e]in würdiger alter Herr, der seine Freude am Verkehr der Menschen hatte, Handel und Wandel, wo er nur vermogte, forthalf, und einen Steindamm einst bauen ließ, weil mir eine Stute, draußen, wo der Weg ins Dorf geht, das Bein gebrochen." (SW3, MK, S. 15) Die Würde des Junkers wird damit an seiner Haltung gemessen.

Die Frage der Verantwortung des Junkers wird klarer gestellt, als Kohlhaas, nach der schriftlichen Bestätigung der Ungesetzlichkeit der Forderung durch juristische Räte, „statt seiner zwei glatten und wohlgenährten Rappen, ein Paar dürre, abgehärmte Mähren" (SW3, MK, S. 23) vorfindet und erfährt, dass seine Pferde auf den Feldern des Junkers gebraucht worden sind. Den Schlossvogt fragt er: „Wer hat dem Junker von Tronka und dessen Leuten die Erlaubnis gegeben, sich meiner bei ihm zurückgelassenen Rappen zur Feldarbeit zu bedienen?" (SW3, MK, S.23) Die Frage gibt zu verstehen, dass gegen das Pfandrecht verstoßen wurde, wie die folgenden Worte von Wolfgang Pircher erklären:

> So sehr das Pfand Supplement und Substitut des Vertrauens ist, schließlich wird es als eine sachliche Garantie oder Versicherung gegeben, wo das gegebene Wort nicht ausreicht, so fordert es doch selbst wieder Vertrauen. Es soll sich in der Zeit der Besitzübertragung ungeschmälert erhalten und nicht wie eine verkaufte Sache dem Konsum des bloß zeitweiligen Besitzers anheim fallen. [163]

Mit dieser juristischen Frage bringt Kohlhaas sein rechtsstaatliches Rechtsbewusstsein, auf das seine frühere Bitte in Dresden um einen schriftlichen Beweis

[163] Picher, Wolfgang: *Geld, Pfand und Rache - Versuch über ein Motiv bei Kleists 'Kohlhaas'*. In: Kleist-Jahrbuch 2000. Stuttgart, Weimar 2000, S. 104-117. Hier S. 108.

für die Ungesetzlichkeit der Pfandforderung hindeutet, zum Ausdruck. Damit definiert er die Basis, auf der er mit den Behörden verhandeln will.

Richtet man das Augenmerk auf die Verantwortung des Junkers, so fällt einem auf, dass er in Kohlhaasens Frage an erster Stelle steht, obwohl er nicht mehr zugegen war, als Kohlhaas die Pferde zurück ließ. Offensichtlich gilt der Jungherr für den die Regel seines Gewerbes beherrschenden Pferdehändler als der Verantwortliche für die Rappen; deshalb meint er, die Pferde „bei ihm" und nicht bei dem Schlossvogt und dem Verwalter zurückgelassen zu haben. Die direkten Verantwortlichen werden außerdem an den Junker, ihren Vorgesetzten, gebunden; Kleist benutzt dafür das Genitivpronomen „dessen". Damit ist die Verantwortung des Junkers für seine Untergeordneten explizit dargestellt. Für den Protagonisten trägt der Junker die Schuld für das gesetzwidrige Verhalten seiner Mitarbeiter.

Noch deutlicher wird die Verantwortung des Junkers in der Klage, die Kohlhaas mit Hilfe eines Rechtsgelehrten anfertigt, nachdem er zuzüglich der erwähnten Ungerechtigkeiten erkannt hat, dass der Burgvogt, der Verwalter und die Knechte des Junkers Herse, den Großknecht, den er zur Pflege der Rappen auf der Tronkenburg gelassen hat, brutal behandelt, geprügelt und weggejagt haben:

> Hier verfasste er [Kohlhaas], mit Hülfe eines Rechtsgelehrten, den er kannte, eine Beschwerde, in welcher er, nach einer umständlichen Schilderung des Frevels, den der Junker Wenzel von Tronka, an ihm sowohl, als an seinem Knecht Herse, verübt hatte, auf gesetzmäßige Bestrafung desselben, Wiederherstellung der Pferde in den vorherigen Stand, und auf Ersatz des Schadens antrug, den er sowohl, als sein Knecht, dadurch erlitten hatten. (SW3, MK, S. 39)

Ersichtlich ist, dass der Pferdehändler sich nur gegen den Junker beschwert, trotz aller direkten Verwicklungen der Leute, die unter ihm stehen, vor allem des Schlossvogts und des Verwalters. Der Junker trägt also die Verantwortung für die Versehen seiner Untergeordneten. In dieser Hinsicht ist Kohlhaas trotz Luthers Drohung mit der Verweigerung des heiligen Sakraments bereit, den anderen unmittelbaren und indirekten Akteuren in der Affäre zu verzeihen, dem Junker aber nicht. Für den Pferdehändler muss der Letztere nach dem herrschenden Gesetz bestraft werden. So berichtet der Erzähler, der Kohlhaas dabei errötend findet:

> ‚[D]er Herr auch vergab allen seinen Feinden nicht. Laßt mich den Kurfürsten, meinen beiden Herren, dem Schlossvogt und Verwalter, den Herren Hinz und Kunz, und wer mich sonst in dieser Sache gekränkt haben mag,

> vergeben: den Junker aber, wenn es sein kann, nötigen, dass er mir die Rappen wieder dick füttere.' (SW3, MK, S. 81)

Die Bedeutung dieser Verantwortung zeigt sich daran, dass sie eigentlich der Grund für die legale und später selbstrechtliche Verfolgung des Junkers durch Kohlhaas ist.

Aus dem bisher Gesagten wird klar, dass der Junker seiner Verantwortung nicht nachgekommen ist. Auf welche Weise der Erwartung von Kohlhaas am Anfang nicht entsprochen wird, erfährt der Leser im Folgenden:

> Der Junker fragte, was er wolle; die Ritter, als sie den fremden Mann erblickten, wurden still; *doch* kaum hatte dieser sein Gesuch, die Pferde betreffend, angefangen, als der ganze Troß schon: Pferde? Wo sind sie? Ausrief, und an die Fenster eilte, um sie zu betrachten. Sie flogen, da sie die glänzenden Koppel sahen, auf den Vorschlag des Junkers, in den Hof hinab; [...] Schloßvogt und Verwalter und Knechte versammelten sich um sie, und alle musterten die Tiere. (SW3, MK, S. 17)

Anstatt Kohlhaasens Frage zu beachten und das gestellte Problem zu lösen, interessiert sich der Junker eher für die Pferde, genauso wie die ihn umgebenden Ritter. Die viel versprechende Stille am Anfang wird durch die darauf folgenden Reaktionen kontrastiert; Kleist drückt diesen Kontrast durch die Adverbien „doch" und „kaum" und dessen Steigerung durch die Verben „eilte" und „flogen" aus. Auch später kommt der Junker nicht auf seine Frage zurück. Er bestätigt im Gegenteil das willkürliche Verlangen des Schlossvogts, dass Kohlhaas einen Passschein lösen müsse, obwohl er dessen nicht sicher ist: „Der Junker antwortete, *mit einem verlegenen Gesicht*,[164] indem er abging: ja, Kohlhaas, den Paß mußt du lösen. Sprich mit dem Schloßvogt, und zieh deiner Wege." (SW3, MK, S. 19, Hervorhebungen von mir, K.M.S.)

In dem letzten Satz wird deutlich, dass der Junker nicht der Vorstellung entspricht, die Kohlhaas sich von ihm gemacht hat. Dies wird dadurch deutlicher, als der Junker den Widerspruch seines Befehls, Kohlhaas laufen zu lassen, durch den Burgvogt duldet und der „unverschämte[n] Forderung" (SW3, MK, S. 21)

[164] Wenn man von Skrotzkis Erklärung ausgeht, dass die äußeren Änderungen bei kleistschen Figuren einen Konflikt zwischen „der Kenntnis der Norm, die erfüllt werden müsste, und der Unfähigkeit, der Kenntnis zu folgen", zum Ausdruck bringt, lässt das verlegene Gesicht des Junkers darauf schließen, dass die „Behörde" die Norm, das Verantwortliche, erkannt hat und sich trotzdem dagegen entscheidet, wobei sie sich zum Komplizen der ihm untergeordneten Personen macht. (Vgl. Skrotzki, Ditmar: *Die Gebärde des Errötens im Werk Heinrich von Kleists*. Marburg 1971 (= Marburger Beiträge zur Germanistik, Bd. 37)).

des Letzteren und des Verwalters, dass Kohlhaas seine Rappen als Pfand zurücklasse, zustimmt. Hier benimmt sich der Herr, wie Jin schreibt, „nicht souverän, vor allem inkonsequent.“[165] Wenzel entlarvt selber seine Unverantwortlichkeit durch die Behauptung seiner Nicht-Beherrschung der Sachverhalte im folgenden Bericht des Erzählers:

> Der Junker sagte, mit schwacher, zitternder Stimme: er sei der jammernswürdigste Mensch von der Welt. Er verschwor sich, daß er von dem ganzen verwünschten Handel, der ihn ins Unglück stürze, nur wenig gewußt, und daß der Schloßvogt und der Verwalter an Allem Schuld wären, indem sie die Pferde, ohne sein entferntestes Wissen und Wollen, bei der Ernte gebraucht, und durch unmäßige Anstrengungen, zum Teil auf ihren eigenen Feldern, zu Grunde gerichtet hätten. (SW3, MK, S. 90)

In diesen Worten des Junkers wird deutlich, dass er seine Untergebenen, die ihm anscheinend überlegen geworden sind, nicht unter Kontrolle hat. „Ohne sein entferntestes Wissen und Wollen“ können sie rechtswidrig handeln, ohne dass er sie bestraft oder ihnen wenigstens ausdrücklich Vorwürfe macht. Im Moment des Vergehens zeigt er eher Gleichgültigkeit und erwidert die Beanstandung von Kohlhaas, dass seine Rappen ungerecht gebraucht worden sind, nur mit groben Beschimpfungen, trotz seines Unwissens und Nicht-Wollens, das der Chronist dem Leser übrigens bestätigt, indem er bemerkt, dass der Burgvogt seinem Chef „unter der gehässigsten Entstellung der Sache“ anzeige, „was dieser Roßkamm, weil seine Rappen ein wenig gebraucht worden wären, für eine Rebellion verführe.“ (SW3, MK, S. 25). Zu beachten ist, dass der Erzähler die Erklärung des Junkers nicht ganz neutral wiedergibt. Zur lediglich dem Schlossvogt und dem Verwalter zugeschriebenen Schuld geht er auf Distanz durch den Gebrauch des Konjunktivs II „wären“, wo man den Konjunktiv I „seien“ erwartet hätte. Damit wird gezeigt, dass er nicht ganz mit den Behauptungen des unverantwortlichen Chefs einverstanden ist, und dass der Letztere in der Sache auch seine Schuld hat.[166] Darüber hinaus beweisen die Details über den Missbrauch der Pferde,

---

[165] Jin, Il-Sang: *Die gesellschaftlichen Formationen in Heinrich von Kleists Erzählungen.* A.a.O., S. 76.

[166] Dyer kritisiert die Haltung des Jungherrn folgendermaßen: „This raises the whole question of personal responsibility and whether, by claiming ignorance of something, a ruler can disclaim responsibility for what happens.” (Dyer, Denis G.: *Junker Wenzel von Tronka.* In: German Life and Letters. Bd. 18. (1964-1965). New York, London 1971, S. 254.) Nur zeigt er nicht am Text, inwiefern der Junker hier verantwortlich ist. Auch Jin schreibt dem Junker die Hauptverantwortung zu, ohne sie zu begründen: „Das Unrecht, das der Junker Wenzel von Tronka an Michael Kohlhaas begeht, ist klar und deutlich.“ (Jin, Il-Sang: *Die gesellschaftlichen Formationen in Heinrich von Kleists Erzählungen.* A.a.O., S. 34.) Das ist der gleiche Fall mit Jochen Schmidt, der schreibt, dass „ein gewalttätiger Junker an einem Pferdehändler

dass der Junker zumindest im Nachhinein von den Verfehlungen seiner Untergebenen erfahren haben soll, ohne sie amtlich oder rechtlich zur Rechenschaft zu ziehen. Es geht hier also um eine Ausrede des Junkers, jetzt, wo ihm eine gesetzliche Strafe droht.

Dieser rhetorische Fluchtversuch entspricht offenbar der Flucht des Junkers vor Kohlhaasens Einbruch, der als Folge seiner Unverantwortlichkeit gelten muss. Die juristische Wortwahl des Chronisten macht dies sehr prägnant:

> Der Engel des Gerichts fährt also vom Himmel herab; und der Junker, der eben, unter vielem Gelächter, dem Troß junger Freunde, der bei ihm war, den Rechtsschluß, den ihm der Roßkamm übermacht hatte, vorlas, hatte nicht so bald dessen Stimme im Schloßhof vernommen: als er den Herren schon, plötzlich leichenbleich: Brüder, rettet euch! zurief, und verschwand. (SW3, MK, S. 63)

Darüber hinaus wird der Junker aus der Perspektive des Pferdehändlers „dürr“[167] und der Schlossvogt „nichtswürdiger Dickwanst“ (SW3, MK, S. 21ff.) beschimpft; wobei der Kontrast des körperlichen Aussehens der beiden Figuren zu verstehen gibt, dass der Junker nicht in dem Maße von den Ausbeutungen und Ungerechtigkeiten an der Tronkenburg profitiert wie seine Untergebenen. Diese äußere Diskrepanz zwischen dem Junker und dem Vogt deutet auch auf die Umkehrung der Machtverhältnisse auf der Tronkenburg hin.

Ein derartiges Vergehen des Oberhaupts an seiner Verantwortung wird im Text verdammt. So geschieht Kohlhaas und seinem Knecht, trotz allen negativen Einflussnahmen, am Ende Recht, und der Junker muss mit zwei Jahre Gefängnisstrafe die Konsequenzen seiner Unverantwortlichkeit in einem Rechtsstaat verspüren, obwohl er nicht mehr im Amt ist. (SW3, MK, S. 140f.) Die detaillierte

---

das Unrecht verübt“. (Schmidt, Jochen: *Heinrich von Kleist. Die Dramen und Erzählungen in ihrer Epoche*. Darmstadt 2003, S. 208.)

[167] Hier beziehe ich mich auf das Duden-Universalwörterbuch, in dem das Adjektiv „dürr“ Menschen betreffend “sehr mager, hager” bedeutet, (Duden - *Deutsches Universalwörterbuch*. Mannheim et al.: Dudenverlag 2003, S. 415.) und auf Adelungs Definition von Dürre: ‚Dürre […] aller nöthigen Feuchtigkeit im Innern beraubt […] Besonders, der zum Leben und Wachstum nöthigen Feuchtigkeit beraubt […] Wegen Mangel der nöthigen Feuchtigkeit unfruchtbar.‘ (Adelung, Johann Christoph: *Grammatisch-kritisches Wörterbuch der hochdeutschen Mundart, mit beständiger Vergleichung der übrigen Mundarten, besonders aber der Oberdeutschen.* Teil 1. Hildesheim, New York 1970 (= Reprint der 2. Aufl., Leipzig 1793-1801), Sp. 1619. Hier zitiert nach: Rieger, Bernhard: *Geschlechterrollen und Familienstrukturen in den Erzählungen Heinrich von Kleists.* Frankfurt/Main et al. 1985 (= Europäische Hochschulschriften, Reihe I, Bd. 839), S. 133.)

Erzählung der weiteren Folgen der unverantwortlichen Haltung des Junkers legt nahe, dass sie für den Dichter von beträchtlicher Bedeutung sind. Ein kurzes Interesse für sie erweist sich daher nötig.

Der Preis für die Unverantwortlichkeit des Vorgesetzten ist sehr hoch. Der Verwalter und der Burgvogt werden mit ihren Familien umgebracht; sie haben so keine Möglichkeit mehr, Nachkommen zu haben und somit das korrupte System weiter herrschen zu lassen. Auch die früher „anthropomorphisierte Tronkenburg",[168] das „mit glänzenden Zinnen über das Feld" (SW3, MK, S. 15) blickende Schloss, wird eingeäschert. Damit ist die Grundlage für die Wiederholung ähnlicher Fälle ganz zerstört. Der unverantwortliche Junker, der vor der Lynchjustiz des Pferdehändlers floh, kann bis zum Ende der Novelle nicht mehr zur Burg kommen. „Die Historie", um mit den Worten von Rieger zu sprechen, „macht Wenzel [...] selbst zum Hasen, der vom Bürger Kohl-‚haas' gehetzt wird, von der Tronkenburg nach Erlabrunn, von dort nach Wittenberg und schließlich nach Dresden."[169] Auf seiner Flucht erlebt der Junker Schlimmeres als den direkten Tod „seiner Leute": als ob auch die Natur gegen seine Unverantwortlichkeit wäre, hat eine gefährliche Rose seinen Fuß entzündet (SW3, MK, S. 89); er fällt von einer Ohnmacht in die andere und findet sich „unter den Händen zweier Ärzte [...], die ihn mit Essenzen und Irritanzen wieder ins Leben zurück zu bringen suchten" (SW3, MK, S. 71). Er erfährt Verachtung von Seiten seiner Beschützer und Ausstoßung, „gotteslästerliche und entsetzliche Verwünschungen" vom Volk von Wittenberg, das „ihn einen Blutigel, einen elenden Landplager und Menschenquäler, den Fluch der Stadt Wittenberg, und das Verderben von Sachsen" nennt (SW3, MK, S. 71). Auch seine Vetter Kunz und Hinz, die alles aufs Spiel gesetzt haben, damit er unter Schutz bleibt, empfangen ihn in Dresden „mit der größesten Erbitterung und Verachtung; sie nannten ihn einen Elenden und Nichtswürdigen, der Schande und Schmach über die ganze Familie bringe" (SW3, MK, S. 89f.). Kunz, der Kämmerer, von dem später die Rede sein wird, verflucht gar Vater und Mutter, die den Unverantwortlichen geboren haben (SW3, MK, S. 93f.). Der Junker verliert offenbar wegen seiner Unfähigkeit, den Bürger vor seinen adligen Untergebenen gesetzlich zu schützen, alle Ehre und Würde.

Die schrecklichen Folgen des Vergehens an seiner Verantwortung beschränken sich aber nicht lediglich auf Wenzel von Tronka und seine „Mitarbeiter". Seine Flucht führt zur Ausweitung der Verwüstungen: Wittenberg wird dreimal in

---

[168] Rieger, Bernhard: *Geschlechterrollen und Familienstrukturen in den Erzählungen Heinrich von Kleists.* A.a.O., S. 229.
[169] Ebd., S. 132f.

Brand gesteckt, Leipzig zweimal. Die Stadt- und Landesarmee wird eingesetzt, viele Menschen kommen ums Leben und Unsicherheit und Unruhe sind sehr groß im Volk. Die Auswirkungen der Unverantwortlichkeit dehnen sich auf Landesebene aus, stiften zwischenstaatlichen Konflikt und erreichen sogar die Reichsebene.[170] Diese Kette von Konsequenzen lässt fragen, welche Auskunft ihre detaillierte Erwähnung gibt.

Bei genauerem Hinschauen, kann aus diesen verschiedenen Folgen der Unverantwortlichkeit des Junkers gelesen werden, wie gefährlich und zerstörerisch die Fahrlässigkeit in der Führung eines jeden Amtes sein kann, nicht nur für denjenigen, der die Verantwortung trägt, sondern auch für seine Familie, seine Gesellschaft und den Staat. Auf die Frage nach dem verantwortlichen Verhalten einer Obrigkeit, die das Versehen seines Untergebenen unmittelbar erlebt wie der Junker, kann man antworten, dass sie ihre Autorität behaupten müsste, indem sie das Richtige durchzusetzen weiß, wenn der Untergebene sich auf den falschen Weg begibt; das Gegenteil also von dem, was der Junker tut. Heinrich von Kleist inszeniert auf diese Weise, wie die Missachtung der Rechte der Bürger eine landesweite Umwälzung verursachen kann, wenn sich die ungesetzlich Behandelten auflehnen. Historisch gesehen, wird hier an Beweggründe der Französischen Revolution von 1789 erinnert. Insoweit wirkt der dargestellte Aspekt der Novelle *Michael Kohlhaas* als Warnung für Adlige und Herrschaft in deutschen Ländern, die zur Entstehungszeit des Textes an Reformen arbeiteten. Hier ist insofern ein Beitrag zur Reformarbeit zu sehen. Aber Kleist bleibt nicht bei der Warnung. Auf den folgenden Seiten wird der Frage nachgegangen, wie die Autorität reagieren soll, wenn sie erst später vom gesetzwidrigen Handeln ihrer Untergebenen Kenntnis bekommt.

[170] Dyer nennt den Junker zutreffend „the man who was responsible for Kohlhaas's quest of justice and the murder and violence that this involved". (Dyer, Denis G.: *Junker Wenzel von Tronka*. A.a.O., S. 252.)

II Der sächsische Kurfürst und seine adligen Untergebenen

II.1 Die Verantwortung des Kurfürsten gegenüber seiner Gesellschaft und dem Gesetz

Wie der Titel ahnen lässt, geht es hier um den Kurfürsten des sächsischen Landes.[171] Unter seiner Autorität stehen u.a. die dem Junker Wenzel von Tronka verliehene Tronkenburg, Dresden (Sitz der Landesregierung), Wittenberg, Mühlberg und Leipzig. Die Lektüre der Novelle lässt verstehen, dass der Kurfürst (oder Landesherr) über allen Institutionen des Landes steht. So müssen gerichtliche Beschlüsse seinen Namen tragen (SW3, MK, S. 86). Er hat also einen großen Einfluss auf das Schicksal des Staates und die Rechtspraxis darin. Er muss sich nur vor Gott verantworten; das macht wenigstens Luther klar, wenn er den rebellierenden Bürger, Kohlhaas, fragt: „wer anders als Gott darf ihn [den Kurfürsten, K.M.S.] wegen der Wahl solcher Diener zur Rechenschaft ziehen, und bist du, gottverdammter und entsetzlicher Mensch, befugt, ihn deshalb zu richten?" (SW3, MK, S. 78)[172] Diese absolute Überlegenheit des Landesherrn als Repräsentanten von Gott vermittelt dem Volk ein großes Vertrauen. So glaubt Kohlhaas an das unanfechtbare Gerechtigkeitsethos seines brandenburgischen Landesherrn, und er versucht ihn direkt zu treffen, um eine Unterschlagung seiner Klage zu vermeiden, aber dies führt zum Tod seiner Frau. Dieses Vertrauen zum Staatsoberhaupt drückt Luther, den sächsischen Kurfürsten betreffend, im Folgenden aus: „hättest du den Streit, bevor du eigenmächtig zur Selbstrache geschritten, zu des Landesherrn Entscheidung zu bringen gewußt, so wäre dir deine Forderung, *zweifle ich nicht*, Punkt vor Punkt bewilligt worden."[173] (SW3, MK, S. 79f., Hervorhebungen von mir, K.M.S.) Beim Landes-

---

[171] Im Text treten Sachsen und Brandenburg als zwei Nachbarländer auf, wie die beiden Bundesländer heute. Die Länder sind wie in dem einstigen Heiligen Römischen Reich Deutscher Nation Fürstentümer. - In der Forschung wird Brandenburg für das historische Preußen gehalten. Jedes Fürstentum unterliegt trotz seiner relativen Souveränität einer Reichsordnung, worauf sie sich im Fall eines zwischenstaatlichen Konfliktes beziehen.

[172] Diese Merkmale des Kurfürsten entsprechen im Wesentlichen der Verfassung des Absolutismus, die Jin wie folgt zusammenfasst: „Nach der Verfassung des Absolutismus ist der Ursprung des Rechts und der politischen Gewalt der Herrscher. Er ist der Gesetzgeber und gleichzeitig der Vollzieher der Gerechtigkeit. Seine Legitimität wird von Gott gegeben, und er verwaltet das Reich nach Gottes Gerechtigkeit. Er ist der Diener Gottes. Falls er selber das Gesetz verletzt, ist die Bestrafung Gott überlassen." (Jin, Il-Sang: *Die gesellschaftlichen Formationen in Heinrich von Kleists Erzählungen*. A.a.O., S. 33.)

[173] Es wird hier ersichtlich, dass die Bürger oder Untertanen diese Erwartung auf jede höchste Behörde eines Amtes verlegen; das zeigt eben Kohlhaas mit dem Junker Wenzel von Tronka im früheren Teil des Kapitels.

fürsten gilt also die Gleichsetzung von politischer Macht mit ethisch verpflichteter und daher legitimer Macht. Bei regionalen Autoritäten gilt sie nicht, obwohl sie der Zentralgewalt untergeordnet sind. Die Erzählung hält dieses zwiespältige Bild lange Zeit aufrecht, sodass immer von der Unfehlbarkeit des Landesherrn ausgegangen wird. Aber während das Volk sich von der Gerechtigkeit des Landesherrn viel verspricht, haben die direkten Diener des Herrn eher Angst davor und verstecken bzw. schlagen für sie oder Verwandte gefährliche Klagen einfach nieder. Diese bedauerliche Tatsache zeigt aber erneut die Persönlichkeit, die von jedem Kurfürsten erwartet wird, und damit die Gewichtigkeit der dem Letzteren obliegenden Verantwortung gegenüber seiner Gesellschaft und der Rechtsstaatlichkeit. Der Kurfürst sollte also das Vertrauen seines Volkes nicht enttäuschen und zugleich die Ehrfurcht vonseiten seiner Untergebenen einflößen oder walten lassen. Wie der sächsische „Herrscher" mit diesen dualistischen Herausforderungen umgeht, ist die Frage, die uns in die Thematik der Verantwortlichkeit zurückführt.

II.2 Zur Verantwortlichkeit des Landesherrn

Wie oben erwähnt, hat die Unverantwortlichkeit des Junkers Wenzel von Tronka und seine Flucht die Angelegenheit geographisch verbreitet. Damit wird das Problem auf eine höhere Verantwortungsebene transportiert. Fraglich ist nun, wie die Autoritäten in den betroffenen, mehr organisierten Städten Wittenberg und Leipzig reagieren, vor allem nach der Bedrohung des Pferdehändlers, Wittenberg ganz einäschern zu lassen. Es lässt sich aber feststellen, dass sie schlicht zum Schutz des Junkers agieren, indem sie, ohne sich über die Sachlage informieren zu lassen und eine überlegene Entscheidung zu treffen, militärische Offensiven anzetteln, die scheitern mussten, mit unermesslichen sachlichen und menschlichen Verlusten.[174] Die Empörung des Volkes führte sie viel mehr dazu, die Führung des Junkers nach Dresden zu planen. Die Teilnahme der sächsischen Residenz an dieser Fehlreaktion, die auf keiner durchdachten Strategie beruht, gibt zu verstehen, dass die Unverantwortlichkeit nicht nur auf niedrigem Niveau, sondern auch an den höchsten Instanzen der staatlichen Organisation herrscht. Auch die Annahme, dass dies am Prinzip liegen könnte, dass die Resi-

[174] In einer Art von Teilbilanz registriert der Chronist, außer einer großen Menge der Toten unter den tausend eingesetzten Köpfen, zuerst neunzehn Häuser, darunter eine Kirche (SW3, MK, S. 68), dann „eine Menge Häuser, und fast alle Scheunen der Vorstadt" und schließlich „zwei und vierzig Häuser, zwei Kirchen, mehrere Klöster und Schulen, und das Gebäude der kurfürstlichen Landvogtei selbst", die in Wittenberg in Schutt und Asche liegen. (Ebd., S. 69f.)

denz im Konfliktfall auf der Seite des Adligen steht, dass es also um ein standesjuristisches Prinzip geht, lässt nicht verstehen, dass der Kurfürst den Staatsrat noch nicht berufen hat, um eine bessere Lösung zu finden, und dass er nach so vielen Schäden in Wittenberg und der dreimaligen Feuerbrunst in der Stadt bereit ist, einen neuen Haufen nach der schon einmal in Brand gesteckten Stadt Leipzig zu schicken, mit sich selbst an der Spitze:

> Der Kurfürst, durch einen Eilboten, von der Not, in welcher sich die Stadt Leipzig befand, benachrichtigt, erklärte, daß er bereits einen Heerhaufen von zweitausend Mann zusammenzöge, und sich selbst an dessen Spitze setzen würde, um den Kohlhaas zu fangen. Er erteilte dem Herrn Otto von Gorgas einen schweren Verweis, wegen der zweideutigen und unüberlegten List, die er angewendet, um des Mordbrenners aus der Gegend von Wittenberg loszuwerden. (SW3, MK, S. 74)

Ersichtlich ist einerseits, dass das Oberhaupt energisch auf das Scheitern des wittenbergschen Landvogts reagiert, wobei er im Gegensatz zum Junker verantwortlicher wirkt. Andererseits scheint er aber aus dieser Niederlage keine konsequentere Lehre gezogen zu haben. Er will sich aufopfern, ohne die Umstände genau zu erkunden. Dass die Lage anders gewesen wäre, liest man an der Änderung seiner Meinung nach der kritischen Erklärung des Großkanzlers des Tribunals, Graf Wrede, bei der später tagenden Ratsitzung:

> Er [der Großkanzler, K.M.S.] stellte dem Kurfürsten sein Bedenken vor, die Staatsgewalt, zur Durchsetzung einer offenbar unrechtlichen Maßregel, in Anspruch zu nehmen; bemerkte, mit einem bedeutenden Blick auf den Zulauf, den der Roßhändler fortdauernd im Lande fand, daß der Faden der Freveltaten sich auf diese Weise ins Unendliche fortzuspinnen drohe. (SW3, MK, S. 83)

Wie oft der Fall bei Kleist ist, zeigt der Schriftsteller durch die Figur Martin Luther, wie der Kurfürst verantwortlicher hätte vorgehen können. Denn dank der brieflichen Intervention von Luther, der sich über die Lage informiert hat und die Unterschlagung der Klage des Pferdehändlers durch Wenzels Vettern[175] Hinz und Kunz von Tronka denunziert, findet eine Sonderratsitzung statt. Da merkt der Leser, dass der Kurfürst wirklich nicht über die Lage informiert war,

---

[175] Mir scheint, dass Kleist die Bezeichnung „Vettern“ gewählt hat, damit man sie leicht mit der „Vetternwirtschaft“ verbinden kann. Die Vetternwirtschaft betrachtet das Duden-Wörterbuch übrigens als abwertend und definiert sie als die „Bevorzugung von Verwandten u. Freunden bei der Besetzung von Stellen, bei der Vergabe von Aufträgen o. Ä. ohne Rücksicht auf die fachliche Qualifikation, Eignung usw.“ (Duden - *Deutsches Universalwörterbuch.* A.a.O., S. 1735.)

fast wie der Junker, und dass er daher unüberlegt bzw. inkonsequent Anweisungen erteilt hatte. Damit bekommt der Leser den Eindruck, dass der Glaube dieser bedeutenden Figur und von Kohlhaas an die Gerechtigkeit und Verantwortlichkeit des Landesherrn sich rechtfertigen lassen könnte. Es ist also fraglich, wie der Kurfürst nun auf diese unverantwortliche Haltung seiner nahen Untergebenen reagiert.

Die Vetternwirtschaft, die das ganze Land in Unruhe versetzt hat, braucht der Kurfürst nicht mehr zu erforschen; der Kämmerer, der an der Sondersitzung teilnimmt, gesteht alles, indem er weitläufig erklärt,

> daß er die Klage, die der Roßhändler gegen den Junker, seinen Vetter, bei dem Tribunal eingereicht, nimmermehr durch eine eigenmächtige Verfügung niedergeschlagen haben würde, wenn er sie nicht, durch falsche Angaben verführt, für eine völlig grundlose und nichtsnutzige Plackerei gehalten hätte (SW3, MK, S. 83).

Die Situation ist also klar und die Verantwortlichkeit des Landesherrn steht auf der Probe. Anders als im Fall des Junkers Wenzel von Tronka, beschreibt der Erzähler aber die Beziehungen zwischen den schuldigen Untergebenen und dem Oberhaupt, welche die Probe noch schwieriger machen. So erfährt der Leser, dass der Kämmerer „in der Qualität eines Geheimenrats, des Herrn geheime Korrespondenz, mit der Befugnis, sich seines Namens und Wappens zu bedienen, besorgte“ und dass die beiden Tronkas im Rat Jugendfreunde und Vertraute des Landesherrn seien (SW3, MK, S. 83). Man erfährt ferner sogar, dass Dame Heloise, die Frau des Kämmerers im Text, die erste Liebe des Kurfürsten gewesen sei. (SW3, MK, S. 116)

Obwohl Kohlhaas und Luther das nicht verlangt haben, hätte man vom Landesherrn, der seiner Zeit seine Unzufriedenheit mit dem wittenbergschen Landvogt geäußert hat, eine deutlichere Verurteilung der vielfach schlimmen Straftat des Kämmerers erwartet, die dem ganzen Unheil zugrunde liegt. Es geht hier um keine reine Spekulation, denn das ist die Meinung des Generalissimus des Reichs, des Prinzen Christiern von Meißen, der dem Kämmerer ins Gesicht sagt, dass

> die damit verbundene Maßregel notwendig die wäre, einen *Verhaftungsbefehl* vorher gegen ihn zu erlassen, und *wegen Mißbrauchs des landesherrlichen Namens den Prozeß zu machen*. Denn wenn Notwendigkeit erfordere, den Schleier vor dem Thron der Gerechtigkeit niederzulassen, über eine Reihe von Freveltaten, die unabsehbar wie sie sich forterzeugt, vor den Schranken desselben zu erscheinen, nicht mehr Raum fänden, *so gelte das*

nicht von der ersten, die sie veranlaßt. (SW3, MK, S. 84, Hervorhebungen von mir, K.M.S.)

Trotz der Deutlichkeit der Schuld des Kämmerers und der juristischen Kritik des Generalissimus, auch wenn dieser nicht unbedingt die Bestrafung des Schuldigen wünscht, ist keine Reaktion von Seiten des Landesherrn zu bemerken, obgleich er durch sein Erröten „über das ganze Gesicht" seine Einsicht in die Strafbarkeit des direkten Untergebenen verrät.[176] Wie der Junker Wenzel von Tronka im ersten Teil des Kapitels entscheidet er sich gegen die Norm und unterliegt dem betroffenen Blick des Kämmerers. Nicht umsonst lässt der Erzähler wissen, dass der Kurfürst ein für Freundschaft sehr empfängliches Herz habe (SW3, MK, S. 86). Aus Freundschaft also will der Landesherr den Kämmerer nicht wegen der Hauptverantwortung für die schreckliche Lage des Landes bestrafen, nicht einmal kritisieren. Damit kommt das Staatsoberhaupt als „Nicht-Fürst und Nicht-Souverän"[177] vor.

Auch die von vornherein verantwortlich zu betrachtende Entscheidung, Kohlhaas ein freies Geleit nach Dresden zu geben und die Rechtssache zu untersuchen, statt die militärische Offensive fortzusetzen, wie der Kämmerer trotz des Geständnisses seiner Schuld fordert, verliert ihren Glanz. Zum einen findet demnächst kein richtiger Prozess in Dresden statt. Zum anderen steht der Kurfürst den Tronkas bei ihren Schwierigkeiten, die Bedingungen von Kohlhaas zu erfüllen, bei und übernimmt sogar die ungesetzliche Verantwortung, beim Großkanzler um eine Alternative zu intervenieren, damit der Kämmerer „seine Ehre nicht dem Tadel der Welt aussetzen" muss[178] (SW3, MK, S. 99). Hier wird das *Übermaß von Sentimentalität* beim Kurfürsten ans Tageslicht gebracht und zum Beweggrund seiner Haltung gemacht. Das macht ihn so schwach, dass er seine Einsicht verliert und dem Versuch der Ritter, Kohlhaas „auf den Grund

---

[176] Vgl. Skrotzki, Ditmar: *Die Gebärde des Errötens im Werk Heinrich von* Kleists. A.a.O.

[177] So verurteilt Müller den sächsischen Kurfürsten. Er erläutert das folgendermaßen: „Seine Entscheidung, Kohlhaas Amnestie zu gewähren, ist gar nichts, was er primär gewollt hätte, sondern nur die schlecht durchdachte Folge seiner eigentlichen Entscheidung, nämlich: die Korruption seines Kämmerers, seines Kabinetts, zu vertuschen. Anstatt den Kämmerer davonzujagen, sich außerhalb des Korruptionsgefechts als Souverän zu manifestieren und so die Göttlichkeit seines Staates wiederherzustellen, macht er sich mit Wissen und Willen zum Haupt der Korruption und rechtfertigt Kohlhaasens Aufstand." (Müller, Richard Matthias: *Kleists Michael Kohlhaas*. In: Dvjs 44 (1970). Stuttgart 1970, S. 101-119, hier S. 112. Vgl. dazu auch Müller-Salget, Klaus: *Das Prinzip der Doppeldeutigkeit in Kleists Erzählungen*. In: ZdPh 92 (1973). Berlin 1973, S. 185-211, hier S. 188f.)

[178] Wieder lässt der Erzähler wissen, dass der Kurfürst bei dieser Entscheidung verlegen ist. Ferner heißt es, dass er den Kämmerer „mit vieler Huld" verlässt (SW3, MK, S. 100).

neuer Verhegungen zu stürzen“ (SW3, MK, S. 101) unterliegt, trotz der von der Sippe offiziell angezettelten Machenschaften zur bloßen Entschuldigung des deutlich schuldigen Junkers:

> Der Großkanzler, der gleichwohl die Gefahr, die über den Roßhändler schwebte, erkannte, tat sein Äußerstes, um die Sache desselben, bevor sie durch neue Ereignisse verwickelt und verworren würde, zu Ende zu bringen; das aber wünschten und bezweckten die staatsklugen Ritter eben, und statt, wie zuvor, mit stillschweigendem Eingeständnis der Schuld, ihren Widerstand auf ein bloß gemildertes Rechtserkenntnis einzuschränken, fingen sie jetzt an, in *Wendungen arglistiger und rabulistischer Art*, diese Schuld selbst gänzlich zu leugnen. (SW3, MK, S. 103, Hervorhebungen von mir, K.M.S.)

Kleist zeigt, dass der Landesherr wie der Junker seine Untergebenen nicht ganz unter Kontrolle hat. Der Kurfürst glaubt immer noch, dass Kohlhaas frei ist, während die die Tronkas unterstützende Administration, von der Abwesenheit des rechtschaffenen Generalissimus profitierend, den Pferdehändler zu einem Gefangenen gemacht haben. Anscheinend hat der Fürst nichts von den verschiedenen arglistigen und rabulistischen Wendungen gewusst, unter denen übrigens die Bestechung anderer Adliger, die eigenmächtige Übernahme der Rolle des Anwalts, das Herbeischaffen von falschen Zeugen, der Bezug auf ein altes nicht mehr gültiges kurfürstliches Edikt, die öffentliche Kritik an der Kohlhaas erteilten Amnestie, zu nennen sind.

II.3 Die doppeldeutige Haltung des Kurfürsten zum Recht

In seiner Interpretation von „Michael Kohlhaas“ befindet Rieger, dass die Beantwortung der Frage, ob Normdurchbrechungen vorliegen, die Sanktionen erfordern, oder ob andere, differenzierendere Normen zu erschließen seien, zweifellos ein zentrales Thema in diesem Text sei.[179] Die Tatsache, dass der sächsische Kurfürst dem Stadtvogt von Wittenberg seine Unzufriedenheit bewiesen hat, den Kämmerer hingegen ohne Kritik und Strafe weiter mitarbeiten lässt, ist schon eine Veranschaulichung der beim sächsischen Landesherrn präsenten Zweideutigkeit der Sanktion.

Umso bemerkenswerter ist, dass der Kurfürst nach der gelungenen Falle der arglistigen Ritter den Großkanzler ohne weiteres absetzt, den bekanntlich schuldi-

[179] Rieger, Bernhard: *Geschlechterrollen und Familienstrukturen in den Erzählungen Heinrich von Kleists.* A.a.O., S. 103.

gen Kämmerer aber zum Präsidenten der Staatskanzlei befördert und den früheren parteiischen Präsidenten der Staatskanzlei, Grafen Kallheim, zum neuen Chef des Tribunals ernennt. (SW3, MK, S. 112f.) Folge ist, dass die ursprüngliche Rechtssache nach dem Plan der Tronkas ignoriert wird und Kohlhaas ohne richtigen Prozess verurteilt wird.

Hier wird ersichtlich, dass der sächsische Kurfürst eigentlich nicht unfähig ist, verantwortliche Strafmaßnahmen[180] zu treffen, sondern, dass er nicht die richtigen zur richtigen Zeit trifft. Er kann strafen, aber er wird untätig, wenn der schuldige Untergebene ein freundschaftliches Verhältnis zu ihm hat, wie es der Fall des Kämmerers ist. Diese zweideutige Natur des Oberhaupts merkt man übrigens auch an dem Rückruf des Generalissimus zur Hilfe, als die Sache zu einer zwischenstaatlichen Angelegenheit wird, und der Kämmerer nicht helfen will (SW3, MK, S. 114f.). Der sächsische Kurfürst weiß also, wann er sich an gute Menschen wenden kann, aber das tut er nicht gegenüber der Falle der Sippe, um eine inkonsequente, unverantwortliche Haltung zu vermeiden, obgleich er die Lage kompliziert findet: „nach großer Zögerung" folgt er dem Vorschlag des Präsidenten, Graf Kallheim (SW3, MK, S. 111). Ein anderer nicht weniger wichtiger Aspekt der doppeldeutigen Eigenschaft des Kurfürsten ist die Idee einer Rücksprache mit dem Doktor Martin Luther, als die kohlhaasische Sache eine unerwartete Wendung nimmt. Dies wäre eigentlich vor dem lediglich zugunsten des Junkers organisierten Scheinprozess gegen Kohlhaas angebracht, also bevor man ihm einen anderen Prozess machte. Kleist bringt das zur expliziten Auseinandersetzung zwischen dem spät erwachenden Kurfürsten und dem Prinzen Friedrich von Meißen im Text:

> Der Kurfürst, indem er errötend an seinen Arbeitstisch trat, wunderte sich über diese Eilfertigkeit, indem er seines Wissens erklärt hätte, die definitive Abreise des Eibenmayer [des Advokaten von Sachsen beim Prozess in Berlin, K.M.S.], *wegen vorher notwendiger Rücksprache mit dem Doktor Lu-*

[180] Die Absetzung des Großkanzlers geschieht hastig und unüberlegt, und Kleist drückt dies mit dem Adverb „kaum" (SW3, MK, S. 112) aus. Dass sie auch inkonsequent ist, lässt der Dichter den sächsischen Kurfürsten selbst und seinen Generalissimus einsehen, denn es heißt, dass „man sich auf den leidigen Brief desselben an den Nagelschmidt, wegen der zweideutigen und unklaren Umstände, unter welchen er geschrieben war, nicht berufen konnte" (Ebd., S. 115). Damit scheint aber der Kurfürst verstanden zu haben, dass der Großkanzler die Sache nicht so gut im Griff habe und daher seine Stelle nicht mehr verdiene. Wenn dies keine Falle der Sippschaft wäre, würde man sagen, dass der Landesherr aufgrund von handgreiflichen Beweisen gehandelt hat. Die Absetzung wäre insofern eine richtige und verantwortliche Entscheidung und Strafe. Nichtsdestoweniger ist die planlose Nennung völlig unverantwortlich und macht aus dem Kurfürsten genau das, was er dem abgesetzten Großkanzler nicht verzeiht, nämlich ein Oberhaupt, das sein Amt nicht im Griff hat.

ther, der dem Kohlhaas die Amnestie ausgewirkt, einem näheren und bestimmteren Befehl vorbehalten zu wollen. Dabei warf er einige Briefschaften und Akten, die auf dem Tisch lagen, mit dem Ausdruck zurückgehaltenen Unwillens, über einander. Der Prinz, nach einer Pause, in welcher er ihn mit großen Augen ansah, versetzte, daß es ihm leid täte, wenn er seine Zufriedenheit in dieser Sache verfehlt habe; inzwischen könne er ihm den Beschluß des Staatsrats vorzeigen, worin ihm die Abschickung des Rechtsanwalts, zu dem besagten Zeitpunkt, zur Pflicht gemacht worden wäre. Er setzte hinzu, daß im Staatsrat von einer Rücksprache mit dem Doktor Luther, auf keine Weise die Rede gewesen wäre; daß es früherhin vielleicht zweckmäßig gewesen sein möchte, diesen geistlichen Herrn, wegen der Verwendung, die er dem Kohlhaas angedeihen lassen, zu berücksichtigen, *nicht aber jetzt mehr*, nachdem man demselben die Amnestie vor den Augen der ganzen Welt gebrochen, ihn arretiert, und zur Verurteilung und Hinrichtung an die brandenburgischen Gerichte ausgeliefert hätte. (SW3, MK, S. 124f., Hervorhebungen von mir, K.M.S.)

Mit der Kritik des Generalissimus in diesem Passus macht der Verfasser die Unfähigkeit des Kurfürsten deutlich, eine rechtzeitige Maßnahme zu treffen. Dies wird im weiteren Verlauf der Novelle bestätigt.

II.4 Zur Verantwortung des Kurfürsten in der Kohlhaas-Affäre

Wie im Fall des Junkers Wenzel von Tronka, merkt man, dass der Landesherr nicht direkt verantwortlich für den Ausgang der Sache ist. Ihn macht vor allem die Vernachlässigung, die Unverantwortlichkeit seiner Haltung seinen Untergebenen gegenüber schuldig. Dennoch hält auch hier die kleistsche Figur nicht direkt die korrupten, arglistigen Untergebenen um den Kurfürsten für verantwortlich. „Denn nichts mißgönnte er *der Regierung*, mit der er zu tun hatte mehr, als *den Schein der Gerechtigkeit*, während sie in der Tat die Amnestie, die sie ihm angelobt hatte, an ihm brach" (SW3, MK, S. 106, Hervorhebung von mir, K.M.S.). Dass Kohlhaas dabei an erster Stelle an das Oberhaupt denkt, versteht man später, wenn der Erzähler berichtet:

[D]er Roßhändler sagte, eingedenk der *unedelmütigen und unfürstlichen* Behandlung, die er in Dresden, bei seiner gänzlichen Bereitwilligkeit, alle nur möglichen Opfer zu bringen, hatte erfahren müssen: ‚daß er den Zettel behalten wolle.' (SW3, MK, S. 123, Hervorhebungen von mir, K.M.S.)

Für die Figur des Kohlhaas hat sich der Landesherr nicht wie ein richtiger Kurfürst verhalten. Seine Person ist daher nicht mehr zu beachten. Er findet ihn sogar gefährlich für die Nachwelt. Das liest man an seiner Reaktion auf den Rat von Lisbeth, der Zigeunerin, den Zettel für Freiheit und Leben an den Kurfürsten von Sachsen weiterzugeben: „nicht um die Welt, Mütterchen, nicht um die Welt!“ bekräftigt er auf Seite 135 und erklärt das damit, „daß die Kinder selbst, wenn sie groß wären, ihn, um seines Verfahrens loben würden, und daß er für sie und ihre Enkel nichts Heilsameres tun könne, als den Zettel behalten.“ (SW3, MK, S. 136) Kohlhaas hat alles Vertrauen zur Autorität verloren. Er befürchtet, dass der Kurfürst ihn wieder betrügt (SW3, MK, S. 136). Für den tief enttäuschten Bürger ist das Misstrauen endgültig: „’Wer mir sein Wort einmal gebrochen’, […] mit dem wechsle ich keins mehr’.“ (SW3, MK, S. 136) Nicht mehr der Junker Wenzel von Tronka und nicht die korrupte Sippe um den Kurfürsten ist zu verfolgen, sondern der unverantwortliche Landesherr ist für den Pferdehändler nun offensichtlich zum Feind geworden, dessen Tod nur erfreulich sein kann:

> ‚Edler Herr! Wenn euer Landesherr käme, und spräche, ich will mich, mit dem ganzen Troß derer, die mir das Szepter führen helfen, vernichten - vernichten, versteht ihr, welches allerdings der größeste Wunsch ist, den meine Seele hegt: so würde ich ihm doch den Zettel noch, der ihm mehr wert ist, als das Dasein, verweigern und sprechen: du kannst mich auf das Schafott bringen, ich aber kann dir weh tun, und ich will's!’ (SW3, MK, S. 123)

Die Entschlossenheit von Kohlhaas bringt der Chronist durch die Anwendung der direkten Rede zum Ausdruck.

Das alles legt Zeugnis dafür ab, dass der Kurfürst die Hauptverantwortung für den Ausgang der kohlhaasischen Sache trägt und dafür bestraft werden muss, wie der Junker Wenzel von Tronka. Ersichtlich ist auch, dass die Erwartung von Luther bei der Denunzierung der Verderblichkeit der Umgebung des Landesherrn nicht erfüllt wird. Obschon die geistliche Autorität nicht mehr zu Wort kommt, scheint die Tatsache, dass Kleist den Geistlichen am Ende Kohlhaas durch einen gesandten Theologen die heilige Kommunion austeilen lässt, die Unzufriedenheit des Letzteren mit dem in Sachsen Geschehenen zu veranschaulichen.

II.5 Folgen der Unverantwortlichkeit des sächsischen Kurfürsten

Dass der Kurfürst die Verantwortung für die Vergehen seiner Untergebenen und seine eigenen trägt, ist nicht mehr zu demonstrieren. Wie im Fall des Junkers Wenzel von Tronka, sind die Folgen dieser legendären Unverantwortlichkeit nicht von der Hand zu weisen.

Die Tatsache, dass der Kurfürst nicht rechtzeitig gut reagiert, um eine richtige Strategie zu finden, macht ihn verantwortlich, zumindest indirekt, für die schrecklichen Folgen in Wittenberg und Leipzig, nämlich die Brände und ihre vielfältigen Verwüstungen, die vielen Toten, die Steigerung der Kriminalität, die Unruhe, den unnötigen Einsatz der materiellen und militärischen Mittel des Landes. Das verursachte Chaos lässt Kleist den Generalissimus folgenderweise beurteilen: „Die Ordnung des Staates sei, in Beziehung auf diesen Mann, so verrückt, daß man sie schwerlich durch einen Grundsatz, aus der Wissenschaft des Rechts entlehnt, werde einrenken können." (SW3, MK, S. 84) Die nicht ganz konsequente Ausnutzung von Luthers Intervention und die Fahrlässigkeit im Umgang mit seinen nahen Untergebenen erklären den Erfolg der egoistischen Machenschaften der Tronkas und ihrer Sippe in Sachsen und damit die Eskalation der Sache zum internationalen Konflikt und schlussendlich zur Reichsaffäre; was allerdings zu bedeuten hat, dass der sächsische Kurfürst interne rechtliche Probleme nicht gut lösen kann. Mit dieser Inkompetenz ist ein rechtloses Bild seines Landes verbunden, und mit Recht folgert Jin Folgendes:

> Die rechtliche Ordnung gilt in Sachsen nicht als ein gerechtes Prinzip des Gewaltmonopols, dem der Bürger und auch der Herrscher unterliegen, sondern als beliebige Maßnahme der politischen Macht, die nach der jeweiligen Situation willkürlich angewendet wird.[181]

Diese willkürliche Anwendung der Justiz, die dem Staat seine Legitimität, seine „Heiligkeit" nimmt, führt Martini dazu, auf eine „Entheiligung dieses Staates" zu schließen.[182]

Die Konsequenzen dieser Unverantwortlichkeit für den Kurfürsten sind sehr bedeutend. Bei genauerem Hinsehen scheinen sie der Bedeutung seiner Verantwortung in der dargestellten Gesellschaft zu entsprechen, denn: „Des Kurfürsten von Sachsen Vergehen war das größere, schwerer wiegende, weil er die ‚höhere' Instanz verkörperte."[183] Wegen seinem Versagen hat der Landesherr das Vertrauen des Pferdehändlers gebrochen und sich damit Umstände geschaffen, welche ihm das Leben in unerwarteter Weise zur Hölle machen. Denn wegen seiner unverantwortlichen Haltung hat Kohlhaas ihm den Zettel verweigert, der „ihm und dem ganzen Geschlecht seiner Nachkommen" (SW3, MK, S. 137) äußerst

---

[181] Jin, Il-Sang: *Die gesellschaftlichen Formationen in Heinrich von Kleists Erzählungen.* A.a.O., S. 35.

[182] Martini, Fritz: *Heinrich von Kleist und die geschichtliche Welt.* A.a.O., S.113.

[183] Best, Otto F.: *Schuld und Vergebung. Zur Rolle von Wahrsagerin und ‚Amulett' in Kleists ‚Michael Kohlhaas'.* In: Germanisch-Römische Monatsschrift. Neue Folge, Bd. 20. Heidelberg 1970, S. 180-189, hier S. 186.

wichtig ist.[184] Damit wird die „Entheiligung [des] Staates“ mit der Entheiligung des Kurfürsten sanktioniert. Entsprechend den damaligen Realitäten, die den Landesherrn nur durch die höchste Instanz Gott und nicht durch menschliche Gesetze strafbar machten, lässt Kleist die Zigeunerin Lisbeth mit ihrer mysteriösen Vorhersage auftreten, um die übermenschliche Macht zu symbolisieren.[185] Es ist gerade die Macht des „nichtigen Zettels“, wie der Kurfürst selbst das bezeichnet, die alle Folgen für den Landesherrn und seine Dynastie bestimmt. Zutreffend befindet Martini dies als „eine metaphysische Entscheidung der Allmacht gegen das Böse schlechthin“.[186] Damit gibt der Dichter zu verstehen, dass die Unverantwortlichkeit unbedingt bestraft werden muss, ob durch Menschen oder durch Gott. Im Fall des sächsischen Landesherrn ist die Strafe sowohl physisch als auch psychisch bzw. moralisch und sozial bzw. politisch.

Auf der physischen Ebene fällt der Landesherr, trotz seiner natürlichen Gesundheit, dreimal in Ohnmacht und gar auf den Boden mit der Drohung eines herannahenden Nervenfiebers (SW3, MK, S. 119f.), er verfällt mehrmals in Krankheit. Bei seinem vorletzten Auftritt in der Erzählung sinkt er ohnmächtig in Krämpfen nieder, womit er seine Begleiter bestürzt (SW3, MK, S. 141). Nicht zu Unrecht interpretiert Jochen Schmidt dies als „eine zeichenhafte Hinrich-

---

[184] Hierzu spekuliert Best folgendermaßen: „Der Kurfürst von Sachsen hätte Kohlhaas […] fraglos retten können, wenn er ihm Gerechtigkeit hätte widerfahren lassen. Auch wäre ihm dann die Frage beantwortet worden, ‚von welcher Seite her‘ seinem ‚Hause Gefahr drohe‘. Die Einlösung des Zettels wäre gleichbedeutend mit der Bannung der Gefahr gewesen.“ (Best, Otto F.: *Schuld und Vergebung. Zur Rolle von Wahrsagerin und ‚Amulett‘ in Kleists ‚Michael Kohlhaas‘*. A.a.O., S. 187f.)

[185] Die Idee einer höheren Macht findet man u.a. auch bei Best, der meint, dass Kohlhaas den Landesherrn „dem himmlischen Gericht“ überstelle, indem er ihm den Zettel verweigert. (Vgl. ebd., S. 184f.). Im Gegensatz dazu ist Schmidts Behauptung, dass Kleist durch die Intervention der Zigeunerin eine Schein-Lösung inszeniere, nicht ganz hinzunehmen. Dass es um wunderbare Fügungen geht, welche nicht im Rahmen des vernünftig Wahrscheinlichen liegen, ist annehmbar, aber sie gehören zur Natur der Sache, zum Subrealen und sollten nicht dazu führen, auf eine schlicht auf dem *deus ex machina* basierende „pessimistische Scheinlösung“ zu schließen, wie Schmidt dies mit Nachdruck tut. (Vgl. Schmidt, Jochen: *Heinrich von Kleist. Die Dramen und Erzählungen in ihrer Epoche*. A.a.O., S. 243f.) Das scheint mir eher einseitig, denn es wird der nicht wenig präsente transzendente Aspekt in der Novelle ignoriert. Die Lösung kann viel eher als Warnung bzw. Drohung für unverantwortliche, ungerechte Fürsten und ein Versprechen bzw. eine Ermutigung für die Guten gelten, wie Best hier zusammenfasst: „die ungerechten Kurfürsten gehen, die um Gerechtigkeit bemühten Kohlhaasen aber bleiben. Das letzte Wort hat die Zukunft, die Geschichte.“ (Best, Otto F.: *Schuld und Vergebung. Zur Rolle von Wahrsagerin und ‚Amulett‘ in Kleists ‚Michael Kohlhaas‘*. A.a.O., S. 189.)

[186] Martini, Fritz: *Heinrich von Kleist und die geschichtliche Welt*. A.a.O., S. 129.

tung".[187] Darüber hinaus lässt der Chronist verstehen, dass diese Zeichen somatisch sind, indem er dem deutlichen psychischen Zustand des sächsischen Kurfürsten besonderes Augenmerk schenkt. So heißt es, dass

> der Kurfürst sich, das *Herz von Kummer und Reue zerrissen*, gleich einem *ganz Verlorenen*, in seinem Zimmer verschloß, während zwei Tage, des Lebens satt, keine Speise zu sich nahm, und am dritten plötzlich, unter der kurzen Anzeige an das Gubernium, dass er zu dem Fürsten von Dessau auf die Jagd reise, aus Dresden *verschwand.* (SW3, MK, S. 137, Hervorhebungen von mir, K.M.S.)

Auf sozialer bzw. politischer Ebene ist das Staatsoberhaupt zu einem elenden Menschen geworden, von seiner adligen amtlichen Würde entblößt; es geht nicht mehr um den Landesherrn, der alle Macht besitzt, und nur Gott unterliegt. Er erniedrigt sich außerdem bei dem brandenburgischen Landesherrn und dem Kaiser, indem er bei seinem opportunistischen Versuch um die angebliche Rettung von Kohlhaas den endlich erfolgenden Prozess unrechtgemäß beeinflussen will. Ein weiteres Zeichen für den Verlust der Würde des sächsischen Kurfürsten, obwohl er alles tut, damit seine Gesellschaft das nicht merkt, ist, dass er sich verkleidet in das Gemenge flüchtet, um die Hinrichtung von Kohlhaas mitzuerleben in der Hoffnung, die Kapsel danach zu nehmen. Wie oft der Fall bei Kleist ist, bringt er diesen Absturz in seiner Wortwahl zum Ausdruck. Während der Kurfürst bis dahin nur bei seiner adligen und amtlichen Kennzeichnung genannt wurde, heißt er in den vier Erwähnungen seiner Person in den sechsundzwanzig letzten Zeilen der Novelle dreimal der „Mann mit blauen und weißen Federbüschen" (SW3, MK, S. 141f.).

Man bemerkt eine Umkehrung der gewöhnlichen Ordnung. Dies befindet auch Otto F. Best, wenn er schreibt, dass das Schicksal des Kurfürsten von Sachsen während drei Vierteln des erzählten Geschehens im wahrsten Sinne des Wortes in Kohlhaasens Hand liege, und ferner schließt, dass der Angeklagte, Kohlhaas, der Richter und der Richter, der sächsische Kurfürst, ein Angeklagter geworden sei.[188] Die Farbe der Federbüsche des Kurfürsten scheint Kleist übrigens mit Bedacht gewählt zu haben. Denn sie erinnern an die Fahne von Frankreich unter Ludwig IV. bis zur Französischen Revolution von 1789. Da die Errungenschaften der Revolution wie die Freiheit des Einzelnen, die Gewerbefreiheit, das Recht auf Eigentum und die Gleichheit aller Bürger vor dem Gesetz in Sachsen

---

[187] Schmidt, Jochen: *Heinrich von Kleist. Die Dramen und Erzählungen in ihrer Epoche.* A.a.O., S. 211.

[188] Best, Otto F.: *Schuld und Vergebung. Zur Rolle von Wahrsagerin und ‚Amulett' in Kleists ‚Michael Kohlhaas'.* A.a.O., S. 183.

nicht sichergestellt sind, gehört der Landesherr nicht zu der von Reformen charakterisierten Nachrevolutionszeit, in der die Franzosen die blau-weiß-rote Fahne übernommen hatten.[189] Der Landesherr sollte daher nicht mehr lange regieren. Die Folgen für die Person des Kurfürsten und seine Verwandten werden folglich mit einem bösen Schicksal, dem Untergang seiner Dynastie gekrönt. Das geben zweifelsohne die zwei letzten Sätze der Chronik zu verstehen. Einerseits wird der Kurfürst als physisch und moralisch zerstörtes Individuum zum Zeugen für die Gültigkeit des Maßstabs, den er als Regent missachtete: „Der Kurfürst von Sachsen kam bald darauf, zerrissen an Leib und Seele, nach Dresden zurück, wo man das Weitere in der Geschichte nachlesen muß.“ (SW3, MK, S. 142) Anderseits wird das Geschlecht des Fürsten mit Hilfe der Konjunktion „aber“ mit dem Nachwuchs von Kohlhaas kontrastiert: „Vom Kohlhaas *aber* haben noch im vergangenen Jahrhundert, im Mecklenburgischen, einige frohe und rüstige Nachkommen gelebt.“ (SW3, MK, S. 142, Hervorhebung von mir, K.M.S.). Mit dieser Gegenüberstellung verrät der Chronist einigermaßen „das Weitere in der Geschichte“, das sich mit dem Gegenteil der Adjektiven „frohe und rüstige“ und des Verbs „leben“ (hier im Perfekt), nämlich „traurige und dürre“ und „aussterben“, ausdrücken sollte.

Es lässt sich überdies konstatieren, dass der nicht bestrafte Untergebene unter Umständen seinen Vorgesetzten angesichts der Folgen von dessen Unverantwortlichkeit im Stich lassen kann, wie der Kämmerer es tut, als die kohlhaasische Rechtssache auf Reichsebene verschoben worden ist. Damit wird die Strafe zu einem Muss, zu einer Art Selbstschutz bzw. Vorbeugung gemacht.

Bis jetzt wurde die Verantwortung des Chefs für die Vergehen seiner Untergebenen nur an negativen Beispielen veranschaulicht. Wie es in manchen kleistschen Texten der Fall ist, präsentiert der Dichter aber auch ein positives Leitbild durch die Figur des brandenburgischen Kurfürsten und des Kaisers des Heiligen Römischen Reiches, die im Mittelpunkt der folgenden Zeilen stehen.

---

[189] Vgl. http://www.wissen.swr.de/sf/begleit/bg0014/bg_fe05a.htm (02.08.2005); http://www.aesgb.de/html/projekte/9g3/kohlhaas.htm (03.08.2005)

III Der brandenburgische Kurfürst und der Kaiser des Heiligen Römischen Reiches als Vorbilder

Wie viele bemerkt haben, wird der Landesherr von Brandenburg nicht so detailliert wie der sächsische Kurfürst dargestellt. Der Text gibt nichtsdestoweniger zu verstehen, dass Kleist trotz seiner selektiven Erzählung die vergleichbaren Elemente veranschaulicht, die aus dem Land einen Gegensatz zu Sachsen machen und den Kurfürsten als eine Gegenfigur des sächsischen Oberhaupts erscheinen lassen.

III.1 Die Verantwortung des brandenburgischen Kurfürsten

Brandenburg ist das Land, aus dem Kohlhaas stammt. Diese Tatsache bildet das Motiv, das beide Kurfürstentümer miteinander in Kontakt bringt. Wie der Kurfürst von Sachsen ist der brandenburgische Herrscher prinzipiell die wichtigste Person in seinem Land. Er hat die gleichen Befugnisse, und hat daher auch eine große Verantwortung, sowohl seinen Untertanen und seinen Untergebenen als auch dem Gesetz gegenüber. So empfiehlt der dem Landesherrn unterstellte Stadthauptmann, Heinrich von Geusau, Kohlhaas, nachdem seine erste Klage bei dem Dresdner Gerichtshof gescheitert ist,

> nur eine Supplik, mit einer kurzen Darstellung des Vorfalls, an den Kurfürsten von Brandenburg auf[zu]setzen, den Brief des Advokaten bei[zu]legen, und wegen der Gewalttätigkeit, die man sich, auf sächsischem Gebiet, gegen ihn erlaubt, den landesherrlichen Schutz auf[zu]rufen. (SW3, MK, S. 43)

Der rechtschaffene Staatsmann formuliert so die gleiche Aufgabe, die der Bürger Kohlhaas dem Staat und seinem Oberhaupt zuschreibt, nämlich den „Schutz der Gesetze“, der das „Gedeihen meines friedlichen Gewerbes“ sicherstellen soll (SW3, MK, S. 78).

Genau so wie der Pferdehändler von dem Junker Wenzel von Tronka und dem sächsischen Kurfürsten erwartet, dass deren Verhalten ihrer Stellung und Verantwortung entspricht, vertraut er der Gerechtigkeit des brandenburgischen Landesherrn. Deshalb beschließt er, seine „Klage noch einmal, persönlich bei dem Landesherrn *selbst*, einzureichen“ (SW3, MK, S. 53, Hervorhebung von mir, K.M.S.), nach der Erfolglosigkeit der mit Hilfe des Stadthauptmanns an den Kurfürsten formulierten Bittschrift. Da er weiß, dass die Niederlage der Klage an der Verwandtschaft des brandenburgischen Kanzlers mit den Tronkas liegt, will Kohlhaas diese Hürde überspringen und das Staatsoberhaupt, das für ihn unbedingt gerecht sein soll, selbst erreichen. Das berichtet der Chronist so: „Der Herr selbst, weiß ich, ist gerecht; und wenn es mir nur gelingt, durch die, die ihn umringen, bis an seine Person zu kommen, so zweifle ich nicht, ich verschaffe mir Recht“. (SW3, MK, S. 53)

Der Erzähler zeigt keine Verantwortung des Landesherrn an dem Scheitern dieses Versuchs. Dass die Frau des Pferdehändlers, die für ihren Mann die Überreichung der Bittschrift übernommen hat, schwer verletzt wird und stirbt, wird eher mit dem „bloßen rohen Eifer einer Wache“ erklärt (SW3, MK, S. 57f.). Der drohende Charakter der später am Tag der Beerdigung von Lisbeth eingetroffenen Reaktion auf die Supplik lässt den Leser verstehen, dass dies nicht von einer wahrhaft landesherrlichen Entscheidung stammt: „[E]r solle die Pferde von der Tronkenburg abholen, und bei Strafe, in das Gefängnis geworfen zu werden, nicht weiter in dieser Sache einkommen.“ (SW3, MK, S. 61)

Dieser Einschüchterungsversuch kommt aus der Staatskanzlei, die in ihrer Antwort auf Kohlhaasens erste Supplik den Pferdehändler als unnützen Querulanten beschimpft und ihm befohlen hat, „die Staatskanzlei [...], auf jeden Fall, mit solchen Plackereien und Stänkereien [zu] verschonen.“ (SW3, MK, S. 45f.) Es geht hier um die parteiische, interessierte Entscheidung des mit den Tronkas verschwägerten Erzkanzlers, dessen Verantwortung Kleist einen Gerichtsherrn kritisch entlarven lässt.

> Er [Kohlhaas, K.M.S.] hatte aber schon, in wenig Wochen, den Kummer, durch einen Gerichtsherrn, der in Geschäften des Stadthauptmanns nach Potsdam ging, zu erfahren, daß der Kurfürst die Supplik seinem Kanzler, dem Grafen Kallheim, übergeben habe, und daß dieser nicht unmittelbar, wie es zweckmäßig schien, bei dem Hofe zu Dresden, um Untersuchung und Bestrafung der Gewalttat, sondern um vorläufige, nähere Information bei dem Junker von Tronka eingekommen sei. (SW3, MK, S. 45)

Anstatt seine Aufgabe auszuführen, indem er die Gewalttat einfach untersuchen und bestrafen lässt, will der Kanzler lieber den Täter wegen seiner Verwandtschaft schützen. Das explizite und bewusste Vergehen des brandenburgischen Staatskanzlers, das im Grunde genommen Kohlhaasens Wut angeregt und seine Selbsthilfe hervorgerufen hat, ist dem Landesherrn bis jetzt unbekannt, wie dem sächsischen Kurfürsten die Machenschaften der Sippschaft nicht bekannt waren, bevor Luther intervenierte. Die Verantwortlichkeit des brandenburgischen Staatsoberhauptes würde sich also an seiner Haltung prüfen lassen, wenn er von dem Machtmissbrauch und der Ungerechtigkeit seines vertrauten und nächsten Untergeordneten benachrichtigt wird.

III.2 Die Verantwortlichkeit des Kurfürsten

Il Sang Jin stellt im Folgenden die Reaktion des Landesherrn analytisch dar:

> Der brandenburgische Kurfürst entläßt den Präsidenten[190] Graf Kallheim sofort, der mit den Tronkas verschwägert ist und aus diesem Grund die Klage des Kohlhaas niedergeschlagen hat. Er zeigt das Bild eines starken Herrschers. Er greift ein und setzt seinen Willen durch. Um seinem Untertanen Gerechtigkeit zu verschaffen, nutzt er sogar die außenpolitische Situation aus. Er handelt genau nach dem Gesetz. Er ruft das kaiserliche Gericht an[191] und verwendet das Gesetz als Vermittler zwischen Sachsen und Kohlhaas. Genau darin liegt der Unterschied zwischen den beiden Kurfürsten.[192]

Es ist wichtig, im Rahmen der vorliegenden Arbeit auf die Form der amtlichen Strafe weiter einzugehen. Im Gegensatz zu dem sächsischen Kurfürsten, der den Großkanzler seines Gerichts absetzt, ohne irgendeine Überprüfung zwecks der Klärung der Umstände zu unternehmen, verfährt der brandenburgische Landesherr ganz methodisch und trifft seine Maßnahme erst nach einem Verhör des Schuldigen. So berichtet der Chronist, dass der Kurfürst, über das denunzierte Verhalten des nahen Untergestellten

[190] Hier scheint Jin die Figuren zu verwechseln. Im Text treten zwei „Grafen Kallheim" auf, welche die gleiche Funktion in jedem der beiden Länder haben. Beide sind an der Spitze der Staatskanzlei. Während Kleist durch den Namen sicher das Problem der Zweistaatlichkeit aufstellt und zugleich die Stellung der Verwandtschaft in der Intrige veranschaulicht, wird nur der Graf Kallheim in Sachsen als „Präsident der Staatskanzlei" oder „Präsident" (SW3, MK, S. 82, 110; S. 98f., 111, 112) genannt, wenn nicht einfach bei dem Namen „Graf(en) Kallheim" (Ebd., S. 85, 99). Der Graf Kallheim in Brandenburg wird bei den vierfachen direkten Erwähnungen seiner Person jeweils mit „Kanzler" (Ebd., S. 45), „Erzkanzler" (Ebd., S. 113) und einfach „Graf Kallheim" (Ebd., S. 45) oder „Grafen Siegfried von Kallheim" (Ebd., S. 113) designiert. Hier wäre es also angebrachter dieser Wortwahl zu folgen und „den Erzkanzler, Graf Kallheim" oder „den Kanzler, Graf Kallheim" zu schreiben. Es ist dennoch zu bemerken, dass der Inhalt des Zitates nachprüfbar ist.

[191] Diese Information ist nicht in der Novelle nachvollziehbar. Dort kann man lesen, dass der Kurfürst von Brandenburg zur Rettung von Kohlhaas „aus den Händen der Übermacht und der Willkür […] ihn, *in einer bei der kurfürstlichen Staatskanzlei daselbst eingereichten Note*, als brandenburgischen Untertan reklamierte" (Ebd., S. 113, Hervorhebungen von mir, K.M.S.). Es ist eher der sächsische Landesherr, der in seiner Hilflosigkeit gegenüber der kräftigen Intervention der brandenburgischen Behörden einen Bericht an den Kaiser schreibt, in dem er die Majestät anliegt, „Kohlhaas bei dem Hofgericht zu Berlin […] durch einen Reichsankläger zur Rechenschaft zu ziehen" (Ebd., S. 115).

[192] Jin, Il-Sang: *Die gesellschaftlichen Formationen in Heinrich von Kleists Erzählungen.* A.a.O., S. 36.

> schwer entrüstet, den Erzkanzler, nachdem er ihn zur Rede gestellt und befunden, daß die Verwandtschaft dessen mit dem Hause derer von Tronka an allem Schuld sei, ohne Weiteres, mit mehreren Zeichen seiner Ungnade entsetzte, und den Herrn Heinrich von Geusau zum Erzkanzler ernannte. (SW3, MK, S. 113)

Aus diesem Passus ergibt sich überdies, dass der abgesetzte Kanzler weiß, warum er entlassen wird; was nicht der Fall mit dem Großkanzler in Sachsen ist. Im Gegensatz zum sächsischen Kurfürsten, der den anflehenden Blicken und Worten des Kämmerers unterliegt, macht das brandenburgische Staatsoberhaupt seine Entrüstung und seine folgerichtige Ungnade ganz deutlich. Es ist außerdem zu betonen, dass der verantwortliche Kurfürst von Brandenburg den korrupten Erzkanzler konsequent ersetzt, denn, wie Jin schreibt, wird „der Herr von Geusau, ein Beamter der Lokalverwaltung, wegen seiner Leistung vom brandenburgischen Herrscher direkt zum Erzkanzler ernannt".[193] Ganz im Gegensatz zum sächsischen Landesherrn, der an der Stelle des vermeintlich schuldigen Großkanzlers die wirklichen gefährlichen Elemente seines Regierungsapparats befördert.[194] Durch die Ernennung der richtigen Person schafft der brandenburgische Kurfürst eine günstige Bedingung für die Sicherstellung des Rechtsschutzes für die Untertanen. Insofern ist er seiner Verantwortung für die Vergehen seiner Untergebenen erfolgreich nachgekommen.

Außer diesem gelungenen Entsprechen seiner Verantwortung kommt der Kurfürst der Erwartung von Kohlhaas und dem Stadthauptmann Heinrich von Geusau nach, wie es aus dem obigen Zitat von Jin hervorgeht. Nicht nur wird den materiellen Forderungen des Pferdehändlers gesetzlich Genugtuung gewährt, sondern es wird auch die in Dresden vermiedene Bestrafung des Junkers Wenzel von Tronka durchgesetzt, und der Unverantwortliche wird zu zwei Jahren Gefängnis verurteilt (SW3, MK, S. 140). Damit wirkt der Landesherr zugleich verantwortlich gegenüber dem Gesetz. Wie der Bürger Kohlhaas betrachtet der Kurfürst selbst den Schutz der Gesetze als seine Pflicht. So wünscht er am Anfang seiner Intervention, „dem Kohlhaas, *es koste was es wolle*, Gerechtigkeit zu

---

[193] Jin, Il-Sang: *Die gesellschaftlichen Formationen in Heinrich von Kleists Erzählungen.* A.a.O., S. 52.

[194] Dass die Ernennung fehlerhaft ist, zeigt auch der eigenwillige Rückzug des neuen Präsidenten der Staatskanzlei, Kunz von Tronka, aus der Unterhandlung mit Brandenburg, als die Sache eskaliert. Dies liegt daran, dass er nicht nach seiner Kompetenz ernannt worden ist. Um die Merkwürdigkeit des Benehmens des Präsidenten zu betonen, verwendet der Chronist das Adverb „selbst": „so rief der Kurfürst, auf den Rat des Kämmerers, Herrn Kunz *selbst*, der sich aus diesem Handel zurückzuziehen wünschte, den Prinzen Christiern von Meißen von seinen Gütern herbei". (SW3, MK, S. 115, Hervorhebung von mir, K.M.S.)

verschaffen" (SW3, MK, S. 114, Hervorhebungen von mir, K.M.S.). In dem Urteilsspruch sagt er dem Pferdehändler:

> Nun Kohlhaas, heut ist der Tag, an dem dir dein Recht geschieht! Schau her, hier liefere ich dir Alles, was du auf der Tronkenburg gewaltsamer Weise eingebüßt, und was ich, als dein Landesherr, dir wieder zu verschaffen, *schuldig war*, zurück. (SW3, MK, S. 140, Hervorhebungen von mir, K.M.S.)

Ein anderes Zeichen der Verantwortlichkeit des brandenburgischen Kurfürsten gegenüber dem Gesetz besteht darin, dass er trotz der Genugtuung für Kohlhaas das Todesurteil gegen ihn unterschreibt und vollstrecken lässt. Die Bedeutung dieser Verantwortlichkeit wird in der Begründung der Gesetzestreue sehr deutlich. So erläutert der Kurfürst seinem sächsischen Kollegen „wie notwendig bei den fortdauernden Gewalttätigkeiten des Nagelschmidt, die sich sogar schon, mit unerhörter Dreistigkeit, bis aufs brandenburgische Gebiet erstreckten, die *Statuierung eines abschreckenden Beispiels* wäre" (SW3, MK, S. 127, Hervorhebungen von mir, K.M.S.). Es geht also nicht nur darum, die strenge Vorschrift der Gesetze zu respektieren und den Pferdehändler wegen „Verletzung des öffentlichen Landfriedens" (SW3, MK, S. 126), den kaiserlichen Anforderungen gemäß, hinzurichten, sondern er will damit auch dafür sorgen, dass dies in Zukunft nicht mehr geschieht. Die anderen sollen also nun Angst haben und wissen, dass der öffentliche Landesfrieden unantastbar ist, auch wenn man Recht hat. Deshalb erhört er den Wunsch des Volkes nicht, das bis zur Vollstreckung der Hinrichtung noch hofft, dass das Urteil, „bei dem Wohlwollen das der Kurfürst für den Kohlhaas trug, *unfehlbar* durch ein Machtwort desselben, in eine bloße, vielleicht beschwerliche und langwierige Gefängnisstrafe verwandelt zu sehen" (SW3, MK, S. 132). Mit dieser Tat stellt der Herrscher, wie Jin es merkt, die Rechtspflege wieder her.[195] In Brandenburg darf der Untertan der Gerechtigkeit seines Herrn weiter vertrauen, und der Staat kann hoffen, dass keiner die öffentliche Ordnung stören wird. Über die Geltendmachung des Gesetzes in seinem Land hinaus geht es um die Beachtung der Reichsgesetze. Zum einen macht der Kurfürst dem opportunistischen sächsischen Landesherrn, der Kohlhaas für sein Interesse das Leben „fristen" will, klar, dass ein Machtwort nur vom Kaiser kommen kann (SW3, MK, S. 127). Dies zeugt von dem Respekt des Kurfürsten vor der kaiserlichen Autorität und Gesetzgebung und legt Zeugnis davon ab, dass er das Funktionieren des Gesetzes im Reich besser kennt als das allgemeine Volk, dessen Unzufriedenheit der Chronist dreimal erwähnt (SW3,

[195] Vgl. Jin, Il-Sang: *Die gesellschaftlichen Formationen in Heinrich von Kleists Erzählungen*. A.a.O., S. 38.

MK, S. 132, 138, 142). Zum anderen begründet der brandenburgische Landesherr in seinem Spruch kurz vor der Hinrichtung von Kohlhaas die Gerechtigkeit der Strafe: 'nun, Kohlhaas, der Roßhändler, du, dem solchergestalt Genugtuung geworden, mache dich bereit, kaiserlicher Majestät, deren Anwalt hier steht, wegen des Bruchs ihres Landfriedens, deinerseits Genugtuung zu geben!' (SW3, MK, S. 141) Der brandenburgische Kurfürst verleiht insoweit seinem monarchischen Land und dem Reich das Bild eines Rechtsstaates, der nicht nach willkürlichen Regeln, sondern nach den geltenden Gesetzen handelt. Er fördert den Schutz der Rechte der Bürger und fordert zugleich deren Respekt vor den herrschenden Gesetzen. Dank dieser Sicherstellung von Rechtsstaatlichkeit in Land und Reich würde zum einen jede Person, die eine Verantwortung bekleidet, die Strafe nun befürchten und daher auf die eigene Haltung achten, zum anderen würden die Bürger auch die Grenzen ihrer Kämpfe ernsthaft bedenken, um extreme Folgen wie das Todesurteil zu vermeiden oder sich konsequent darauf vorzubereiten, wie dies der rechtschaffene Pferdehändler tut, indem er sich mit der straffen Gerechtigkeit seines Landesherrn zufrieden gibt und sich verehrungsvoll vor ihm niederlässt, obwohl er kurz vor dem Tod steht (SW3, MK, S. 141).

Man kann festhalten, dass der brandenburgische Landesherr in aller Hinsicht verantwortlich gehandelt hat, sei es seinem korrupten Untergebenen, dem ungerecht behandelten Untertanen oder dem Gesetz in seinem Land und dem Reich gegenüber. Es überrascht also nicht, dass Kleist keine negativen Folgen für den verantwortlichen Kurfürsten schildert. Im Gegensatz zum sächsischen Herrscher, dem ein schreckliches Schicksal prophezeit wird, erhält der brandenburgische Kurfürst einen Segen, nicht nur für sich selbst, sondern auch für seinen Staat und seine Nachkommen. So sagt die Zigeunerin:

> Heil meinem Kurfürsten und Herrn! Deine Gnaden wird lange regieren, das Haus, aus dem du stammst, lange bestehen, und deine Nachkommen groß und herrlich werden und zu Macht gelangen, vor allen Fürsten und Herren der Welt! (SW3, MK, S. 129)

Von der Verantwortlichkeit des solchermaßen gesegneten brandenburgischen Kurfürsten abgesehen, gilt es die Verantwortlichkeit des Kaisers in der Novelle gleichfalls zu berücksichtigen.

III.3 Die Verantwortlichkeit des Kaisers des Heiligen Römischen Reiches in *Michael Kohlhaas*

Die Verantwortlichkeit des Kaisers tritt in seiner energischen Reaktion auf die Bitte des sächsischen Kurfürsten, seine Klage gegen Kohlhaas vorläufig zurücknehmen zu dürfen, sehr deutlich zutage. In einer durch die Staatskanzlei ausgefertigten Note, antwortet der Kaiser,

> ‚daß der Wechsel, der plötzlich in seiner Brust vorgegangen zu sein scheine, ihn aufs Äußerste befremde; daß der sächsischer Seits an ihn erlassene Bericht, die Sache des Kohlhaas zu einer Angelegenheit gesamten heiligen römischen Reichs gemacht hätte; daß demgemäß er, der Kaiser, als Oberhaupt desselben, sich verpflichtet gesehen hätte, als Ankläger in dieser Sache bei dem Hause Brandenburg aufzutreten; dergestalt, daß da bereits der Hof-Assessor Franz Müller, in der Eigenschaft als Anwalt nach Berlin gegangen wäre, um den Kohlhaas daselbst, wegen Verletzung des öffentlichen Landfriedens, zur Rechenschaft zu ziehen, die Beschwerde nunmehr auf keine Weise zurückgenommen werden könne, und die Sache den Gesetzen gemäß, ihren weiteren Fortgang nehmen müsse.' (SW3, MK, S. 126)

Dieser Passus gibt zu verstehen, dass sich der Kaiser seiner Verantwortung bewusst ist. Für ihn als Staatoberhaupt ist es eine Pflicht, darauf zu achten, dass alles „den Gesetzen gemäß" läuft. Er möchte daher nicht dem sächsischen Kurfürsten in seiner Inkonsequenz folgen. Der strenge Ton vom Ende der Reaktion, „'die Beschwerde nunmehr auf keine Weise zurückgenommen werden könne, und die Sache den Gesetzen gemäß, ihren weiteren Fortgang nehmen müsse'", bringt die Autorität des Kaisers und seines Kanzlers zum Ausdruck. Seine Worte geben auch dem sächsischen Fürsten eine Lehre von Beständigkeit und Verantwortlichkeit.

Es besteht kein Zweifel, dass der brandenburgische Landesherr und der Kaiser des Heiligen Römischen Reiches im Text durch ihre jeweilige Haltung als Garanten für die Geltendmachung der bestehenden Gesetze, für Rechtsstaatlichkeit auftreten. Dies wäre aber nicht ohne die große Verantwortlichkeit der Kanzler möglich gewesen, welche die Vision ihres jeweiligen Staatschefs verkörpern und mit Engagement durchsetzen. Daraus kann man schließen, dass die Wahl der Mitarbeiter eine bedeutende Rolle spielt, und dass dies konsequent vorgenommen werden müsste.

Angesichts des bisher Gesagten besteht kein Zweifel, dass Kleist in *Michael Kohlhaas* die Staatsmänner in Sachsen durch die Veranschaulichung ihrer Unverantwortlichkeit kritisiert und zugleich Alternativen bzw. bessere Beispiele durch Brandenburgs Staatsdiener und Kurfürsten bietet. Damit scheint Kleist, den Weg zu zeigen, den der preußische König und andere deutsche Fürsten gehen sollten, um Rechtssicherheit und Ordnung in ihren Ländern zu gewährleisten und aufrechtzuerhalten. Auf diese Weise scheint der Reformdichter die Idee von „demokratische[n] Grundsätzen in einer monarchischen Regierung“ zu unterstützen, für die der damalige preußische Staatskanzler Fürst von Hardenberg warb.[196]

Betrachtet man nun die übrigen Texte von Kleist, so lässt sich bemerken, dass die Staatsoberhäupter nicht nur in *Michael Kohlhaas*, sondern auch in *Der Zweikampf* und *Prinz Friedrich von Homburg* mit der Sicherstellung der Gerechtigkeit bzw. der Herrschaft des Gesetzes konfrontiert werden. Dies soll im Folgenden herausgearbeitet werden.

[196] Hierzu schreibt Fürst von Hardenberg: „Demokratische Grundsätze in einer monarchischen Regierung; dieses scheint mir die angemessene Form für den gegenwärtigen Zeitgeist [...] Also eine Revolution im guten Sinn, gerade führend zu dem großen Zweck der Veredelung der Menschheit“. (Fürst von Hardenberg: *Über die Reorganisation des Preußischen Staates*. Verfaßt auf höchsten Befehl Seiner Majestät des Königs 1807. 12. September. Hier zitiert nach: Ranke, Leopold von (Hrsg.): *Denkwürdigkeiten des Staatskanzlers Fürsten von Hardenberg vom Jahre 1806 bis zum Jahre 1813*. Bd. 4. Leipzig 1877, S. 7f.)

Kapitel 4: Das Landesoberhaupt und die Sicherstellung der Rechtspflege und Rechtssicherheit in *Der Zweikampf* und *Prinz Friedrich von Homburg*

I Die Regentin und ihr Kanzler in *Der Zweikampf*

Wie in *Michael Kohlhaas* ist die politische Macht in *Der Zweikampf* eine Sache des Adels. In der erzählten Zeit, die Kleist gegen Ende des vierzehnten Jahrhunderts legt,[197] war der Regent oder die Regentin eine Person, die einen minderjährigen, regierungsunfähigen bzw. abwesenden Monarchen oder Herrscher vertrat.[198] So ist die Gräfin Katharina von Heersbruck zur Regentin von Breysach geworden, weil ihr Sohn, dessen Vater, Herzog Wilhelm von Breysach, ermordet wurde, noch minderjährig ist. Zu ihren Pflichten als Regentin gehört, den Mordfall ihres Gemahls zu klären, beziehungsweise klären zu lassen. Zur Ausführung dieser Verantwortung steht ihr ein tüchtiger Kanzler namens Godwin von Herrthal zur Verfügung.

Die Schwierigkeit dieser Verantwortung liegt einerseits darin, dass sie als Frau des mit einem Pfeil Ermordeten eine Partei im Rechtsstreit repräsentiert. Andererseits ist der Verdächtige ihr Schwager, der Graf Jacob der Rotbart, der mit dem gedungenen Mord gehofft hat, an die Macht zu kommen, ohne zu wissen, dass sein Halbbruder seinen unehelichen Sohn schon hat legitimieren lassen. Außerdem hat der Schwager nichts gegen ihren Machtantritt unternommen und wird deswegen und aufgrund seiner Großzügigkeit vom Volk geachtet. Kurz, es geht um einen gewichtigen Adligen im Land, einen Mann von hohem gesellschaftlichem Rang, der aber nicht zum Führungsapparat des Landes gehört. Die Frage ist dann, wie ein Oberhaupt mit einem solchen Fall umgeht.

Der Erzähler beschreibt im Folgenden den psychologischen Zustand der Regentin bei der öffentlichen Darstellung des Verdachts im Staatsrat:

> Die Herzogin, die sich glücklich pries, mit dem Grafen, ihrem Schwager, auf einem so freundschaftlichen Fuß zu stehen, und nichts mehr fürchtete, als seine Empfindlichkeit durch unüberlegte Schritte zu reizen, gab inzwischen, zum Befremden des Kanzlers, bei dieser zweideutigen Eröffnung nicht das mindeste Zeichen der Freude von sich (SW3, DZ, S. 317).

---

[197] Kleist, Heinrich von: *Sämtliche Werke und Briefe*: in vier Bänden. Hrsg. von Ilse-Marie Barth et al.. Bd. III. Frankfurt/Main: Deutscher Klassiker Verlag 1990 (= Bibliothek deutscher Klassiker 51), S. 3. Im Folgenden zitiert als (SW3, DZ).

[198] Vgl. Duden – *Deutsches Universalwörterbuch*. A.a.O., S. 1290.

Wenn man diesen Vorsichtszustand für menschlich und verständlich halten kann, lässt sich die Reaktion der Regentin vielmehr als Schwäche und Mangel an Gerechtigkeit ausdeuten:

> als sie die Papiere zweimal mit Aufmerksamkeit überlesen hatte, äußerte sie lebhaft ihr Mißfallen, daß man eine Sache, die so ungewiß und bedenklich sei, öffentlich im Staatsrat zur Sprache bringe. Sie war der Meinung, daß ein Irrtum oder eine Verleumdung dabei statt finden müsse, und befahl, von der Anzeige schlechthin bei den Gerichten keinen Gebrauch zu machen. Ja, bei der außerordentlichen, fast schwärmerischen Volksverehrung, deren der Graf, nach einer natürlichen Wendung der Dinge, seit seiner Ausschließung vom Throne genoß, schien ihr auch schon dieser bloße Vortrag im Staatsrat äußerst gefährlich (SW3, DZ, S. 317).

Einer strengen Gerechtigkeit zufolge hätte man erwartet, dass die Regentin das Gericht seine Aufgabe ausführen lässt, indem es nach den ersten Untersuchungen den Grafen Jacob den Rotbart zur überzeugenden Widerlegung des Verdachts fordert. Ihr Befehl bezüglich der Gerichte hat eine Art Blockadefunktion der Justiz gegenüber und lässt denken, dass die Regentin aus politischen Gründen der Gerechtigkeit den Frieden mit dem Mörder bevorziehe. Sie möchte nicht einmal den Verdacht überprüfen lassen. Aus Befürchtung der Reaktion des mutmaßlichen Täters verrät sie dem Grafen die Lage, ohne eine Erklärung des Letzteren zu wünschen, weil sie „im voraus von seiner Unschuld überzeugt sei" (SW3, DZ, S. 318). Dies hätte vielleicht eine Taktik sein können, um die Reaktion des Grafen zu beobachten, aber nirgendwo spricht der Erzähler davon, dass das Staatsoberhaupt mit seinem Schreiben eine andere Absicht gehabt hätte.

Der Erzähler weiht den Leser in das System des geschilderten Staates ein, denn die Bereitschaft des scheinrechtschaffenen Grafen, sich vor einem von der Regentin errichteten Landestribunal zu stellen, deutet auf den richtigen Weg hin, den die Regentin hätte einschlagen müssen. Die Taktik des Grafen stellt insofern die Regentin vor ihre Verantwortung, die nämlich darin besteht, die Sache nach der bestehenden Rechtsordnung zu erledigen. Die Reaktion der Herzogin auf Grund des „beleumdeten" Rufes des Grafen im Land und der starken Unterstützung von Seiten der Ritter, die sein freies Geleit zum Gericht verbürgen, ist dennoch lehrhaft:

> Die Herzogin, auf diese unerwartete und ihr unbegreifliche Erklärung, hielt es, bei den abscheulichen Gerüchten, die bereits über die Veranlassung der Klage, im Volk herrschten, für das Ratsamste, mit gänzlichem Zurücktreten ihrer eigenen Person, dem Kaiser die ganze Streitsache vorzulegen. Sie schickte ihm, auf den Rat des Kanzlers, sämtliche über den Vorfall lautende

> Aktenstücke zu, und bat, in seiner Eigenschaft als Reichsoberhaupt ihr die Untersuchung in einer Sache abzunehmen, in der sie selber als Partei befangen sei. (SW3, DZ, S. 319)

Man könnte der Regentin einen Rückzug von ihrer Verantwortung ankreiden, aber bei genauerem Hinschauen dämpft sie mit ihrer Entscheidung die Spannung in ihrem Herzogtum und ebnet den Weg für eine richtige Gerechtigkeit. Mögliche Einflüsse von Rittern sind auch überwunden.[199] Etwaige Kritiken, dass es um einen politischen Prozess ginge, sind auch nicht mehr möglich. Die Verschiebung der Rechtssache auf die Ebene des Kaisers ist folgerichtig verantwortlich, sie korrigiert den ersten Eindruck über die Regentin. Dies kann sogar als eine gute Alternative für den sächsischen Kurfürsten in *Michael Kohlhaas* gelten, der unfähig, besser gesagt, nicht willig ist, die korrupten ihm nahe stehenden Mitarbeiter zu bestrafen.[200]

Die Rolle des Kanzlers wird in dieser Novelle besonders betont. Seine Funktion als Berater wird in dem letzten Zitat eigens hervorgehoben, indem der Erzähler diese Präzisierung mit zwei Kommas umrahmt. Der Kanzler hat also der Regentin den richtigen Weg gezeigt. Bezieht man sich außerdem auf die Einleitung der Sache, so leuchtet einem ein, dass der Verdacht über den Mörder ohne ihn sehr wahrscheinlich nicht vor dem Rat dargestellt worden wäre. Im Gegensatz zu seiner Übergeordneten, die aus politischen Gründen den Fall vertuscht hätte, geht Herr Godwin methodisch vor. An dieser Stelle spart der Erzähler die Einzelheiten nicht. Die Entscheidung des Kanzlers, die Sache zuerst ruhen zu lassen, wird vom auktorialen Erzähler so argumentierend wiedergegeben, dass der Leser von der Sorgfalt des Kanzlers überzeugt wird. Es heißt:

> [Z]um Teil kannte er, wie er meinte, trotz der freien und ausschweifenden Lebensweise des Grafen, den Edelmut desselben zu gut, als daß er ihn einer so abscheulichen Tat, als die Ermordung eines Bruders war, hätte für fähig halten sollen; zum Teil auch, trotz vieler andern guten Eigenschaften, die Gerechtigkeit der Regentin zu wenig, als daß er, in einer Sache, die das Le-

---

[199] Bernd Fischer geht noch weiter und kommt zu dem Schluss, dass die politisch bedingte Reaktion des Grafen dazu führen sollte, die Anklägerin, die Herzogin, vor dem eigenen Gericht zur Angeklagten zu machen. (Fischer, Bernd: *Der Ernst des Scheins in der Prosa Heinrich von Kleists: Am Beispiel des ‚Zweikampfs'*. In: ZfdPh Nr. 105 (1986). Berlin 1986, S. 213-234, hier S. 217). Diese Folgerung erinnert übrigens an die rabulistischen Kunststücke der Adligen in *Michael Kohlhaas*, welche aus dem Kläger, Kohlhaas, ein Opfer gemacht haben, bevor der brandenburgische Landesherr interveniert.

[200] Man bemerkt hier eine Art Umkehrung von der Haltung des sächsischen Kurfürsten ins Positive, der diese Möglichkeit kennt, sie aber erst anwendet, um Kohlhaas wegen Verletzung des öffentlichen Landesfriedens anzuklagen.

ben ihres schlimmsten Feindes galt, nicht mit der größten Vorsicht hätte verfahren sollen. (SW3, DZ, S. 316f.)

Während der Kanzler im zweiten Argument vermeiden will, dass die Regentin in der Behandlung der Sache aus rein feindlichem Gefühl ungerecht vorgeht, zweifelt er im ersten an der Schuld des Grafen, der anscheinend über den Verdacht erhaben ist – darauf deutet der Nebensatz „wie er meinte" hin. Aber Herr Godwin gibt in der komplizierten Lage nicht auf. Seine Position zielt darauf hin, in der Angelegenheit einen unparteiischen Rechtshandel zu gewähren, wie sein englisch klingender Name „God – win[s]", d.h. „Gott siegt",[201] auch ahnen lässt. In dieser Hinsicht hält er die Erklärung in seinem Geheimschrank zurück und unternimmt seine Recherchen ganz heimlich: „Inzwischen stellte er, *unter der Hand*, in der Richtung dieser sonderbaren Anzeige, Untersuchungen an". (SW3, DZ, S. 317, Hervorhebungen von mir, K.M.S.) Erst nachdem er einen entscheidenden Grund für den Verdacht herausgefunden hat, „hielt er es für *seine Pflicht*, das Geheimnis fallen zu lassen". (SW3, DZ, S. 317, Hervorhebungen von mir, K.M.S.) Die Absicht, die Herzogin in einer der nächsten Sitzungen des Staatsrats von der Angelegenheit „umständlich zu unterrichten", sollte Unklarheiten aufdecken und Missverständnis vermeiden, damit der einzuleitende Prozess gerecht läuft. So handelt diese mittelalterliche zweite Persönlichkeit des Landes, als ob sie einer modernen Justiz angehörte, von der man die Beachtung von Prinzipien wie der peniblen Einhaltung der Zuständigkeiten und Verfahrensregeln oder der Vermeidung von Befangenheit erwartet. Mit ihrem idealen Verhalten wirkt sie als die Zentralfigur der Justiz, die mit ihrer Sorgfalt und Verantwortlichkeit für eine fast göttliche Rechtsordnung sorgt.

II Der deutsche Kaiser in *Der Zweikampf*

Die oben erörterte Entscheidung der Herzogin, die Rechtssache auf Reichsebene zu verschieben, macht die Verantwortung des Kaisers bereits deutlich. Ihm obliegt nun die Pflicht, die Gerechtigkeit in der Sache zu gewährleisten und damit Herrn Godwins „Pflicht" abzuschließen.

Die Einwilligung des Kaisers in den Anspruch der Herzogin, die kurz darauf erfolgte Errichtung eines Gerichts, die den Leser die am Anfang bei der Regentin fehlende und von dem Grafen geforderte Prozedur näher kennen lernen lässt, legen von vornherein ein Zeugnis von der Gerechtigkeit des Kaisers ab. Die

[201] „Gott siegt" deutet auch bereits auf das spätere Gottesurteil hin.

Vorladung, die er dem Grafen schickt, zeigt, dass der soziale Rang des Verdächtigten keine besondere Rolle in der Beurteilung spielt.

> [N]achdem er dem Grafen Jacob dem Rotbart, dem Antrag seiner Freunde gemäß, gegen die dargebotene Bürgschaft von 20 000 Mark Silbers freies Geleit zugestanden hatte, forderte er ihn auf, sich dem erwähnten Gericht zu stellen, und demselben über die beiden Punkte: wie der Pfeil, der, nach seinem eignen Geständnis sein gehöre, in die Hände des Mörders gekommen? auch: an welchem dritten Ort er sich in der Nacht des heiligen Remigius aufgehalten habe, Red' und Antwort zu geben. (SW3, DZ, S. 319)

Die komplizierten Wendungen, die die Handlung durch die Lüge des Grafen dann nimmt, machen es schwer, von einer Gerechtigkeit in dem bisher bekannten und der Gegenwart näheren Sinn zu sprechen. Der Zweikampf, im Text auch als „Gottesurteil" (SW3, DZ, S. 329) oder „göttliche[s] Schiedsurteil" verstanden (SW3, DZ, S. 342), der endlich stattfindet, und den der Graf anscheinend gewonnen hat, ist dem heutigen Leser fremd. Damit führt der Dichter in die Geschichte zurück, wie man Christine Ruhrbergs Anmerkungen entnimmt, die „Gottesurteil" erklärt als

> vorchristliche und noch mittelalterliche Form der Rechtsfindung durch z. B. Zweikampf oder Feuerproben, wobei man annahm, der Sieger oder der in der richtigen Weise Überlebende stehe unter Gottes Schutz, sei unschuldig. Die Kirche verbot 1215 solche Verfahren.[202]

Anhand dieser historischen Justiz sollte man die Gerechtigkeit des Reichsoberhauptes verfolgen. Der Erzähler bewertet aber die Gesetzmäßigkeit der Entscheidungen des Kaisers und vereinfacht die Arbeit des Interpreten. So heißt es, dass der Kaiser auf die Ersuchung der Richter hin,

> *wie es die Ehrengesetzte erforderten*, Frau Littegarden, zur Beiwohnung des Zweikampfs, nach Basel [rief], und setze zur Aufklärung des sonderbaren Geheimnisses, das über dieser Sache schwebte, den Tag der heiligen Margarethe als die Zeit, und den Schloßplatz zu Basel als den Ort an, wo beide, Herr Friedrich von Trota und der Graf Jacob der Rotbart, in Gegenwart Frau Littegardens einander treffen sollten. (SW3, DZ, S. 329, Hervorhebungen von mir, K.M.S.)

---

[202] Kleist, Heinrich von: *Der Zweikampf, Die heilige Cäcilie, Sämtliche Anekdoten, Über das Marionettentheater und andere Prosa.* Mit Anmerkungen von Christine Ruhrberg. Stuttgart: Reclam 2002 (= UB Nr. 8004), S. 97.

Nach dem scheinbaren Sieg des Grafen, heißt es, dass das vom Kaiser niedergesetzte Gericht den Verlierer und seine Freundin auf Grund einer Klage wegen sündhaft angerufenen göttlichen Schiedsurteils „dem bestehenden Gesetz gemäß“ dazu verurteilt habe, auf dem Platz des Zweikampfs den schmählichen Tod der Flammen zu erleiden (SW3, DZ, S. 342). Der Kaiser will auf diese Weise für den Respekt der herrschenden Gesetzordnung sorgen, obgleich er nicht ganz von der Unschuld des Grafen überzeugt ist.

Dass das Staatsoberhaupt die Vollstreckung des Urteils absichtlich verzögert, damit der kranke Graf dabei sein kann, erklärt der Erzähler mit der erwähnten „Art Mißtrauen“, die der Kaiser nicht habe unterdrücken können (SW3, DZ, S. 342). Daraus kann man lesen, dass das Reichsoberhaupt sicher sein will, dass das Urteil wahrlich gerecht ist. Diese Sorge um die Gerechtigkeit trotz der Kompliziertheit der Lage ist ein weiterer Beweis für die Verantwortlichkeit des Kaisers. Indem dieser, nach dem Beweis, dass der Graf selber getäuscht wurde, nach einer Gnade für ihn sucht, nicht auf Grund des sozialen Ranges des Adligen, sondern wegen der rechtlichen Tatsache, dass dieser in dem Anlass zum Zweikampf nicht gelogen hat, zeigt der Statthalter von Gott auf Erden seine Liebe zur Gerechtigkeit.[203]

Diese Verantwortlichkeit wird bestätigt, als die Wahrheit endlich ans Tageslicht kommt, und der Kaiser den schuldigen Grafen, den er eben begnadigen wollte, an Stelle der falsch Verurteilten brennen lässt. Wenn keine mildernden Umstände bestehen, bleibt der Kaiser ganz streng. Obwohl der Mörder nach dem Geständnis seiner Tat den Geist aufgegeben hat, verurteilt der Kaiser ihn gesetzmäßig und verordnet das sofortige Vollstrecken des Spruchs:

> [S]o soll der Arm der Gerechtigkeit noch deine Leiche ereilen! nehmt ihn, rief er, indem er sich umkehrte, den Häschern zu, und übergebt ihn gleich, gerichtet wie er ist, den Henkern: er möge, zur Brandmarkung seines Andenkens, auf jenem Scheiterhaufen verderben, auf welchem wir eben, um seinetwillen, im Begriff waren, zwei Unschuldige zu opfern![204] (SW3, DZ, S. 348f.)

---

[203] Hierzu erklärt Barbara BELHALFAOUI: „Nicht um der Unschuld und Reinheit Littegardes willen griff er [Gott] ein. In dieser Angelegenheit konnte der getäuschte Graf denselben Wahrhaftigkeitsanspruch wie die zu Unrecht angeschuldigte Littegarde erheben.“ (BELHALFAOUI, Barbara: *„Der Zweikampf“ von Heinrich von Kleist oder die Dialektik von Absolutheit und ihrer Trübung*. In: Études Germaniques, Bd. 36 (1981). Paris 1981, S. 22-42, hier S. 31.)

[204] Hier hätte man erwartet, dass der Dichter, der so gerne von der indirekten und direkten Rede Gebrauch macht, die direkte Rede mit Anführungszeichen kennzeichnet. Dieser gram-

Wenn die Rehabilitierung der irrtümlich Verurteilten in ihrer Würde, ihrem Rang und ihren Rechten sowie ihre Tröstung mit wertvollen Geschenken ebenso zur Gerechtigkeit des Kaisers zugerechnet werden können, ist die Ergänzung des Gesetzes um „'wenn es Gottes Wille ist'" (SW3, DZ, S. 349), auf Grund der unerwarteten Wende der Rechtssache, das beste Zeichen für sein Ethos, ja für seine Verantwortlichkeit gegenüber der Rechtsstaatlichkeit. Mit dieser Tat gewährleistet das Staatsoberhaupt, wie er sich selbst nennt, die Garantie für eine Gesetzgebundenheit späterer Urteile und damit für eine bessere Rechtsordnung in seinem Reich. Der höchste Vertreter der Gesellschaft zeigt insofern auch, dass man, auch in der Justiz, von der Gegenwart lernen sollte, um für alle eine bessere Zukunft zu sichern. Indem Kleist die Unmöglichkeit für die Richter und den Kaiser, dank dem Zweikampf die Gerechtigkeit herzustellen, zeigt, führt er dennoch vor, wie sehr die menschliche Institution sich irren kann. Er demonstriert zugleich, inwiefern kluge aber schlecht eingestellte Menschen sie durch einen „täuschenden Schein"[205] betrügen können, wie es in kleistschen Werken und unserer Welt oft der Fall ist, während Gottes Urteil hier als unbeugsam gilt, wie schon oben erörtert wurde. Die Menschen macht der Dichter nichtsdestotrotz durch die Tat des Kaisers für die ständige Besserung des irdischen Lebens beziehungsweise einer gerechten Rechtsordnung verantwortlich. Dies kommt nicht nur in der Handlung zum Vorschein, sondern auch in der Wortwahl. Obwohl die ganze Geschichte in einem Rechtssystem angesiedelt ist, in dem Ermittlung und rechtliche Beurteilung der Tat durch das Gericht vorgenommen wird und der Indizienbeweis unbekannt ist, das Gottesurteil aber Praxis ist, wird diese Art objektiver Ermittlung auf eine sehr ahistorische auf Kleist verweisende Weise relativiert: Es ist das Zögern des Kaisers aus einer Intuition heraus, das aus dem Gottesurteil ein sachlich und moralisch gerechtfertigtes macht. So erscheint die Intuition hier nicht als ein Vermögen, das aus einer bestimmungslosen Innerlichkeit besteht, sondern als eines, das als Inhalt ein zukunftsweisendes Rechtsideal hat und somit bei der Ermittlung helfen könnte. Was die Wortwahl anbe-

---

matische Mangel kommt aber nicht zum ersten Mal vor. Schon auf Seite 347 werden die die Überraschung des Kaisers ausdrückenden Worte, als der Prior um ein Vernehmen des Sünders vor der Hinrichtung der Verurteilten bittet, nur mit Gedankenstrichen markiert, wie in dem Fall des obigen Zitates. Das bringt zur Annahme, dass Kleist die Auftritte des Kaisers wahrscheinlich absichtlich gestaltet hat, und zwar, um die Überlegenheit des Reichsoberhaupts hervorzuheben, dessen Worte in solchen Fällen ohne Schmuck fallen sollten. Daraus ist zu schließen, dass die Worte des Oberhauptes von besonderer Bedeutung sind.

[205] Schubert, Ernst: *Der Zweikampf. Ein mittelalterliches Ordal und seine Vergegenwärtigung bei Heinrich von Kleist.* In: Kleist-Jahrbuch 1988/89. Berlin 1988, S. 280-308, hier S. 301. Bernd Fischer nennt Graf Jakob Rotbart hierzu „Inkarnation des ideologischen Scheins der Macht" oder „Meister der politischen Intrige". (Fischer, Bernd: *Der Ernst des Scheins in der Prosa Heinrich von Kleists: Am Beispiel des ,Zweikampfs'.* A.a.O., S. 216)

langt, gebraucht Kleist am Schluss der Erzählung für den Zweikampf die Partizipialform „geheiligt“, die auf die Aktion, die Verantwortung des Menschen verweist, statt das Adjektiv „heilig“ anzuwenden, das auf Gottes Einfluss andeutet[206] (SW3, DZ, S. 349). Wenn auch die Verantwortung des Menschen durch den mystischen Aspekt des Zweikampfs eingeschränkt wird, es wird dem Kaiser und allen, die auf diesem Gebiet eine Rolle spielen, ein bedeutsamer Geltungsbereich ihrer Verantwortung für Rechtsstaatlichkeit eingeräumt. So macht Kleist in einer Epoche, wo die deutschen Monarchen nach dem Umsturz von Ludwig XVI. um ihre Macht fürchten, die Legitimität des Staatsoberhaupts von seiner Verantwortlichkeit gegenüber dem Rechtsstaat abhängig. Dass die Geltendmachung der Gesetze durch den verantwortlichen Staatschef dennoch nicht immer unproblematisch läuft, zeigt im Übrigen der nächste Punkt des Kapitels.

III Die Schwierigkeit mit der strengen Umsetzung des Strafrechts in *Prinz Friedrich von Homburg*

III.1 Der Landesvater und der Kampf zwischen Satzung und Willkür

Es geht in *Prinz Friedrich von Homburg*, wie zum Teil in *Michael Kohlhaas*, um den Kurfürsten von Brandenburg. Sachsen kommt nicht zur Sprache. Ein weiterer Unterschied zwischen dem Drama und der Novelle ist, dass nicht mehr die allgemeine, zivile Staatsführung, sondern das Militärwesen im Zentrum der Handlung des Dramas steht. Bekanntlich herrscht in diesem Bereich ein strikter Gehorsam, eine unbedingte Beachtung der Befehle des obersten Befehlshabers. Der Kurfürst tritt in dem Stück als Herr der Armee auf und hat das letzte Wort beim Entwurf des Kriegsplans. Er beauftragt aber den Feldmarschall Dörfling mit der Mitteilung des Plans und der erforderlichen Befehle an die Feldherren, die mit ihren Truppen für den Sieg gegen die Schweden sorgen sollen. Wie bei den meisten Verantwortung tragenden Figuren in Kleists Werken geschieht ein Vorfall, der die Verantwortung des Oberhauptes zum Vorschein bringt und seine Verantwortlichkeit auf die Probe stellt: Der Prinz von Homburg respektiert den Befehl nicht und bricht mit seiner Truppe auf, ohne wie befohlen auf eine Order zu warten. Damit verstößt die Titelfigur gegen das herrschende Kriegsgesetz. In solchen Fällen soll der Schuldige vor ein Kriegsgericht gebracht und zum Tod verurteilt werden: „Das Kriegsrecht mußte auf den Tod erkennen; / So lautet das

[206] Bernd Fischer ist diese sorgfältige und bezeichnende Wortwahl auch aufgefallen, aber er bewertet sie, in Zusammenhang mit dem romantischen Märchen, als Zeichen für die Unbeschaffenheit der Welt. (Vgl. Fischer, Bernd: *Der Ernst des Scheins in der Prosa Heinrich von Kleists: Am Beispiel des ‚Zweikampfs'*. A.a.O., S. 226)

Gesetz nach dem es richtet.“ (SW2, PFH, III, 1, V. 870f.) [207] Es steht nun in der Verantwortung des Kurfürsten, zu reagieren und das Gesetz zur Anwendung zu bringen. Die Verantwortung des Staats- und Armeeoberhaupts besteht aber auch darin, das Todesurteil des Kriegsgerichts vollstrecken zu lassen. Die Verantwortlichkeit des Kurfürsten ist also auf diesen beiden Ebenen zu verfolgen.

III.1.1 Die Geltendmachung der Herrschaft des Gesetzes

Im Gegensatz zur Regentin in *Der Zweikampf* reagiert der Kurfürst gleich am Ende des Krieges gesetzmäßig, ohne den hohen Rang des Schuldigen in Betracht zu ziehen. Er zeigt sich voller Autorität:

> Wer immer auch die Reiterei geführt,
> Am Tag der Schlacht, und, eh der Obrist Hennings
> Des Feindes Brücken hat zerstören können,
> Damit ist aufgebrochen, eigenmächtig,
> Zur Flucht, bevor ich Ordre gab, ihn zwingend,
> Der ist des Todes schuldig, das erklär’ ich,
> Und vor ein Kriegsgericht bestell’ ich ihn. (SW2, PFH, II, 9, V. 715-721)

Das Staatsoberhaupt lässt sich nicht von dem zufrieden stellenden Ausgang der Schlacht beeinflussen. Für ihn gilt nicht der shakespearesche Spruch „Ende gut, alles gut“,[208] oder das machiavellistische Gesetz, nach dem die Handlungen nur nach dem Enderfolg beurteilt würden.[209] So sagt er:

> Der Sieg ist glänzend dieses Tages,
> Und vor dem Alter morgen dank’ ich Gott;
> Doch wär er zehnmal größer, das entschuldigt
> Den nicht, durch den der Zufall ihn mir schenkt (SW2, PFH, II, 9, V. 729-732).

---

[207] Hier zitiere ich aus: Kleist, Heinrich von: *Sämtliche Werke und Briefe*: in vier Bänden. Hrsg. von Ilse-Marie Barth et al.. Bd. II. Frankfurt/Main: Deutscher Klassiker Verlag 1987 (= Bibliothek deutscher Klassiker 26). Im Folgenden zitiert als (SW2, PFH). „SW2, PFH, III, 1, V. 870f.“ = SW2, PFH, Akt III, Auftritt 1, Vers 870f.

[208] So wurde der Titel des Dramas *All’s well that ends well* des englischen Dramatikers William Shakespeare ins Deutsche übersetzt. Es geht um eine Sequenz eines Satzes von Helena im Drama, der lautet: „Ende gut, alles: das Ziel beut Kronen; - Wie auch der Lauf, das Ende wird ihn lohnen.“ (Shakespeare: *All’s well that ends well – Ende gut, alles gut*. Deutsch von A. W. von Schlegel und Ludwig Tieck. Berlin um 1925, vierter Aufzug, vierte Szene) Der Inhalt der Aussage wird am Ende des Stückes bestätigt.

[209] Vgl. Weber-Fas, Rudolf (Hrsg.): *Staatsdenker der Moderne: Klassiker Texte von Machiavelli bis Max Weber*. Tübingen 2003, S. 5f.

Er formuliert deshalb das rechtsstaatliche Prinzip der Herrschaft des Gesetzes, das auf niemanden Rücksicht nehmen soll:

> Mehr Schlachten noch, als die, hab' ich zu kämpfen,
> Und will, *daß dem Gesetz Gehorsam sei.*
> Wer's immer war, der sie zur Schlacht geführt,
> Ich wiederhol's, hat seinen Kopf verwirkt,
> Und vor ein Kriegsrecht hiemit lad ich ihn. (SW2, PFH, II, 9, V. 733-737, Hervorhebungen von mir, K.M.S.)

Ersichtlich ist eine Entwicklung der Position des Kurfürsten in den zwei letzten Versen des Zitates. Mit „Ich wiederhol's, hat seinen Kopf verwirkt" formuliert der Oberherr das Gerichtsurteil schon, bevor er sich in dem folgenden Vers an das Gericht wendet, sodass man den Eindruck bekommt, dass der Absolutismus des fürstlichen Gutdünkens durch den Absolutismus des Gesetzes ersetzt wird. Zusehends spielt diese Identität des bedingungslosen Urteils des Kurfürsten mit dem späteren Verdikt des Kriegstribunals eine Schlüsselrolle in der Entwicklung der Handlung. Zum einen verheißt sie, dass das Staatsoberhaupt seiner Verantwortung gegenüber dem Gesetz nachkommen wird. Zum anderen deutet sie auf einen möglichen Konflikt hin, der im Fall eines Einwandes gegen den Gesetzrigorismus entstehen könnte. Beide Aspekte bewahrheiten sich im Drama. So bestätigt sich die Verantwortlichkeit des Kurfürsten gegenüber dem Gesetz durch die Tatsache, dass der Kurfürst, der bei der Formulierung der Folge der Gesetzwidrigkeit noch nicht wusste, dass der Prinz, sein adoptierter Sohn, der Schuldige ist, befiehlt, dem Prinzen den Degen abzunehmen und ihn vor das Gericht zu führen, das über ihn richten solle (SW2, PFH, II, 10, V. 789f.). Der Kurfürst berücksichtigt nicht nur den Grad des Prinzen als General nicht, sondern überwindet auch die Schwierigkeit, welche viele Autoritäten haben, einen schuldigen Familienangehörigen zu bestrafen.

Mit dem gesetztreuen Todesurteil des Gerichts endet die erste Stufe der Verantwortlichkeit des Landesherrn, die ihm offenbar gelungen ist. Die zweite Ebene, die darin besteht, den Gerichtsspruch zu unterzeichnen und vollstrecken zu lassen, ist viel komplizierter. Während die Vorladung vor Gericht und die Arbeit der Richter reibungslos geschehen sind, ruft das Todesurteil gegen den Sieger der Schlacht eine Unzufriedenheit in der Familie und im Heer hervor, welche im Gegensatz zum Volk in *Michael Kohlhaas* aktiv zum Ausdruck gebracht wird. Insbesondere der Wille des Kurfürsten, die Herrschaft des Gesetzes weiter durchzusetzen, obwohl die Begnadigung ihm freisteht, trifft auf den größten Widerstand. So sagt Graf Hohenzollern, der zum Gefolge des Kurfürsten gehört und zugleich ein Freund des Verurteilten ist, enttäuscht:

Der Marschall hat, höchst seltsam ist's, so eben
Das Todesurteil im Schloss' ihm überreicht:
Und er, statt wie das Urteil frei ihm stellt,
Dich zu begnadigen, er hat befohlen,
Daß es zur Unterschrift ihm kommen soll. (SW2, PFH, III, 1, V. 881-885).

Die Argumente, die der Kurfürst vorbringt, um den Einsprüchen zu widerstehen, welche die Begnadigung des Prinzen erwirken wollen, lassen seine Verantwortlichkeit und die Bedeutung, die er der Rechtsstaatlichkeit beimisst, besser einschätzen.

III.1.2 Der Widerstand gegen Interventionen

Die Einsprüche kommen vonseiten der Familie des Kurfürsten und der Armee. Beide Sphären werden im Drama nacheinander inszeniert. Zunächst muss sich der Landesvater mit den familiären Betrachtungen auseinandersetzen. Dafür stehen der Prinz, der sich die Gnade des Kurfürsten verspricht, Natalie, die Nichte des Fürsten, die den Landesherrn um Gnade für ihren Vetter und Verlobten anfleht, sowie die Kurfürstin, deren erfolglose Intervention im Drama nicht detailliert wird.

In seiner anfangs emotionalen Reaktion auf seine Inhaftierung kritisiert der Prinz die satzungsmäßige Haltung des Kurfürsten als einen unangebrachten „Gesetzesrigorismus",[210] vergleichbar mit dem strengen Verhalten des angeblichen Gründers und ersten Konsuls der römischen Republik in der Antike namens Lucius Iunius Brutus, der seine beiden Söhne hinrichten ließ, „weil sie an einer antirepublikanischen Verschwörung beteiligt waren".[211] (SW2, PFH, II, 10, V. 777-788). Obwohl der Prinz später die Richtigkeit der Entscheidung des Kurfürsten anerkennt, formuliert er, was er vom Vater erwartet, wie folgt: „Der Kurfürst hat getan, was Pflicht erheischte, / Und nun wird er dem Herzen auch gehorchen." (SW2, PFH, III, 1, V. 820f.) Er erwähnt ferner auch historische Gegenbeispiele wie den „Dei von Algier", den „Sardanapel", die „gesamte Altrömische Tyrannenreihe",[212] die trotz ihrer ähnlichen Tat begnadigt und geheiligt würden (SW2, PFH, III, 1, V. 897-907). Die Gedanken des Prinzen spielen kei-

[210] Hamacher, Bernd: *Erläuterungen und Dokumente: Heinrich von Kleist: Prinz Friedrich von Homburg*. Stuttgart 1999 (= UB Nr. 8147), S. 39f.

[211] Ebd., S. 39.

[212] Die geschichtliche Bedeutung der erwähnten Persönlichkeiten und die biblische Anspielung im letzten Vers werden von Hamacher erläutert. (Vgl. Hamacher, Bernd: *Erläuterungen und Dokumente: Heinrich von Kleist: Prinz Friedrich von Homburg*. A.a.O., S. 43f.)

ne Rolle in der Beurteilung des Falles durch den Kurfürsten, zumal sie nicht unmittelbar an ihn gerichtet werden. Es ist eher Natalie, die als Verkörperung der weiblichen Vermittlerrolle die verwandtschaftlichen Beweggründe des Prinzen für die erwartete Gnade vertritt.

Nicht in ihrem offiziellen Rang als Chef des Dragonerregiments, sondern als Nichte des Kurfürsten versucht Natalie, das Staatsoberhaupt von der Begnadigung des Prinzen zu überzeugen. In ihrer Strategie erinnert sie, wie der Prinz, den Kurfürsten in einer Familienmetapher an seine Vaterrolle gegenüber dem Prinzen-Sohn:

> Den wirst Du nicht mit Füßen von Dir weisen!
> Den drückst Du um die Mutter schon an's Herz,
> Die ihn gebar, und rufst: komm, weine nicht;
> Du bist so wert mir, wie die Treue selbst! (SW2, PFH, IV, 1, V. 1098-1101)

Natalies Argumentation zufolge darf der Kurfürst den inhaftierten Adoptivsohn weder streng behandeln noch verleugnen. Nachdem sie von einer doppeldeutigen Haltung, nämlich der Krönung des Kriegshelden und der Enthauptung des Fehlenden, abgeraten hat, welche zwar von Erhabenheit zeugen, aber an Unmenschlichkeit grenzen würde, kommt sie zur deutlicheren Begründung ihrer Motivation. Die Wortwahl verrät erneut, dass es nicht um eine offiziell zu verantwortende Fürsprache geht, sondern um eine sittliche Gefühlssache:

> Vielmehr, was Du [...],
> Unordnung nennst, die Tat, den Spruch der Richter,
> In diesem Fall, willkürlich zu zerreißen,
> Erscheint mir als die schönste Ordnung erst:
> Das Kriegsgesetz, das weiß ich wohl, soll herrschen,
> Jedoch *die lieblichen Gefühle* auch. (SW2, PFH, IV, 1, V. 1125-1131, Hervorhebungen von mir, K.M.S.)

Natalie erwartet also, dass der durch ihre Rede berührte Kurfürst wie sie auf Grund seiner Gefühle für den Prinzen den Gesetzverletzer begnadigt. Obwohl sie dessen bewusst ist, dass die Begnadigung dem Kriegsgesetz nicht entspricht und deshalb willkürlich ist, verlangt sie, dass der Landesvater lieber als gefühlvoller Familienvater handelt. Sie stellt insofern das Gefühl über das Kriegsgesetz, wie es der Prinz oben in seiner Gegenüberstellung von „Pflicht" und „Herz" tut. Aber im Gegensatz zum Prinzen, der seine Tat mit historischen Beispielen begründet, rechtfertigt Natalie den Ungehorsam nur mit jugendlichem Überschwang:

War's Eifer nicht, im Augenblick des Treffens,
Für Deines Namens Ruhm, der ihn verführt,
Die Schranke des Gesetzes zu durchbrechen:
Und ach! die Schranke jugendlich durchbrochen
Trat er dem Lindwurm männlich nicht auf's Haupt? (SW2, PFH, IV, 1, V. 1102-1106)

Auch ihre Argumente gegen die Beschädigung der Zukunft des Vaterlandes durch die Tat des Prinzen zielen auf eine gefühlsmäßige Berührung des Landesvaters ab:

Das Vaterland, das Du uns gründetest,
Steht, eine feste Burg, mein edler Ohm:
Das wird ganz andre Stürme noch ertragen,
Fürwahr, als diesen unberufnen Sieg;
Das wird sich ausbaun herrlich, in der Zukunft,
Erweitern unter Enkels Hand, verschönern,
Mit Zinnen, üppig, feenhaft, zur Wonne
Der Freunde, und zum Schrecken aller Feinde:
Das braucht nicht dieser Bindung, kalt und öd',
Aus eines Freundes Blut, um Oheims Herbst,
Den friedlich prächtigen, zu überleben. (SW2, PFH, IV, 1, V.1131-1141)

Indem Kleist nur die sentimentalen Argumente von Natalie anführt, obwohl sie als Oberherrin des Dragonerregiments emanzipiert auftritt und rationale Überlegungen anstellen kann, enthüllt er ein Phänomen, das wahrscheinlich eine große Rolle in den bei Justizprozessen oft zu beobachtenden Interventionen spielt, wie man in der Novelle *Michael Kohlhaas* erlebt, in der alle Unverantwortlichkeiten seitens der Tronkas und der Kallheims auf deren Verwandtschaftsverhältnis beruhen. Der gelungene Widerstand des Kurfürsten gegen diesen Einwirkungsversuch der Nichte veranschaulicht die zentrale Bedeutung, die er dem Gesetz im Land beimisst.

Es geht dem Staatsoberhaupt zuerst darum, Natalie auf den Ungehorsam des Prinzen aufmerksam zu machen (SW2, PFH, IV, 1, V. 1093). Für den Kurfürsten stellt die von Natalie dennoch erbetene Aufhebung des Gerichtsurteils eine tyrannische Tat dar:

Mein süßes Kind! Sieh! Wär' ich ein Tyrann,
Dein Wort, das fühl ich lebhaft, hätte mir
Das Herz schon in der erznen Brust geschmelzt. (SW2, PFH, IV, 1, V. 1112ff.)

Er versucht dann, ihr mit einer rhetorischen Frage die möglichen Konsequenzen der Missachtung der Schranken des Gesetzes für das Vaterland bewusst zu machen.

> Dich aber frag' ich selbst: darf ich den Spruch,
> Den das Gericht gefällt, wohl unterdrücken?
> Was würde wohl davon die Folge sein? (SW2, PFH, IV, 1, V. 1115ff.)

Die Sorge um die Zukunft seines Staates weicht der Berührung durch Natalies Worte nicht. Der Kurfürst will sich lieber über die Stellung seines potenziellen Nachfolgers zur Bedeutung der Befolgung der Rechtsordnung des Landes erkundigen: „Meint er, dem Vaterlande gelt' es gleich, / Ob *Willkür* drin, ob drin *die Satzung* herrsche?“ (SW2, PFH, IV, 1, V. 1143f., Hervorhebungen von mir, K.M.S.) Aufgrund dieses indirekten Plädoyers für die Herrschaft des Gesetzes kann der Landesvater nicht verstehen, dass der Prinz um Gnade fleht. Für ihn braucht man keine Gesetze mehr, wenn sie nicht beachtet werden. Sie müssen dann lieber abgeschafft werden. Dies formuliert er in seiner Bedingung für eine Begnadigung wie folgt: „Wenn er den Spruch für ungerecht kann halten / Kassier' ich die Artikel; er ist frei!“ (SW2, PFH, IV, 1, V. 1185f.) Die Emotionalität der Vermittlerin gilt für ihn nicht, wenn es um die Debatte um Rechtsstaatlichkeit geht. Ihm ist die Meinung des Prinzen als Krieger, der sich der Bedeutung der Kriegsartikel bewusst sein sollte, wichtiger. Die Bedeutung dieser Kondition wird durch ihre dreifache Nennung zum Ausdruck gebracht. So sagt der Kurfürst Natalie, die an die Rettung des Prinzen glauben will, ironisch zum Abschied: „Gewiß, mein Töchterchen, gewiß! So sicher, / Als sie in Vetter Homburgs Wünschen liegt.“ (SW2, PFH, IV, 1, V. 1206f.) In der gleichen Hinsicht erfährt Natalie den genauen Inhalt des Briefes an den Prinzen, erst als der Letztere ihn vorliest:

> ‚Mein Prinz von Homburg, als ich euch gefangen setzte,
> Um eures Angriffs, allzu früh vollbracht,
> Da glaubt ich nichts, als meine Pflicht zu tun;
> Auf euren eigenen Beifall rechnet' ich.
> Meint ihr, ein Unrecht sei euch widerfahren,
> So bitt' ich, sagt's mir mit zwei Worten –
> Und gleich den Degen schick' ich euch zurück.' (SW2, PFH, IV, 4, V. 1307-1313)

Der Prinz, der sich plötzlich der Bedeutung seiner Verantwortlichkeit bewusst wird und Natalies Gefühlsseligkeit nicht mehr folgt, verfährt auf die gleiche Weise wie der Kurfürst. Insofern krönt der verantwortungsbewusste Sinneswandel des Prinzen, den der Kurfürst erst vor den sachlicher denkenden Offizieren dem Leser enthüllt, den Erfolg vom Widerstand des Landesvaters gegen den emotional motivierten Einwirkungsversuch von Natalie (SW2, PFH, V, 5, V. 1616-1620). Folgerichtig nennt der Kurfürst den Prinzen den „Sachwalter“, der ihn verteidigen soll (SW2, PFH, V, 5, V. 1613f.).

Dass es dem Kurfürsten gelingt, Natalie gefühlvoll zu beruhigen und zugleich vom Prinzen eine juristische Entscheidung zu verlangen, zeugt von der Fähigkeit des Landesherrn, mit den Eigenschaften „Pflicht“ und „Herz“ verantwortungsbewusst umzugehen, ohne dass die eine oder die andere an ihrer Gültigkeit verliert. Damit zeigt er Natalie und mittelbar dem Prinzen, dass beide Bereiche zu trennen sind, wenn es sich um Rechtsstaatlichkeit handelt. Die gegenüber Natalie angedeutete Schuld des Prinzen und die Sorge um die Zukunft des Vaterlandes werden erst bei der Resistenz des Kurfürsten gegen die Intervention der Offiziere deutlicher formuliert und begründet.

Der Sorge des Kurfürsten in Bezug auf die Konsequenzen einer Begnadigung des Verstoßes gegen die Kriegsartikel für den Staat liegt im Grunde genommen der Wille zugrunde, einer Unsicherheit der Befehlsordnung und damit jedes einzelnen Befehls im Land vorzubeugen. So fragt er den Obersten Kottwitz, der den Ungehorsam des Prinzen rechtfertigt:

> Mit welchem Recht, Du Tor, erhoffst Du das,
> Wenn auf dem Schlachtenwagen, eigenmächtig,
> Mir in die Zügel jeder greifen darf?
> Meinst Du, das Glück wird’ immerdar, wie jüngst,
> Mit einem Kranz den Ungehorsam lohnen? (SW2, PFH, V, 5, V. 1561-1565)

Der Hindergrund dieser Fragen ist ein verantwortlicher Umgang mit der Geschichte, der darin besteht, dass man aus vergangenen Geschehnissen bzw. Fehlern lernt. Es geht also um frühere Verstöße des Prinzen gegen das Kriegsgesetz, die der Kurfürst dem Leser erst kurz vor dem Ende des Dramas im neunten Auftritt des fünften Aktes verrät:

> Ja, urteilt selbst, ihr Herrn! Der Prinz von Homburg
> Hat im verfloßnen Jahr, durch Trotz und Leichtsinn,
> Um zwei der schönsten Siege mich gebracht;
> Den dritten auch hat er mir schwer gekränkt. (SW2, PFH, V, 9, V. 1818-1821)

Damit ähnliche Ungehorsamsfälle nicht mehr passieren, will der Kurfürst, etwa wie der brandenburgische Kurfürst in *Michael Kohlhaas*, der Kohlhaas gesetzmäßig hinrichten lässt, lieber den Respekt der Gesetze in seinem Kurfürstentum garantieren, indem er ein Exempel statuiert:

> Den Sieg nicht mag ich, der, ein Kind des Zufalls,
> Mir von der Bank fällt; das Gesetz will ich,
> Die Mutter meiner Krone, aufrecht halten,
> Die ein Geschlecht von Siegen mir erzeugt. (SW2, PFH, V, 5, V. 1566-1569)

Die Personifizierung des Gesetzes als „Mutter" seiner Krone ist der Ausdruck seiner höchsten Sorge: Wenn er als Vater das Kind retten wollte zu Ungunsten der Mutter, die ihm schon Kinder gegeben hat und ihm wahrscheinlich noch schenken wird, würde er den Grundstein seiner Familie, seines Geschlechts abbauen. Diese die Mutter zum Kern der Existenz der Familie machende Metapher bedeutet Folgendes: Wenn er, der Landesherr, den Prinzen begnadigte und somit das Gesetz mit Füßen träte, würde er der grundsätzlichen Bedeutung des Gesetzes für den Erhalt und das Maximieren seiner Macht schaden. Das Gesetz wird hier also als Machtmittel betrachtet und es liegt in dem höchsten Interesse des Herrschers, dass es beachtet wird, solange es seine Geltung besitzt. Sodann werden die Gesetzestreue des Staatsoberhaupts und die Sicherung des guten Funktionierens der Rechtsordnung in seinem Staat zu einer Pflicht, durch die er seine Ziele als Machtinhaber am sichersten erreichen kann.

Auch gegenüber dem Vorwurf des Grafen Hohenzollern, dass der Kurfürst selbst an dem Ungehorsam des Prinzen schuld sei, weil er ihn vor der Befehlserteilung in seinem Traum gestört und somit seine Zerstreutheit veranlasst habe, bleibt der Landesherr nüchtern. Nachdem er dem Grafen zugehört hat, fasst er den Inhalt dessen Aussagen mit folgenden Worten zusammen:

> Und nun, wenn ich Dich anders recht verstehe,
> Türmst Du, wie folgt, das Schlussgebäu mir auf:
> Hätt' ich, mit dieses jungen Träumers Zustand,
> Zweideutig nicht gescherzt, so blieb er schuldlos.
> Bei der Parol' wär' er nicht zerstreut,
> Nicht widerspenstig in der Schlacht gewesen.
> Nicht? Nicht? Das ist die Meinung? (SW2, PFH, V, 6, V. 1706-1712)

Einerseits bringt die Folge der drei Fragen im letzten Vers die Empörung des Fürsten zum Ausdruck. Andererseits findet der Kurfürst die Anschuldigung blödsinnig (SW2, PFH, V, 6, V. 1714). Er findet die Schuld entsprechend der Logik des Vorwurfs bei Hohenzollern selbst, der ihn zum träumenden Prinzen gebracht hat (SW2, PFH, V, 6, V. 1718f.). Der Landesherr ist aber nicht von der

Beweiskraft der Anschuldigung überzeugt. Für ihn ist die Logik nicht deutlich genug, sie illustriert vielmehr die zweideutige, „delphsche Weisheit" seiner Offiziere (SW2, PFH, V, 6, V. 1720).

Die Tatsache, dass der Kurfürst, trotz der dargestellten Argumente gegen die Interventionen zugunsten des Prinzen, schließlich seine Meinung ändert, legt nahe, dass es im Drama um eine Relativierung der Strenge des Gesetzes, insbesondere des Strafrechts geht. Es ist offensichtlich, dass der Kurfürst dazu aufgefordert wird, die Satzung nicht bedingungslos geltend zu machen, sondern relativierende Umstände zu bedenken.[213] Ersichtlich ist dennoch, dass nicht alle Gründe gelten dürfen. Deshalb entspricht der Kurfürst Natalies auf „lieblichen Gefühlen" aufbauender Hoffnung und der von Graf Hohenzollern, der einfach dem Kurfürsten selbst die Schuld in die Schuhe schiebt, nicht, sondern ändert seine Meinung auf Grund der überzeugenden Argumente vom Obristen Kottwitz und der Tatsache, dass der schuldige Prinz die Gesetzmäßigkeit des Rechtsspruchs öffentlich anerkennt. Die Begründung dieses Relativismus der Strenge des Strafrechts durch den Obersten Kottwitz gilt es nun, näher zu betrachten.

III.2 Zum Relativismus der Strenge

III.2.1 Der Obrist Kottwitz, eine gezielt konstruierte Figur

Der Obrist Kottwitz ist ein älterer Mann, der Älteste überhaupt im Heer, der Hilfe braucht, wenn er vom Pferd steigen will. Er sieht sich selbst als jung in der Seele, aber alt im Körper:

> Ja, auf dem Roß fühl' ich voll Jugend mich;
> Doch sitz' ich ab, da hebt ein Strauß sich an,
> Als ob sich Leib und Seele kämpfend trennten! (SW2, PFH, II, 1, V. 371ff.)

Es geht um einen erfahrenen Obersten. Dem entsprechend erhält er die Aufgabe, dem Prinzen auf dem Schlachtfeld als Berater beizustehen. Die Formulierung der Rolle des Obristen Kottwitz zeigt, dass ihm eine besondere Stellung, ein gewisses Ansehen zukommt. So heißt es nach der Erwähnung der Aufgabe des

---

[213] Dies meint auch Siegfried Streller, wenn er schreibt, dass der Kurfürst begreife, dass es darauf ankomme, das Gesetz nicht nach dem Buchstaben, sondern dem Sinn entsprechend anzuwenden. (Vgl. Vgl. Streller, Siegfried: *Verantwortung und Verantwortlichkeit in Kleists ‚Prinz Friedrich von Homburg'* In: Kleist-Jahrbuch 1991. Stuttgart, Weimar 1991, S. 53-59, hier S. 58)

Prinzen als Führer der Truppe: „Dem Obrist Kottwitz gleichwohl unbeschadet, / Der ihm mit seinem Rat zur Hand wird gehn". (SW2, PFH, I, 5, V. 276f.)

Nicht nur Generäle wie der Feldmarschall Dörfling respektieren den Obristen Kottwitz, sondern auch der Kurfürst, der eigentlich den Kriegsplan verantwortet; dieser drückt später seine Achtung vor dem alten Obersten unvermittelt aus, indem er den Feldherrn u.a. als „edle[n] Nam'" und „unwürdig nicht" bezeichnet (SW2, PFH, V, 5, V. 1517), ihn ferner wunderlich findet und sagt, dass er ihm zugetan sei (SW2, PFH, V, 5, V. 1609 u. 1612). Auch aufgrund des außergewöhnlichen Ansehens des Obristen trifft der Kurfürst keine besondere Maßnahme gegen ihn, als er glaubt, dass der Oberst sein Quartier ohne Order verlassen habe und sich mit seiner Truppe der Residenz nähere. Den Monolog des Staatsoberhaupts lässt der Dramatiker den Zuschauer folgenderweise hören:

> Seltsam! – Wenn ich der Dei von Tunis[214] wäre,
> Schlüg' ich bei so zweideut'gem Vorfall, Lärm;
> Die seidne Schnur, legt' ich auf meinen Tisch[215];
> Und vor das Tor, verrammt mit Palisaden,
> Führt ich Kanonen und Haubitzen auf.
> *Doch weil's Hans Kottwitz aus der Priegnitz ist,*
> *Der sich mir naht, willkürlich, eigenmächtig,*
> *So will ich mich auf märksche Weise fassen* (SW2, PFH, V, 2, V. 1412-1419, Hervorhebungen von mir, K.M.S.).

Der Kurfürst weiß also, was er im Normalfall tun sollte. Da es aber um den Obristen Kottwitz geht, verhält er sich anders.
Kleist verstärkt die beachtliche Persönlichkeit von Kottwitz, indem er ihn mit einer Beredsamkeit versieht, die den Kurfürsten beeindrucken soll, auch wenn dieser wegen seiner Position behauptet, dass die Worte des Obristen „mit arglist'ger Rednerkunst gesetzt" seien. (SW2, PFH, V, 5, V. 1611)

Kottwitz ist außerdem ein Mann, der durchaus Eigeninitiative ergreift. So sagt er dem Prinzen, seinem Vorgesetzten, der nicht früh genug auf das Schlachtfeld

---

[214] Zum „Dei von Tunis" oder „Dei von Algier" schreibt Hamacher Folgendes: „[A]rabischer Militärdiktator aus dem Geschlecht der Janitscharen, dem Soldatenorden des Osmanischen Reiches. Ihre Herrschaft über Nordafrika dauerte bis zur französischen Besetzung 1830." (Hamacher, Bernd: *Erläuterungen und Dokumente: Heinrich von Kleist: Prinz Friedrich von Homburg*. A.a.O., S. 43.)

[215] Laut Hamacher stellt die „seidne Schnur" ein Mittel zum Selbstmord dar. Er findet zwei Deutungen möglich: „1. Zeichen, das einen ungehorsamen Untergebenen, hier also Kottwitz, zum Suizid auffordert; 2. letzter Ausweg für den Kurfürsten selbst vor einer möglichen gewaltsamen Absetzung." (Ebd., S. 56.)

gekommen ist, das, was er bereits gemacht hat, und mit welcher Absicht, wie folgt:

> Schau her, wie während Du im Dörfchen warst,
> Die Reiter ich im Talweg aufgestellt:
> Ich denk', Du wirst mit mir zufrieden sein! (SW2, PFH, II, 2, V. 402ff.)

Die Charakteristiken des Obristen Kottwitz begründen seine Handlungen und Worte im Stück. Entsprechend dieser gezielten Gestaltung folgt Kottwitz dem Prinzen in seinem „Ungehorsam", nachdem er den Letzteren auf seine Selbstverantwortung vor dem Gesetz aufmerksam gemacht hat. Nach einer kurzen Zögerung erklärt der Oberst diesbezüglich: „Auf Deine Kappe nimm's. Ich folge Dir!" (SW2, PFH, II, 2, V. 496). Aufgrund seiner Aura tritt der Obrist Kottwitz als Wortführer der Feldherren und der Truppe auf, um den Kurfürsten mit Argumenten zur Begnadigung des Prinzen zu bewegen.

III.2.2 Die Begründung und Verteidigung des Ungehorsams

In einem ersten Argument stellt der Obrist die Notwendigkeit bzw. Unentbehrlichkeit des Ungehorsams des Prinzen dar, indem er anfangs behauptet, dass der Sieg sonst nicht hätte erkämpft werden können. Dabei bedauert er sogar sein Zögern, das er gezeigt hat, als der Prinz-General die Entscheidung getroffen hat (SW2, PFH, V, 5, V. 1529-1536). Seine Reaktion auf den Einwand des Kurfürsten soll dem Landesherrn bedeuten, dass die Situation am Kampfort entscheidend ist:

> Es ist der Stümper Sache, nicht die Deine,
> Des Schicksals höchsten Kranz erringen zu wollen;
> Du nahmst, bis heut, noch stets, was es Dir bot. (SW2, PFH, V, 5, V. 1547ff.)

Dies wird dadurch bekräftigt, dass er ferner die Bedeutung der vorgefassten Regel relativiert:

> Was kümmert Dich, ich bitte Dich, die Regel,
> Nach der der Feind sich schlägt: wenn er nur nieder
> Vor Dir, mit allen seinen Fahnen, sinkt?
> Die Regel, die ihn schlägt, das ist die höchste! (SW2, PFH, V, 5, V. 1575-1578)

Anders formuliert, ist für den Obersten die Art und Weise, wie der Sieg erreicht wird, nicht besonders wichtig, sondern es zählt der Sieg. Das Ende, das Ergebnis soll infolgedessen der Maßstab sein, nach dem die Mittel beurteilt werden. Es geht jedoch nicht einfach um ein beabsichtigtes Ziel, das jede schuldige Person einwenden könnte, wenn sie sich in Gefahr befindet, sondern um das Erreichte. Dies entspricht bei genauerem Hinsehen dem oben erwähnten shakespeareschen Spruch „Ende gut, alles gut"[216] und steht in deutlichem Gegensatz zur radikalen Stellung des Kurfürsten. Insofern legitimiert der Oberst den Ungehorsam des Prinzen, der bei Fehrbellin zum Sieg über die Schweden geführt hat.

Die vom Kurfürsten bedauerte Unvollständigkeit des Sieges findet der historisch überlegende Obrist Kottwitz nicht bedeutend, denn „Rom ward an einem Tage nicht erbaut." (SW2, PFH, V, 5, V. 1560) Er erwägt deshalb die Situation pädagogisch und lässt die Missachtung des Kriegsplans als eine lehrreiche Handlung gelten, die bei weiteren Kämpfen dienlich sein sollte. So hört der Zuschauer ihn sagen:

> Die Kunst jetzt lernten wir, ihn [den Feind] zu besiegen,
> Und sind voll Lust, sie fürder noch zu üben:
> Lass uns den Wrangel rüstig, Brust an Brust,
> Noch einmal treffen, so vollendet sich's,
> Und in die Ostsee ganz fliegt er hinab![217] (SW2, PFH, V, 5, V. 1555-1559)

---

[216] Dass es eine weitere Verwandtschaft zwischen Kleist und Shakespeare gibt, ist keine neue Idee. Einige Forscher haben schon komparatistische Studien unternommen und sowohl Berührungspunkte als auch Unterschiede zwischen beiden Dramatikern herausgehoben. Ein bedeutendes Beispiel ist die Arbeit *Kleist und Shakespeare* von Meta Corssen. In der Abhandlung vergleicht die Literaturwissenschaftlerin äußerliche Aspekte wie die Sprache, die Form des Dramas und inhaltliche Elemente wie „Das Tragische und das Komische", „Der Einzelne und das Schicksal". Die zwei letzten Sätze der Arbeit betreffen *Prinz Friedrich von Homburg*: „Im Prinzen von Homburg wird sogar der Aufbau der Handlung dem der Shakespearschen Dramen innerlich stärker angeglichen, tiefste seelische Spannung und Aufgewühltheit wird in blutvollen Gestalten lebendig; und die Tragik wird romantisch-heiter aufgelöst. In seinem letzten dramatischen Werk erscheint Kleist auf der Höhe seines eigenen Schaffens in größter Nähe von Shakespeares dichterischer Welt." (Corssen, Meta: *Kleist und Shakespeare*. Weimar 1930, S. 208.) Ein ebenso interessantes Beispiel ist Hanna Hellmanns in einem Aufsatz vollzogener Vergleich von Kleists „Prinz von Homburg" mit Shakespeares „Maß für Maß". (Hellmann, Hanna: *Kleists ,Prinz von Homburg' und Shakespeares ,Maß für Maß'*. In: Germanisch-Romanische Monatsschrift. Jg. 11. Heidelberg 1923, S. 288-296.) Jedoch geht keine der mir bekannten Studien in die Richtung der vorliegenden Arbeit. Auch das Drama *Ende gut, alles gut* wird kaum erwähnt.

[217] Hier erkennt man die Gedanken in Kleists am 7. Dezember 1810 in den *Berliner Abendblättern* veröffentlichtem Aufsatz „Von der Überlegung" mit dem Untertitel „Eine Paradoxe" wieder. Dort gibt Kleist u.a. zu verstehen, dass es besser sei, wenn „sich nachher, wenn die Handlung abgetan ist, der Gebrauch von ihr [der Überlegung] machen läßt, zu welchem sie dem Menschen eigentlich gegeben ist, nämlich sich dessen, was in dem Verfahren fehlerhaft

In dieser Hinsicht erklärt Kottwitz sich deutlich bereit, im Notfall dem Beispiel des Prinzen zu folgen. Es heißt:

> Ich träfe morgen, gleichfalls unberufen,
> Den Sieg wo irgend zwischen Wald und Felsen
> Mit den Schwadronen, wie ein Schäfer, an:
> Bei Gott, ein Schelm müßt' ich doch sein, wenn ich
> Des Prinzen Tat nicht munter wiederholte. (SW2, PFH, V, 5, V. 1598-1602)

Wie er von dem Prinzen zuvor forderte, ist er bereit, für seine notwendige und bewusste Insubordination zu büßen; damit betont er die Selbstverantwortlichkeit der handelnden Person:

> Und sprächst Du, das Gesetzbuch in der Hand:
> ‚Kottwitz, Du hast den Kopf verwirkt!' so sagt ich:
> ‚Das wußt' ich Herr; da nimm ihn hin, hier ist er' (SW2, PFH, V, 5, V. 1603ff.).

Der Oberst macht mit diesen Worten die Insubordination des Prinzen zu einer ehrenwürdigen Tat, zu einer Pflicht, die sich in der Not aufdrängen sollte.

Diese Gedanken waren zu Kleists Zeit nicht neu. Dies belegen nicht die meist erwähnten Quellen, nämlich *Josephi Werke* des Geschichtsschreibers Flavius Josephus, Heinrich Krauses *Mein Vaterland unter den hohenzollerischen Regenten* und *Mémoires pour servir à l'histoire de la Maison de Brandenbourg* von Friedrich dem Großen,[218] sondern Georg Friedrich Willibald von Cöllns 1807 veröffentlichte *Vertraute Briefe über die inneren Verhältnisse am preußischen Hofe seit dem Tode Friedrichs II.*. Im dreiunddreißigsten Brief, den Cöllns Freund mit dem Initial B., der angeblich die Schlacht von Jena beobachtet hat, geschrieben haben soll, wird man über den Fall des Fürsten Hohenlohe informiert. Letzterer bekam nach den verlorenen Gefechten bei Jena und Auerstedt vom König den Befehl, die Reste der Armee über die Elbe und die Oder zu ihm nach Sömmerda zu führen. In der Annahme der unmöglichen und nicht zweckmäßigen Mission, der später eine Kapitulation folgt, sieht B. die Mitverantwortung von Hohenlohe für den weiteren Sieg der napoleonischen Truppen. Er äußert daher folgende Kritik:

---

und gebrechlich, bewusst zu werden, und das Gefühl für andere künftige Fälle zu regulieren." (SW3, S. 554)

[218] Siehe Hamacher, Bernd: *Erläuterungen und Dokumente: Heinrich von Kleist: Prinz Friedrich von Homburg*. A.a.O., S. 70-74.

> Da er [Hohenlohe] aber Sclave [sic] des königlichen Befehls war, so ging seine Armee und sein guter Ruf unwiederbringlich zu Grunde, und man wird ihn, jedoch mit Unrecht, den preußischen Mack nennen. *Er sollte nicht gehorchen, und wenn es den Kopf kostete.*[219]

Der Berichterstatter B. führt dann seine Argumente, die denjenigen von Kottwitz in Kleists Drama ähnlich sind, an:

> Unmöglich konnte der König in Graudenz eine richtige Ansicht der Dinge bei Magdeburg haben; dem Feldherrn, dem er die geschlagene Armee übergab, dem mußte er es schon zutrauen, *dass er nach den Umständen handeln, und nicht blindlings ins Verderben rennen würde, wenn es befohlen war.*[220]

Ähnliche Reflexionen führt Cölln selbst im siebenunddreißigsten Brief. In diesem geht es um eine Begebenheit in Magdeburg mit einem Mitglied von Kleists Familie, nämlich dem General von Kleist, Gouverneur von Brandenburg, der vor den französischen Truppen kapitulierte und dem Feind den Kern des Landes übergab. Cölln verurteilt die Haltung der subalternen Offiziere, die sich zwar entschlossen hatten, sich der Übergabe zu widersetzen, die Umsetzung dieses Entschlusses aber letztlich nicht wagten: „Alle wollten es, keiner wagte es, die alte Form zu zerbrechen, und so ließ man den günstigen Augenblick verstreichen, denn es rührte sich keine Hand zum Schutz des Gouverneurs."[221] Cölln drückt ganz unverschlüsselt aus, was Kleist kodifiziert hat:

> Ich habe nichts dagegen, dass es gefährlich ist, so gegen die Subordination zu handeln, und daß eine solche Handlung durch eine Kugel vor den Kopf bestraft werden muß.

---

[219] Cölln, Georg Friedrich Willibald von: *Vertraute Briefe über die inneren Verhältnisse am preußischen Hofe seit dem Tode Friedrichs II.*. Amsterdam, Cölln 1807, S. 236f. In ihrem Aufsatz *Kleists „Prinz von Homburg" und Shakespeares „Maß für Maß"* nennt Hanna Hellmann zum ersten Mal in der Kleist-Forschung dieses Dokument. Dort verwies sie aber einfach auf die Argumentation von Kottwitz und bemerkt, dass damit nicht auf mehr als ein vielleicht unbewusst mitwirkendes Moment der Anregung aus den Zeitgeschehen hingewiesen werden solle. (Hellmann, Hanna: *Kleists ‚Prinz von Homburg' und Shakespeares ‚Maß für Maß'*. A.a.O., S. 289.) Ich denke hingegen, dass man nach gründlicher Lektüre von Cöllns schon 1807 erschienener Veröffentlichung, der drei weitere Bände folgten (das vierte erschien im Jahr 1808), einen eher wahrscheinlichen Einfluss dieses Buches auf Kleist annehmen kann. Die vielen Berührungspunkte könnten in einer detaillierter vergleichenden Arbeit herausgehoben werden.

[220] Cölln, Georg Friedrich Willibald von: *Vertraute Briefe über die inneren Verhältnisse am preußischen Hofe seit dem Tode Friedrichs II.* A.a.O., S. 237.

[221] Cölln, Georg Friedrich Willibald von: *Vertraute Briefe über die inneren Verhältnisse am preußischen Hofe seit dem Tode Friedrichs II.* A.a.O., S. 251f.

> Wenn aber alles auf dem Spiele steht, wenn der Staat zu Grunde gehen soll, und eine so kühne Handlung ihn retten kann, da darf der Mann, der zu retten vermag, nicht schwanken; *er muß die alte Form zerbrechen, und wenn es ihm auch den Kopf kosten sollte.*[222]

Wie Kottwitz behauptet hat, macht der vermeintliche Kapitän aus der notwendigen Insubordination ein Muss, ohne die Kraft des Gesetzes zu leugnen. Während der Obrist in Kleists Drama den Ausdruck „Auf deine Kappe nimm's." benutzt, und von Verwirkung des Kopfes redet, um auf die Selbstverantwortlichkeit aufmerksam zu machen, wird die mögliche Folge bei Cölln unmissverständlich artikuliert.

Mir scheint, dass der Dichter durch die Technik der Verfremdung und der Verschlüsselung, die ihm sein Medium anbot, das inszenierte, was sein Zeitgenosse Georg Friedrich Willibald von Cölln (1766-1808) unverdeckt ausgedrückt hatte und deswegen verhaftet wurde, obwohl er die Briefe anonym drucken ließ und sie am Ende als seinen Beitrag zur Verbesserung der Lage des Vaterlandes ansah und um Verständnis bat.[223]
Ein zweiter Aspekt der Argumentation des Obristen besteht darin, zu verdeutlichen, dass der Ungehorsam in dem vorliegenden Fall menschlich sei. Für ihn besteht das Heer aus Menschen, die ein „Herz" und Gefühle haben können. Die Idee des Gefühls drückt er in einer rhetorischen Frage und durch einen Vergleich des Heers mit dem Schwert aus:

> Willst Du das Heer, das glühend an Dir hängt,
> Zu einem Werkzeug machen, gleich dem Schwerte,

---

[222] Ebd., S. 252. Das Gesagte soll aber ein Kapitän von der Garnison in Magdeburg geschrieben haben. Vgl. ebd.

[223] Auch Hellmann, die die Briefe zum ersten Mal erwähnte, hielt sie für anonym, inzwischen wurde aber klar, dass Georg Friedrich Willibald von Cölln der Verfasser ist. Klaus Kanzog wusste das bereits im Jahr 1977 (Vgl. Kanzog, Klaus: *Heinrich von Kleist, ‚Prinz Friedrich von Homburg'. Text, Kontexte, Kommentar*. München, Wien 1977, S. 153f.). Im Internet informiert die Berliner Klassik auch über die Identität des Verfassers. (Vgl. www.zopeman.bbaw.de/BK/bibliographie/Grunderfassung.html (20.03.2006). Bemerkenswert ist, dass Cölln aus seiner Verhaftung floh, später die Erlaubnis zur Rückkehr bekam und dann von Hardenberg beschäftigt wurde, bevor er 1808 starb. (Nach einer handgeschriebenen Ergänzung auf dem Vorblatt im ersten Band). Bedauerlicherweise erwähnen die meisten Forschungen das zeitgenössische Werk Georg Friedrich Willibald von Cöllns nicht. Auch in Hamachers Erläuterungen und Dokumenten zum Drama findet sich keine Spur davon. Dieser Mangel erklärt wahrscheinlich auch die Tatsache, dass Kwak in ihrer Arbeit nur die Insubordinationsfälle von Louis Ferdinand und von Schill und den Subordinationsfall von Karlkreuth in Betracht zieht. (Vgl. Kwak, Miran: *Identitätsprobleme in Werken Heinrich von Kleists*. Frankfurt/Main 2000, S. 203.)

Das tot in Deinem goldnen Gürtel ruht? (SW2, PFH, V, 5, V. 1579ff.)

Um die Bedeutung der „herrlichen Gefühle“ zu betonen, macht er auf ihre Unentbehrlichkeit in besonderen Fällen aufmerksam, wobei er sich politisch und kritisch zeigt:

Der ärmste Geist, der in den Sternen fremd,
Zuerst solch' eine Lehre gab! Die schlechte
Kurzsicht'ge Staatskunst, die, um eines Falles,
Da die Empfindung sich verderblich zeigt,
Zehn andere vergißt, im Lauf der Dinge
Da die Empfindung einzig retten kann! (SW2, PFH, V, 5, V. 1582-1587)

Es ist also für den Obristen ein Zeichen der geistigen Armut und einer kurzsichtigen Staatskunst, wenn man die Bedeutung der Gefühle, zu denen die Intuition[224] gehört, übersieht. Indem Kottwitz den „ärmste[n] Geist“ fremd in den Sternen situiert, unterstellt er eine weite Entfernung dieses Geistes von den Tatsachen auf der Erde und lässt verstehen, dass die Haltung nicht realistisch sei. Der Oberst verleugnet zwar nicht die gelegentliche Verderblichkeit der Empfindung, verbietet aber, dass man sie radikal ignoriert. Dabei wird indirekt aus dem Gefühl ein Begleiter der Vernunft gemacht. Es soll daher Fälle geben, in denen die Vernunft Vorrecht hat, und Situationen, in denen eher die Empfindung entscheidet. Dies ist eine eindeutige Verbindung von Werten der Romantik und der Aufklärung.

Diese Unterscheidung verdeutlicht Kleist in seinem oben zitierten Aufsatz „Von der Überlegung“, in dem er die Empfindung vor die Überlegung stellt. Dort wendet sich Kleist in erster Linie an Soldaten, Ringer und Athleten, aber er verallgemeinert seine Reflexion und erklärt sie für das Leben im Allgemeinen und in Gesprächen gültig.[225] Dies überträgt er überdies in einem vorwurfsvollen Ton

[224] Das Duden definiert Intuition als: „a) *das unmittelbare, nicht diskursive, nicht auf Reflexion beruhende Erkennen, Erfassen eines Sachverhalts oder eines komplizierten Vorgangs ...*; b) *Eingebung; [plötzliches] ahnendes Erfassen* ...“ (Duden – *Deutsches Universalwörterbuch.* A.a.O., S. 844, Klammer und Hervorhebungen im Original) Kleist selbst spricht in seiner Schrift „Von der Überlegung“ von „dem herrlichen Gefühl“ oder den „bloßen augenblicklichen Eingebungen“. (SW3, S. 554) Es ist übrigens hier interessant zu konstatieren, dass Kleist eigentlich zwei Formen von Gefühlen unterscheidet; er trennt nämlich die „lieblichen Gefühle“, von denen Natalie oben spricht, von dem „herrlichen Gefühl“, das er selbst in „Von der Überlegung“ erklärt.

[225] Vgl. SW3, S. 554f. Hamacher befindet zutreffend, dass dieser Aufsatz sich als Rechtfertigung der unüberlegten Tat des Prinzen Homburg lesen lasse (Vgl. Hamacher, Bernd: *Erläuterungen und Dokumente: Heinrich von Kleist: Prinz Friedrich von Homburg.* A.a.O., S. 80.).

auf die von der Aufklärung beeinflussten Deutschen seiner Zeit unter dem Untertitel „Von der Erziehung der Deutschen“ in „Katechismus der Deutschen“ wie folgt:

> Der Verstand der Deutschen, hast du mir gesagt, habe, durch einige scharfsinnige Lehrer, einen Überreiz bekommen; sie reflektierten, wo sie empfinden oder handeln sollten, meinen, alles durch ihren Witz bewerkstelligen zu können, und gäben nichts mehr auf die alte, geheimnisvolle Kraft der Herzen.[226]

Daraus folgt, dass ein Mensch, der über beide Vermögen, die Empfindung und die Vernunft, verfügt, daher anders handeln dürfe und solle, als das Gesetz es gebietet, wenn die Umstände dies forderten.[227] Anders als im Aufsatz kommt aber im Drama, wie bereits erörtert, zum Vorschein, dass der handelnde Mensch seine Tat „auf seine Kappe“ nehmen und bereit sein müsste zu büßen, falls der Zweck nicht erreicht werden sollte. Die zweite Facette der Argumentation wirkt also wie eine Begründung des ersten Argumentationsschnitts.

Der dritte Aspekt der Argumentation des Obristen Kottwitz hat zum Ziel, den Kurfürsten dazu zu bewegen, seine geschichtliche Verantwortlichkeit gegenüber seiner eigenen Person und dem Staat zu erweitern. Dies versteht man, wenn man das letzte, entscheidende Argument der Diskussion, das im Übrigen wie eine Warnung klingt, liest:

> Du könntest an Verderbens Abgrund stehn,
> Daß er, um Dir zu helfen, dich zu retten,
> Auch nicht das Schwert mehr zückte, ungerufen! (SW2, PFH, V, 9, V. 1826ff.)

Bemerkenswert ist dennoch, dass Kleist diese Gedanken auch direkt in den Text eingefügt hat, indem er sie Kottwitz in den Mund legt, wie oben gezeigt wurde.

[226] SW3, S. 486. Auffällig ist hier Kleists kritische Position zwischen den Strömungen der Romantik und der Aufklärung. Dies verdeutlicht die Schwierigkeiten der Forschung, ihn zu kategorisieren. Diese Tatsache fasst Bernd Fischer in folgenden Worten zusammen: „Nicht zufällig hat Kleists widerständige kritische Position die Literaturgeschichtsschreibung vor zahlreiche Periodisierungsprobleme gestellt, aus denen man sich zumeist zu helfen suchte, indem man ihm ein gewisses Maß an Unzeitgemäßheit, an vorauseilender Modernität zubilligte.“ (Fischer, Bernd: *Der Ernst des Scheins in der Prosa Heinrich von Kleists: Am Beispiel des ‚Zweikampfs'*. A.a.O., S. 231.)

[227] Streller zieht eine ähnliche Schlussfolgerung aus der Argumentation des Obristen. (Vgl. Streller, Siegfried: *Verantwortung und Verantwortlichkeit in Kleists ‚Prinz Friedrich von Homburg'*. A.a.O., S. 58)

Man stellt fest, dass der Kurfürst in seiner früheren Sorge um die Zukunft nicht an eine solche Konsequenz gedacht hatte. Die Betrachtung dieses Aspekts seiner Verantwortlichkeit führt ihn letzten Endes zur Lösung des Problems. Beide Figuren haben bei näherem Hinsehen aber die gleiche Motivation, nämlich das gründliche Abwägen der Folgen, bevor man eine wichtige Entscheidung trifft. Während der Kurfürst befürchtet, dass die gesetzliche Grundlage des Landes zusammenbricht, warnt Kottwitz davor, rettende bzw. nützliche Eigeninitiativen durch einen allzu strengen Umgang mit dem Gesetz bereits im Keim zu ersticken.

Anschließend wird ersichtlich, dass die Haltung des Kurfürsten eine doppelte Bedeutung hat. Indem er den Prinzen dazu nötigt, die Richtigkeit des gerichtlichen Urteils öffentlich anzuerkennen, garantiert er die Existenz der gesetzlichen Grundlage seiner Macht und seines Staates. Er festigt insofern rechtsstaatliche Prinzipien in dieser Führungssphäre seines Landes. Durch die Begnadigung des Prinzen vermeidet er gleichzeitig negative Folgen einer allzu starren gesetzlichen Ordnung. Er rettet damit sozusagen gleichzeitig „Mutter und Kind“ seiner Macht.

III.3 Plädoyer für einen Freiraum bei der Anwendung der Gesetze

Es ist Kleist gelungen, mit einem Kriegsdrama Überlegungen über Rechtsstaatlichkeit anzustellen, welche seine Figuren argumentativ und lebhaft vermitteln.

In den früheren Kapiteln bestand die Verantwortlichkeit im Wesentlichen darin, Machtmissbrauch und Verstöße von Mitarbeitern oder hochrangigen Bürgern gegen das Gesetz streng zu bestrafen, um u.a. die Wiederholung solcher Fälle zu vermeiden. Dahingegen handelt es sich in *Prinz Friedrich von Homburg* darum, einen Verstoß, der durch einen gemeinsamen guten Zweck, welcher glückt, motiviert ist, nicht zu bestrafen, damit nicht durch die bloße Strenge spätere positive Eigeninitiativen verhindert werden, die für das Glück der Gesellschaft oder des Staates nützlich wären. Mit diesem differenzierten Umgang mit dem Gesetz wird ein Plädoyer für einen Freiraum in der Rechtspraxis formuliert, der für den Fall von positiv motivierten Schuldigen gelten könnte und bei dessen Ausführung man die oben erörterten Argumentationen zur Erreichbarkeit der Intention und der Selbstverantwortlichkeit berücksichtigen sollte.

Bemerkenswert ist übrigens, dass Kleist, im Gegensatz zur Novelle *Der Zweikampf*, in der er den Kaiser die Statuten auf Grund des nie geschehenen Falls verbessern lässt, im Fall von *Prinz Friedrich von Homburg* dem aufmerksamen Leser die Aufgabe überlässt, diese Änderung selbst festzustellen. Kleist verfährt so wie die Schauspieler auf der Bühne, die nicht immer alles in Worte fassen, sondern auch ihre Gesten sprechen lassen. So kann man den beinahe plötzlichen Meinungswechsel des Kurfürsten verstehen. Es helfen nur die Regieanweisung, die mitteilt, dass der Kurfürst das Todesurteil zerreiße, und die darauf folgende Bitte des Kurfürsten an die Offiziere, ihm in den Garten zu folgen. (Vgl. SW2, PFH, V, 9, V. 1829). Indem der Dichter vermissen lässt, dass der Kurfürst, wie der Kaiser in *Der Zweikampf*, nach der Krönung des Prinzen sein Gesetz für das Begnadigen oder Nichtbegnadigen von Schuldigen schriftlich verbessert, bringt er die Szene jedoch in Einklang mit der Realität, nach der es offenkundig kein schriftliches Gesetz für die Gnade gibt. Die Gnade ist also eine vom Gesetz anerkannte persönliche Entscheidung des Staatsoberhauptes. Wie Remigius Bunia sie nennt, handelt es sich um eine „satzungsmäßige Willkür".[228] Nichtsdestoweniger hat Barbara BELHALFAOUI Recht, wenn sie bemerkt, dass der endgültige Beschluss des Kurfürsten „als bloße fürstliche Laune und nicht wie hier [in *Der Zweikampf*, K.M.S.] als eine für allemal gültige Bestimmung verstanden werden" könnte.[229] Damit werden meines Erachtens das Problem der schriftlichen oder nicht schriftlichen Bestimmung der Gnade und das der Möglichkeit, dass spätere Staatsführer von den Erfahrungen der früheren lernen, aufgeworfen.

Der dargestellte Freiraum macht es anschließend unmöglich, dass der Prinz am Ende des Stückes wegen des Sieges gekrönt und wegen seines Ungehorsams erschossen wird. Konsequent ist also, dass Kleist keinen doppeldeutigen Ausgang mehr anbietet, wie in *Michael Kohlhaas*. Aus der am Ende des Dramas dargebotenen Lösung lässt sich schließen, dass die Rechtsordnung als optimales Mittel der Befehlsgewalt dienen soll. Positive Sonderfälle sollen deshalb berücksichtigt werden, zumal sie dem Rechtsstaat nicht schaden. *Prinz Friedrich von Homburg* kann daher als ein Fortschritt im Schaffen des Dichters gelten, wie viele Forscher bereits festgestellt haben, allen voran Ludwig Tieck, der erste Herausgeber des Werkes, der das Stück als Kleists „reifstes Werk" bezeichnete.[230] Dass das Drama das letzte Werk von Kleist ist, überrascht nicht; es unterstreicht vielmehr die Entwicklung des Autors im Laufe der Zeit.

---

[228] Bunia, Remigius: *Vorsätzliche Schuldlosigkeit – Begnadete Entscheidungen. Rechtsdogmatik und juristische Willenszurechnung in ,Der Prinz von Homburg' und ,Die Marquise von O...'* A.a.O., S. 55.

[229] BELHALFAOUI, Barbara: *„Der Zweikampf" von Heinrich von Kleist oder die Dialektik von Absolutheit und ihrer Trübung*. A.a.O., S. 41.

[230] Aus Ludwig Tiecks Vorrede zu: Kleist, Heinrich von: *Hinterlassene Schriften*. Hrsg. von Ludwig Tieck, Berlin 1821, S. LXVIII. Für Jochen Schmidt z.B. ist das Drama Kleists Meis-

Insgesamt hat der zweite Teil der vorliegenden Studie gezeigt, dass alle Staatsoberhäupter sowohl in den Erzählungen *Michael Kohlhaas* und *Der Zweikampf* als auch im Schauspiel *Prinz Friedrich von Homburg* durch ihre verantwortungsbewusste Haltung als Garanten der Gerechtigkeit und Rechtsstaatlichkeit in ihren jeweiligen Gesellschaften bzw. Staaten wirken, abgesehen vom sächsischen Kurfürsten. Der Erfolg dieser Verantwortlichkeit ist aber keine selbstverständliche Sache; er ist das Resultat der Überwindung von Hürden, deren Entschlüsselung zur Entdeckung mehrerer Aspekte von Kleists Dichtung geführt haben. Die Schwierigkeiten bringen darüber hinaus zutage, wie wichtig die Verantwortlichkeit der Staatsoberhäupter beziehungsweise ihrer Vertreter für die Rechtsstaatlichkeit in den inszenierten Gesellschaften und über sie hinaus in jedem Staat, der als Rechtsstaat gelten will, ist.

In den bis jetzt interpretierten Werken sind die Staatsoberhäupter dennoch nicht die einzigen und direkten Akteure der Gewährleistung der Rechtssicherheit. In den drei untersuchten Werken existieren Gerichte, die für den richtigen Rechtshandel zuständig sind. Im folgenden Teil der Arbeit wird das Augenmerk auf den Umgang der Verantwortungsträger dieser Instanzen mit dem Gesetz gerichtet. Da Kleist den Gerichtsgang in *Prinz Friedrich von Homburg* nur spärlich darstellt, wird das Drama hier nicht berücksichtigt. Dahingegen wird die bisher nicht untersuchte Komödie *Der zerbrochne Krug* an erste Stelle platziert.

---

terwerk. (Vgl. Schmidt, Jochen: *Stoisches Ethos in Brandenburg-Preußen und Kleists ‚Prinz Friedrich von Homburg'*. A.a.O., S. 92.)

Teil III: Das Justizpersonal und das Gesetz

Kapitel 5: Das Justizpersonal und das Gesetz in *Der zerbrochne Krug*

I Der Richter und das Gesetz

I.1 Der schuldige Richter

Schon in dem ersten Auftritt des aus dreizehn Szenen bestehenden Stückes erfährt der Leser durch die selbstverräterischen Worte des Richters, dass der höchste Repräsentant der Justiz und des Staates im Dorf Huisum an etwas schuld und sich dessen bewusst ist. Aber der Richter versucht, seine Schuld zu verallgemeinern: „jeder trägt / Den leid'gen Stein zum Anstoß in sich selbst." (SW1, DZK, A1, V. 5f.)[231] Der Selbstschutz vor seinem Mitarbeiter Licht und dem Leser bzw. Zuschauer verzögert die Einsicht in die richtige Form des „Falls", sodass die Art der Schuld erst schrittweise enthüllt wird. Dass es dabei gewiss um einen „unbildlichen" Fall Adams geht, zeigt die allmählich entlarvte Diagnose seines Äußeren: Er hat sich den Fuß verstaucht. Er hat auch Wunden am Gesicht. Zugleich hält Adam die Verstauchung seines Fußes für eine Strafe Gottes und weist darauf hin, dass sein äußerer physischer Zustand einen tieferen, seelischen Grund hat. Eine somatische Bedeutung haben auch seine Verletzungen am Gesicht, denn er wird trotz ihrer Schwere derer Existenz erst bewusst, nachdem Licht ihn darauf aufmerksam gemacht hat. Erst gegen Ende des ersten Auftrittes verrät der Richter, dass es viel mehr um einen Sturz geht, der demjenigen des biblischen Namenspatronen ähnelt: „Ein Schwank ist's etwa, der zur Nacht geboren, / Des Tags vorwitz'gen Lichtstrahl scheut." (SW1, DZK, A1, V. 154f.) Der Richter Adam hat also wie der biblische erste männliche Mensch eine schwerwiegende Untat begangen und schämt sich nun wie der bibelhistorische Adam vor seinem bedeutungsvoll „Licht" getauften Gerichtsschreiber, auch wenn in dieser Säkularisierung des Adamsfalls der Richter Adam die Initiative ergreift, im Gegensatz zur biblischen Geschichte, nach der eher Eva Adam verführt.[232] Es handelt sich um ein Verbrechen, dass nicht mit dem von dem Richter erwarteten „gravitätischen", würdevollen Verhalten kompatibel ist:

> Mein Seel! Es ist kein Grund, warum ein Richter,
> Wenn er nicht auf dem Richtstuhl sitzt,
> Soll gravitätisch, wie ein Eisbär, sein. (SW1, DZK, A1, V. 156ff.)

---

[231] Ich zitiere hier aus: Kleist, Heinrich von: *Sämtliche Werke und Briefe*: in vier Bänden. Hrsg. von Ilse-Marie Barth et al.. Bd. I. Frankfurt/Main: Deutscher Klassiker Verlag 1991 (= Bibliothek deutscher Klassiker 71). Im Folgenden zitiert als (SW1, DZK). „SW1, DZK, A1, V. 5f." = SW1, DZK, Auftritt 1, Vers 5f.

[232] Vgl. Grathoff, Dirk: *Der Fall des Krugs. Zum geschichtlichen Gehalt von Kleists Lustspiel*. In: Kleist-Jahrbuch 1981/82. Berlin 1983, S. 290-313, hier S. 292.

Später verrät Adam selbst in einem Monolog, dass es sich um einen sexuellen Verführungsversuch handelt - „Verflucht mein Unterleib." spricht er für sich (SW1, DZK, A11, V. 1774) -, bevor man durch Eve erfährt, dass der Richter bei Nacht versucht hat, mit ihr zu schlafen und auf seiner Flucht den Sturz des Kruges verursacht hat. Die nahe Folge dieser Untat wurde aber schon vom Richter selbst angekündigt: „Es klirrte etwas, da ich Abschied nahm", erinnerte sich Adam, als er zur Kenntnis nahm, dass der Prozess den zerbrochenen Krug betreffen soll (SW1, DZK, A7, V. 546).[233] Zwei Verse weiter heißt es, dass er seine Perücke behutsam auf den Krug gehängt habe. Insoweit ist der Bruch des Kruges die Konsequenz der versuchten Nötigung.

Wenn das Zerbrechen des Kruges einen privaten Charakter aufzuweisen scheint, macht Adams Annäherungsstrategie sein Vergehen administrativ schlimmer. Adam nutzt Eves Analphabetentum aus und betrügt sie durch die Verfälschung einer Instruktion der Regierung, welche Eves Verlobten Ruprecht mit der Verschickung ins gefährliche Ostindien droht, obwohl die Rekrutierung von Ruprecht nur für landinterne Aufgaben bestimmt ist. Diesen Missbrauch seiner Position entlarvt Eve im zwölften Auftritt:

> Denn diese Konskription – der Richter Adam
> Hat mir's als ein Geheimnis anvertraut,
> Geht nah Ostindien; und von dort, ihr wißt,
> Kehrt von drei Männern einer nur zurück! (SW1, DZK, A12, V. 1916-1919)

Des Weiteren verspricht Adam die Befreiung von Ruprecht durch ein erfundenes ärztliches Attest, wobei er sich der Verleumdung des vermeintlichen Arztes schuldig macht:

> Denn mit der schrecklichen Besorgnis eben,
> Quält er mein Herz, und kam, zur Zeit der Nacht,
> Mir ein Attest für Ruprecht aufzudringen;
> Bewies, wie ein erlognes Krankheitszeugnis,
> Von allem Kriegsdienst ihn befreien könnte;
> Erklärte und versicherte und schlich,
> Um es mir auszufert'gen, in mein Zimmer:
> So Schändliches, ihr Herren, von mir fordernd,
> Daß es kein Mädchenmund wagt auszusprechen! (SW1, DZK, A12, V. 1939-1947)

---

[233] Vgl. auch Ruprechts Aussage im gleichen Auftritt, V. 969-971.

Wenn man von dieser Exposition ausgeht, erwartet man, dass sich der Rest des Geschehens im Drama unmittelbar um die Schuld des Richters dreht, wie es Adam selbst bei der Ansicht der Klägerin befürchtet: „Die werden mich doch nicht bei mir verklagen?" (SW1, DZK, A7, V. 500.) Aber Kleist hat seinen Text anders konstruiert. Obgleich der Dichter den „zerbrochnen Krug" zum Hauptmotiv der Handlung macht, wird der Richter nicht direkt angeklagt. Dennoch konstituiert sich Adam taktisch als Partei und versucht, die Prozedur so zu lenken, dass seine Schuld nicht öffentlich wird. Die Umstände des Prozesses geben ihm auch diese Möglichkeit, zumal sich Frau Marthe Rull bei ihrer Klage über das Zerbrechen ihres wertvollen Kruges den Verlobten ihrer Tochter Eve als Schuldigen vorstellt. Erst im elften Auftritt, also dem dritten vor dem Ende des Stückes, zwingt der schuldbewusste Richter durch sein willkürliches Todesurteil für den unschuldigen Ruprecht unwillentlich Eve, die allein die Wahrheit sagen kann, seine Schuld am Bruch des Kruges aufzudecken (SW1, DZK, A11, V. 1889ff.).

I.2 Der Umgang des Richters mit dem Gesetz oder die Metamorphose des Richters

Dass der Richter nicht am Anfang des Prozesses verklagt wird, zeigt, dass es Kleist sowie Frau Marthe Rull nicht einfach um den zerbrochenen Krug geht. Dies verdeutlicht nicht nur Frau Marthe Rull durch die Erzählung der Geschichte auf dem Krug und durch die Betonung der Ehre ihrer Tochter und ihrer Familie, sondern auch verschiedene Interpretationen des Werkes demonstrieren es.[234] Als direkter Angeklagter hätte Adam den Prozess nicht führen sollen, und der Prozess hätte nicht im Dorf Huisum stattfinden sollen, sondern bei der höheren Instanz in Utrecht, auf die der Gerichtsrat Walter verweist (SW1, DZK, A11, V. 1885), oder mit der Adam droht (SW1, DZK, A11, V. 1857f.).[235] Aber das ist

[234] Hierfür gilt Hans-Peter Schneiders kurze Darstellung des Forschungszustands zum Stück als Beispiel. (Siehe: Schneider, Hans-Peter: *Justizkritik im ‚Zerbrochnen Krug'.* In: Kleist-Jahrbuch 1988/89. Berlin 1988, S. 309-326, hier S. 309f.)

[235] Dass es in der Realität kein Obergericht in Utrecht gibt, bestätigt m.E., dass Kleist zwecks der Tarnung in *Der zerbrochne Krug* entfernte oder fiktive Orte benutzt, die er mit anderen zweckmäßigen Realitäten versieht. Dies soll nicht dazu führen, die Wahrhaftigkeit des Verweises auf die höhere Instanz in Frage zu stellen, wie exemplarisch Wittkowski es tut. (Vgl. Wittkowski, Wolfgang: *'Der zerbrochene Krug': Gaukelspiel der Autorität, oder Kleists Kunst, Autoritätskritik durch Komödie zu verschleiern.* In: Sprachkunst. Beiträge zur Literaturwissenschaft. Jg. XII. Wien 1981, S. 110-130, hier S. 125). Es geht hier offensichtlich um eine andere Form der Verschleierung, der sich die bürgerliche Öffentlichkeit zu Kleists Zeit bediente, indem sie über vermeintliche Realitäten in Nachbarländern berichtete, um interne

nicht die Perspektive des Dramas. Wenn man bei Kleists Darstellungsweise bleibt und das Augenmerk auf den Kampf um Rechtsstaatlichkeit lenkt, so wird der Umgang des schuldbewussten Richters mit dem Gesetz sehr interessant.

Kleist hat den Richter ganz im Sinne der Reformen seiner Zeit in Preußen gestaltet. Wie es der Jurist Hans-Peter Schneider anmerkt, handelt es sich „bei dem Huisumer Dorfgericht nicht um eine Form von Patrimonialgerichtsbarkeit".[236] Es geht hier eher um eine zentralstaatliche Justizinstanz,

> wofür sowohl dessen Organisation (Kassenwesen, Schreiber etc.) als auch die wissenschaftliche Ausbildung Adams und die Tatsache sprechen, daß Adam wie Walter den Richtereid geleistet haben, der durch die >Allgemeine Gerichtsordnung< (AGO) von 1793 vorgeschrieben war.[237]

Aus dem Mund von Richter Adam wird der Leser über diese Entwicklung des Justizpersonals informiert:

> Der Mann [Walter] hat seinen Amtseid ja geschworen,
> Und praktisirt, wie wir, nach den
> Bestehenden Edikten und Gebräuchen. (SW1, DZK, A1, V. 98ff.)

Darüber hinaus zeichnen sich die Unabhängigkeit der Justiz von der Kirche und den höheren Ständen im Dorf und der reformerische Charakter des Richters dadurch aus, dass Adam an der Abschaffung der „Sackzende", also der Dienstabgabe der Bauern an den Prediger und den Schulmeister[238], mitgewirkt und sich daher die Feindschaft beider Persönlichkeiten zugezogen hat. (SW1, DZK, A5, V. 385-387) Vor dem im Stück laufenden Prozess hat der Dorfrichter insofern seinen Kampfgeist für Rechtssicherheit bewiesen. Überdies ist der Richter materiell unabhängig, wie die Reform von 1770/71 ermöglichte, doch hier in übertriebener Weise.

Aus Angst, sich selbst verurteilen zu müssen, wie er das schon in einem Traum vorausgesehen hat, verfährt der Reformrichter nicht „vorschriftsmäßig", sondern er verwandelt sich drastisch. Obschon und gerade weil Adam die Gesetze gut

---

Probleme anzusprechen. Ich halte mich deshalb hier an Kleists literarische Wahrheit, nach der allein auch die fiktiven Dörfer Holla und Huisum bestehen.

[236] Schneider, Hans-Peter: *Justizkritik im ‚Zerbrochnen Krug'.* A.a.O., S. 322.

[237] Ebd., S. 322f. Es ist aber einzuräumen, dass Adam nicht studiert hat, wie er selbst behauptet (A1, V. 112).

[238] Vgl. Sembdner, Helmut: *Heinrich von Kleist. Der zerbrochne Krug. Erläuterungen und Dokumente.* Stuttgart 1998 (= Nr. 8123), S. 13.

kennt, nutzt er ihre Mängel aus, und vermischt absichtlich lokale „nicht aufgeschriebene Gesetze“ mit den bereits in Kraft getretenen kodifizierten Gesetzen auf Reichsebene (SW1, DZK, A7, V. 611-637). Er spricht dabei mehrmals Eve, die auch zu den Parteien gehört, heimlich an. Der Dorfrichter urteilt eigentlich parteiisch in eigener Sache, ohne dass die Anklägerin und der irrtümlich Angeklagte das wissen. Nur so erklärt sich die versuchte Beschuldigung der sozialschwächeren und jüngeren Männer Ruprecht und Lebrecht. Bereits vor seiner Eröffnung des Prozesses hat sich der Richter seine zerstörerische Strategie festgelegt: „Zwei Fälle gibt's, / Mein Seel, nicht mehr, und wenn's nicht biegt, so bricht's.“ (SW1, DZK, A7, V. 553f.) „[I]n der Gerichtsverhandlung soll er etwas *aufdecken*, das er, eben weil er selbst der Übeltäter ist, *zuzudecken* sucht“.[239] In dieser Position handelt er nicht mehr zugunsten der Rechtssicherheit, er wird viel mehr zum „Teufel“, ja zur Gefahr, vor der man die Bevölkerung und die Justiz selbst schützen muss. Diesen Schutz, der noch weiter zu behandeln ist, versucht er zudem durch Korruption zu verhindern. „[A]ls es in der Gerichtsverhandlung für ihn brenzlig zu werden droht, sucht er dem Inspektor mit Schnäpsen, Limburger Käse und pommerscher Räuchergans beizukommen.“[240] Richter Adam ist seiner ungebührlichen Vorgehensweise bewusst und drückt das in seiner Selbstironie deutlich aus: „Der Kerl [gemeint ist der vermeintliche Teufel, K.M.S.], paßt auf, hat den Gesetzen hier / Was angehängt.“ (SW1, DZK, A11, V. 1795f.)

Offensichtlich denunziert Kleist hier den doppelten Mantel der Reformrichter, welche in ländlichen Gebieten die Bevölkerung zwar vor fremden Ausbeutern schützen, die vermeintlich geschützten Opfer aber zugleich selbst ausnutzen, ohne bereit zu sein, die Konsequenz ihres Vergehens zu verantworten. Über die rechtliche Frage hinaus geht es im Stück also auch um die Verantwortlichkeit des Richters.

I.3 Die Frage der Verantwortlichkeit von Richter Adam

Adams Formulierung seines Selbstschuldgefühls am Anfang des Stückes leitet die Verantwortungsproblematik ein. Statt sein Vergehen bzw. seine Sünde zu gestehen und zu den Folgen zu stehen, tröstet er sich mit einer Verallgemeinerung seines Falles. Wenn jeder Mensch den „leid'gen Stein zum Anstoß in sich selbst“ trägt, wie er sagt (SW1, DZK, A1, V. 5f.), dann ist sein Vergehen ein-

[239] Schmidt, Jochen: *Heinrich von Kleist. Die Dramen und Erzählungen in ihrer Epoche.* A.a.O., S. 67.
[240] Ebd., S. 69.

fach menschlich und nicht besonders zu verurteilen. Weil er die Konsequenzen befürchtet, erfindet er Märchen, um seinen Zustand zu begründen. An keiner Stelle bereut der Richter seine selbst geplante Untat, sondern er schiebt, freilich erfolglos, die Schuld Ruprecht und Leberecht in die Schuhe, wohl ignorierend, dass der eine, wie der Knecht Ruprecht, zur Belohnung der Braven und zur Bestrafung der Bösen geschaffen ist,[241] und der andere nur nach dem Recht lebt, wie ihre Taufnahmen durchblicken lassen. Seine für sich formulierte Befürchtung, dass man ihn bei ihm selbst verklage, macht deutlich, dass er nicht will, dass man ihn, der gerne über die anderen urteilt, vor Gericht zieht, wie er das selbst von dem Gerichtsrat denkt, den er eigentlich nicht kannte[242]:

> Zur Revision, der wackre Mann, der selbst
> Sein Schäfchen schiert, dergleichen Fratzen haßt.
> Nach Huisum kommen, und uns kujonieren! (SW1, DZK, A1, V. 78ff.)

Gleiches gilt es, wenn Adam bei seinem Befehl an seine Magd, Käse zu holen, erklärt: „Schlecht alles zwar, doch recht." (SW1, DZK, A10, V. 1451)

Obgleich der frühere Revisor ihn wach halten soll, wie dessen Name „Wachholder", wahrscheinlich aus dem deutschen „wach" und dem englischen „holder" zusammengesetzt, andeutet, bringt Adam keine Ordnung in seine Kassen und die Registratur, und muss seinen Untergebenen um sein Schweigen bitten (SW1, DZK, A1, V. 128-140). Wenn man die Kohabitation von Wohnung und Gerichtsstube mit dem Entwicklungsstand des fiktiven Dorfes[243] erklären kann,

---

241 Vgl. hierzu: Duden – *Deutsches Universalwörterbuch*. A.a.O., S. 1337.

242 Dass er den Gerichtsrat Walter nicht kannte, zeigt die Änderung seiner Haltung, als er von Walters strengen Maßnahmen in früheren Dörfern erfährt. Nachdem er zuerst gedacht hat, dass der Gerichtsrat den gleichen Umgang mit den Gesetzen hat wie er, bekommt er Angst nach der Information über die Suspendierung von Richter und Schreiber in Holla. Sein Befürchtung verratendes Erstaunen drückt sich durch kurze Fragen in den vier nächsten ihm gewidmeten Versen (SW1, DZK, A1, V. 106-115) aus. Sein anfangs hochnäsiges Verhalten schlägt sich dann in einen Versuch um, die Verschwiegenheit des Gerichtsschreibers zu gewinnen (SW1, DZK, A1, V. 128-151). Insofern interpretiert Schneider das Stück nur partiell, wenn er Adams erste Worte über den Gerichtsrat so ernst nimmt, dass er sie für Beweise einer charakterlichen Zusammengehörigkeit hält. (Vgl. Schneider, Hans-Peter: *Justizkritik im ‚Zerbrochnen Krug'*. A.a.O., S. 315.) Auf diesen Aspekt wird an späterer Stelle tiefer eingegangen.

243 Die Tatsache, dass die Verhandlung in einer an Adams Wohnung anliegenden Stube stattfindet, erinnert an die einstigen Bedingungen der Dorfgerichte in vielen Landherrschaften im Heiligen Römischen Reich, welche häufig im Freien unter der Linde und bei schlechtem Wetter in einem Wirtshaus, einem Gemeindehaus, oder öfters in einem Privatraum tagte. (Vgl. Schild, Wolfgang: *Alte Gerichtsbarkeit. Vom Gottesurteil bis zum Beginn der modernen*

drückt die Tatsache, dass „Kuhkäse, Schinken, Butter, Würste, Flaschen" in der Registratur liegen und „Braunschweiger Wurst“ gar „in Pupillenakten“ verwickelt sind, die krasse Inkonsequenz Adams aus, denn er, der Gebildete, sollte seine ungebildeten Mägde darauf aufmerksam machen, und spätestens nach dem Besuch des ersten Kontrolleurs und nicht erst nach der Ankündigung der Ankunft des Übergeordneten (SW1, DZK, A2, V. 193-195, V. 214-216). Auch erst als er vom Kontrollbesuch des Gerichtsrates hört, denkt er an die Durchsichtigkeit der Akten, deren Lage er selbstironisch mit Babylon vergleicht: „Die Aktenstöße setz’ ich auf, denn die, / Die liegen wie der Turm zu Babylon.“ (SW1, DZK, A1, V. 161f.)[244]

Obwohl der Richter damit zeigt, dass er wohl weiß, was er tun soll, macht er ferner den Teufel für das Durcheinander in seiner Registratur verantwortlich, damit die gläubige Menge ihn nicht für schuldig hält. So behauptet er:

> Der Kerl, paßt auf, hat den Gesetzen hier
> Was angehängt. Ich will nicht ehrlich sein,
> Wenn es nicht stinkt in der Registratur.
> Wenn meine Rechnungen, wie ich nicht zweifle,
> Verwirrt befunden werden sollten,
> *Auf meine Ehr', ich stehe für nichts ein.* (SW1, DZK, A11, V. 1795-1800, Hervorhebungen von mir, K.M.S.)

Diese selbstverräterischen Worte zeugen zugleich von Adams komischem Charakter, der eben veranschaulicht, wie fahrlässig er mit seinen Pflichten umgeht,

---

Rechtssprechung. München 1980, S. 130ff.) Insofern ist es auch erwähnenswert, dass die Wörter „Lindengange“ und „Baum“, die Frau Brigitte in ihrer Aussage verwendet (SW1, DZK, A11, V. 1766, 1772, 1779), einen historischen Zusammenhang aufweisen. Ethel Matala de Mazza erwähnt die Historizität der Gerichtslinde, aber sie geht nicht auf eine Bedeutung für den Text ein. (Vgl. de Mazza, Ethel Matala: *Recht für bare Münze. Institution und Gesetzeskraft in Kleists ‚Zerbrochnem Krug'*. In: Kleist-Jahrbuch 2001. Stuttgart, Weimar 2001, S. 160-177, hier S. 165.)

244 Ribbat erinnert in seiner Interpretation des Stückes an die Bedeutung von „Babylon“ in der Bibel, wie folgt: „Zerstört also liegen die Akten, umgefallen ist das Rechtssystem, Chaos findet sich in der Registratur, kein Name mehr ist zu finden, und kein Zusammenhang der Tradition ist mehr gegeben. Damit aber auch, und davon erzählt ja der Bibeltext (Genesis 11, 1-3), verstehen die Menschen einander nicht mehr; vielerlei Sprachen ertönen und keine gemeinsame Arbeit am Fortschritt der Menschheit ist mehr zu planen – ein Eingriff des eifersüchtigen Gottes führte zum Umsturz, zum abrupten Ende der früheren Menschheitsgeschichte und zum bis heute währenden Unglück der Verwirrung und Zerstreuung.“ (Ribbat, Ernst: *Babylon in Huisum oder der Schein des Scheins. Sprach- und Rechtsprobleme in Heinrich von Kleists Lustspiel ‚Der zerbrochne Krug'*. In: Heinrich von Kleist. Studien zu Werk und Wirkung. Hrsg. von Dirk Grathoff. Opladen 1988, S. 133-148, hier S. 146.)

welche sich etwa wie bei den preußischen Richtern nicht auf die Gewährleistung der Rechtssicherheit beschränken, sondern sich auch auf Verwaltungsaufgaben erweitern. „Kleist führt“ also, um die Worte Wichmanns zu übernehmen, „den gefallenen Adam in einem Interieur vor, welches den kritischen Aspekt des Stückes, eine selbstherrliche Obrigkeit, in komischer Verdichtung“ darstellt.[245]

Die Flucht vor der eigenen Verantwortung kommt auch zum Vorschein, wenn der Dorfrichter, seine Schuld einsehend, sich heimlich ins Bett flüchten will, obwohl der Gerichtsrat anwesend ist und er bereits in seinem richterlichen Gewand erschienen ist. Ihm bedeutet also seine öffentliche Verantwortung nicht soviel, obgleich er als höchster Repräsentant des Staates im Dorf fungiert. Folgerichtig hält der Gerichtsschreiber Licht diesen Fluchtversuch für eine Verrücktheit: „Zu Bett -? Ihr wollt -? Ich glaub’, ihr seid verrückt.“ (SW1, DZK, A7, V. 516) Auch die wiederholten Versuche des Gerichtsrates, ihm sein Geständnis „um die Ehre des Gerichtes“ heimlich zu entlocken, bringen den Richter nicht dazu, seiner Verantwortung dem Staat gegenüber nachzukommen. Er droht schließlich sogar, „vor’s Oberlandgericht in Utrecht“ wegen „Verleumdung“ zu gehen (SW1, DZK, A11, V. 1850-1861). Dass die Ehre der Justiz dem Richter nicht viel bedeutet, wird aber schon an dem Missbrauch der Perücke, welche sein Amt als Richter symbolisiert, angezeigt. Der Richter geht mit der Perücke in Eves Zimmer, und sie bleibt auf seiner Flucht im Weinspalier hängen. Insofern veranlasst sein zugleich physischer und moralischer Verfall auch den Fall der Perücke, also der Instanz, die er vertritt. Adam selbst formuliert die Bedeutung der Perücke explizit im vierten Auftritt:

> So sehr
> Ich ohne der Perücke Beistand um
> Mein Richteransehn auch verlegen bin. (SW1, DZK, A5, V. 377ff.)

Seine fernere selbstironische Frage im elften Auftritt lässt den Fall seines Richteramtes als logische Strafe gelten: „Glaubt ihr, ich hätte, *ich, der Richter*, gestern, / Im Weinstock die Perücke *eingebüßt?*“ (SW1, DZK, A11, V. 1844f., Hervorhebungen von mir, K.M.S.)

Man erlebt also einen sowohl privat als auch öffentlich unverantwortlichen Richter, der im Prinzip für den Erfolg der Reformen und somit für die Legitimation der staatlichen Instanzen sorgen sollte. „Er ist vollkommenes Abbild einer bürokratisch bis in den Grund verdorbenen Welt, die ihre Verblendung für die

[245] Wichmann, Thomas: *Heinrich von Kleist.* A.a.O., S. 143.

Stufe höchster Erleuchtung hält."[246] Kleist lässt ihn deshalb, seinen Strafgesetzen getreu, auf beiden Ebenen seine Verfehlungen büßen. Privat erleidet Adam eine physische Metamorphose und wird mehrmals von Eve als „Unverschämter" beschimpft (SW1, DZK, A7, V. 528; A9, V. 1208 usf.). In der Öffentlichkeit verliert der Richter seine Würde, er wird gedemütigt und wird beinahe gelyncht. Außerdem droht ihm ein Verfahren auf dem Obergericht in Utrecht. Die Perücke, die seine richterliche Würde symbolisierte, wird nun zur Justiz, die ihn öffentlich verfolgt, obwohl er flieht. So rufen mehrere Leute: „Jetzt kommt er auf die Straße. Seht! seht! [sic] / Wie die Perücke ihm den Rücken peitscht!" (SW1, DZK, A12, V. 1958f.) Darüber hinaus scheint die Unverantwortlichkeit des Richters für Kleist eine besonders große historische Folge zu haben. Durch die Zertrümmerung des Kruges bewirkt der Richter mit seinen rückständigen Verhaltensweisen das Ende eines nun mehr denn je unwiederbringlichen alten Systems, wie die von der Anklägerin Frau Marthe Rull erzählte Geschichte über den Krug und die Zeichen darauf zu verstehen gibt.[247] Indem Kleist Frau Marthe Rull den nun zur Gefahr geworden Reformrichter an die Geschichte des Kruges erinnert, trotz des Einwands Adams, macht er darauf aufmerksam, dass die falsche Umsetzung der Reformen bzw. derer Blockade durch antireformerische Staatsbeamten für die Rechtsunsicherheit und die Unzufriedenheit der Bürger sorgt, welche die schon unter Friedrich II. begonnenen Reformen eigentlich abbauen sollten, damit man in Preußen nicht auf die Idee eines Regierungssturzes wie in Frankreich kommt.

Wenn man die Metamorphose des Richters und seine Unverantwortlichkeit zusammen berücksichtigt, ist einerseits Hans-Peter Schneider beizupflichten, wenn er meint, dass *Der zerbrochne Krug* „in erster Linie den Verfall des Gerichtswesens und der Moral seiner Repräsentanten zu beschreiben und zu beanstanden sucht".[248] Es ist dennoch zu bedauern, dass er zugunsten der Kritik an Walter Adams Verfehlen bagatellisiert, indem er paradoxerweise anführt, dass „Adam nur einer menschlichen Schwäche nachgibt und seinen Fehltritt recht ungeschickt zu verbergen sucht", nachdem er Adams Schuld auf vier wesentliche Punkte resümiert hat.[249] Außerdem kann man, angesichts der Bezüge auf die Re-

---

[246] Hohoff, Curt: *Heinrich von Kleist. Mit Selbstzeugnissen und Bilddokumenten*. A.a.O., S. 56f.

[247] Vgl. beispielsweise: Grathoff, Dirk: *Der Fall des Krugs. Zum geschichtlichen Gehalt von Kleists Lustspiel*. A.a.O., S. 295-299. Vgl. auch: Schmidt, Jochen: *Heinrich von Kleist. Die Dramen und Erzählungen in ihrer Epoche*. A.a.O., S. 73.

[248] Schneider, Hans-Peter: *Justizkritik im ‚Zerbrochnen Krug'*. A.a.O., S. 310f.

[249] In seiner juristischen Kritik schreibt Schneider: „Betrachtet man zunächst das Verhalten Adams, wie es sich teils aus der Handlung des Lustspiels selbst, teils aus den Berichten Eves über seine Vorgeschichte im ‚Variant' ergibt, so müssen im wesentlichen vier Tatkomplexe

formen in Preußen beziehungsweise auf die Wendezeit von einem schriftlosen Splitterjustizwesen zu einem kodifizierten einheitlichen System, eine Geringschätzung des frischen Einflusses Kleists durch seinen Kontakt zu den reformerischen Milieus spätestens seit dem 7. Januar 1805, fast vier Monate vor seiner Ankündigung der Endfassung des Stückes am 23. April des gleichen Jahres, nicht befürworten, wie Schneider in seinem Aufsatz ferner tut:

> Auch die Berührung mit den preußischen Reformen nach 1806 liegt viel zu spät, als daß sie auf die Grundkonzeption des >Krugs<, dessen Erstfassung bereits im Frühjahr 1805 fertig vorlag, noch entscheidenden Einfluß hätte nehmen können. Sehr viel wahrscheinlicher dagegen ist, daß Kleists Gerichtsspektakel Mißstände angeprangert hat, wie sie im Justizwesen Preußens, aber auch anderer Staaten, bereits während des 17. und 18. Jahrhunderts aufgetreten waren. *Denn die damaligen Verhältnisse waren bisweilen so verheerend, daß sie noch Jahrzehnte später Anlaß zum Kopfschütteln geben konnten, zumal ihre Änderung auch noch besonders unkonventionelle Maßnahmen verlangt hatte, die jedem politisch interessierten Menschen zweifellos im Gedächtnis geblieben sein mußten.*[250]

Dagegen enthüllt Kleist am 7. Januar 1805 seinem Freund Ernst von Pfuel ein wenig die Aufgaben, mit denen er im Rahmen seiner Probe für die Kammer-Ausbildung und zur Zeit der Endfassung des *Zerbrochnen Krugs* beschäftigt war: „[I]ch habe [mi]r diesen Altstein lieb gewonnen, mir sind die [Abfassung eini]ger Rescripte übertragen worden“. (SW4, S. 336, Eckige Klammern im Original) Der Kontakt zu den Reformmilieus bestand also schon vor 1806. Darüber hinaus machen Schneiders eigene Worte deutlich, dass sich Kleist mit den geltenden Gesetzen auseinandergesetzt haben muss, wenn er bezüglich der gesetzwidrigen „Veruntreuung“ fachlich konstatiert: „Offenbar spielt Kleist damit auf die äußerst detaillierten Strafvorschriften über >Cassenverbrechen< in den §§ 418-436 II 20 ALR an.“[251] Wenn das Gesetz, trotz aller Beschränkungen seitens des Königs, 1794 verkündet wurde, dann war das in der Absicht geschehen, die aktuelle Lage zu verbessern. Kleists Anspielung hierauf ist in dem Sinne einer konstruktiven Kritik zu betrachten, und nicht als eine interessenlose Reminiszenz an die Vergangenheit.

---

als strafrechtlich bedeutsam angesehen werden: Als normaler Bürger hat er sich der Nötigung Eves und der Wehrpflichtentziehung Ruprechts schuldig gemacht; in seiner Eigenschaft als Richter sind ihm Kassenvergehen und die Verfolgung Unschuldiger (Leberecht, Ruprecht) vorzuwerfen.“ Der Jurist illustriert dies mit entsprechenden Gesetzen aus dem StGB und dem ALR. (Siehe: Schneider, Hans-Peter: *Justizkritik im ‚Zerbrochnen Krug'*. A.a.O., S. 319.)

[250] Ebd., S. 311. Hervorhebungen von mir, K.M.S.

[251] Ebd., S. 320.

Sehr wahrscheinlich empfand Kleist, dank seiner näheren Beschäftigung mit dem staatlichen Apparat in Berlin, die Aktualität seines Werkes, und beschleunigte seine Endfassung. Dies schließt eine Änderung bzw. eine Verbesserung der „Grundkonzeption“ nicht aus, insbesondere bei einem so autokritischen Dichter, der dazu fähig ist, trotz der Ermunterung eines Freundes wie Christoph Martin Wieland und der Erwartung anderer ihm lieben Menschen seine über zwei Jahre lang verfasste Tragödie „Robert Guiskard“ zu vernichten.[252] Interessant hierfür ist übrigens auch, dass sich Kleist am Anfang seiner theoretischen und praktischen Ausbildung in Königsberg zuerst mit den Landgebieten beschäftigte. Dies schrieb er nur drei Wochen nach seiner kurzen Ankündigung der Fertigstellung des Stückes: „Ich werde […] den Anfang mit den Steuersachen machen, und zwar mit den ländlichen, und dann zu den städtischen übergehen.“ (SW4, S. 340)

II Der Gerichtsrat und sein doppeldeutiger Kampf für Rechtsstaatlichkeit

Das bisher über Richter Adam Geschriebene kann als Denunziation von Schwachstellen des Kampfes um Rechtsstaatlichkeit betrachtet werden. Dabei ist Kleist aber nicht stehen geblieben. Gemäß seiner oft angewendeten „Dialektik der Aufklärung“ hat er eine Gegenfigur, den Gerichtsrat Walter, geschaffen, die historische Ähnlichkeiten mit den im preußischen Staat unter Friedrich II. und Cocceji entstandenen Revisoren aufweist, welche, wie oben erwähnt, für eine bessere Gerichtsbarkeit sorgen sollten.[253] Hier soll aber auf Grund der Un-

---

[252] Kleist begann 1801/1802 die Arbeit an der heute nur als 524 Verse langes Fragment bekannten Tragödie, aber am 26. Oktober 1803 schrieb er seiner Schwester Ulrike, er habe in Paris sein Werk, so weit es fertig gewesen sei, durchgelesen, verworfen, und verbrannt (SW4, S. 321). Vgl. zur Geschichte von *Robert Guiskard* u.a. Schulz, Gerhard: *Kleist: Eine Biographie.* München 2007, S. 380f.

[253] Schneider lässt wissen, dass die seit 1747 auf Auftrag Friedrichs II. durchgeführten Bereisungen der Untergerichte durch den früheren preußischen Kanzler Samuel von Cocceji und seinen Getreuen wegen ihrer Erfolge gesetzlich verankert wurden. Er schreibt hierzu: „Auf der Grundlage der Cabinetts-Ordre vom 14. April 1780 über die Verbesserung des Justizwesens wurde bereits ein Jahr später als erstes Buch des Corpus Juris Fridericianum die ‚Prozeß-Ordnung’ geschaffen, welche ihre endgültige Fassung schließlich in der ‚Allgemeinen Gerichtsordnung für die Preußischen Staaten’ von 1793 fand. Darin war u.a. eine ständige Visitation der Untergerichte durch Justizkommissare vorgeschrieben, um die genannten Mißstände nicht erneut einreißen zu lassen.“ Er stellt dann Kleists Anwendung der Fachterminologie der ALR fest und folgert, dass Kleist die neuen Gesetze nachgebildet haben solle. (Schneider, Hans-Peter: *Justizkritik im ‚Zerbrochnen Krug’.* A.a.O., S. 312f.) Aufgrund der Historisierung der Figuren übersieht Schneider aber Details der kleistschen Handlung und führt manches aus, was in dieser Arbeit stellenweise in Frage gestellt wird.

terschiede zwischen der kleistschen Gestalt und dem historischen Kontrolleur erwogen werden, welche Rolle Kleist seiner Figur zuteilt und wie diese damit umgeht.

II.1 Der Gerichtsrat als Garant für die Rechtssicherheit

II.1.1 „Wachholder" vs. „Walter" oder das doppelte Gesicht der Kontrolle

Schon in dem ersten Auftritt wird das Erscheinen des Gerichtsrates angekündigt. Dass es um einen „unerwarteten / Besuch aus Utrecht" geht, sagt bereits einiges über die Form der „Revisions-Bereisung auf den Ämtern" aus (SW1, DZK, A1, V. 70). Die Mission des Gerichtsrates ist vordergründig zur Kontrolle der „Ämter" bestimmt, wobei sich der Begriff „Ämter" nicht nur auf die Verwaltung bezieht, die der Dorfrichter und der Schreiber neben ihren gerichtlichen Aufgaben vertreten, sondern auch auf das „Justizamt", wie der Gerichtsschreiber Licht präzisiert (SW1, DZK, A1, V. 74).

Kurz nach der Ankündigung der Ankunft des Gerichtsrates bekommt der Leser zu wissen, dass es zwei Sorten von Kontrolleuren gibt. Der erste erteilt Anweisungen zur besseren Führung der Ämter. Seine Mission ist eine Vorbereitung auf spätere Revisionen. Er hält somit das Amt wach und heißt deshalb „Wachholder". Der zweite, der hier im Mittelpunkt steht, soll das richtige Funktionieren des Amtes überprüfen und Missstände bestrafen. Er heißt darum „Walter". Adams Zweifel an dem unerwarteten Kontrollbesuch transportiert zugleich die Information, dass der „Wachhalter" seine Ankunft früher angekündigt hatte, bevor er kam: „Er eintreten! - / Ohn' uns ein Wort vorher gesteckt zu haben." (SW1, DZK, A1, V. 92f.) Sein versöhnlicher Umgang mit dem Richter hat einen Eindruck hinterlassen, der Adam dazu führt, ihn mit dem ihm eigentlich unbekannten „Walter" zu verwechseln: „Zur Revision, der wackre Mann, der selbst / Sein Schäfchen schiert, der gleichen Fratzen haßt." (SW1, DZK, A1, V. 78f.)

Lichts Reaktion auf die Illusion des Richters bestätigt die Differenz zwischen beiden Kontrolleuren:

> Der Unverstand! Als ob's der vorige
> Revisor noch, der Rat Wachholder, wäre!
> Es ist Rat Walter jetzt, der revidiert. (SW1, DZK, A1, V. 94ff.)

Aber erst die Nacherzählung von den Strafmaßnahmen des Gerichtsrates in Holla, von denen der Gerichtsschreiber durch einen Bauern unterrichtet wurde, krönt den krassen Unterschied zwischen beiden Kontrollagenten der zentralstaatlichen Instanz. Zur Überzeugung des Dorfrichters, dass Walter kein gewöhnlicher korrupter Richter ist, behauptet Licht:

> Nun, ich versichr' euch, der Gerichtsrat Walter
> Erschien in Holla unvermutet gestern,
> Vis'tierte Kassen und Registraturen,
> Und suspendierte Richter dort und Schreiber,
> Warum? ich weiß nicht, ab officio. (SW1, DZK, A1, V. 101-105)

Da der entlassene Richter einen Selbstmord versucht hat, sorgt der Gerichtsrat dafür, dass er in Gewahrsam genommen wird:

> Doch jetzo wird versiegelt,
> In seinem Haus, vereidet und verschlossen,
> Es ist, als wär er eine Leiche schon,
> Und auch sein Richteramt ist schon beerbt. (SW1, DZK, A1, V.115-118)

Mit dem Dorfrichter sieht der Leser ein, dass der Gerichtsrat Walter nicht mit dem Gerichtsrat Wachholder zu verwechseln ist.[254] Seine Mission ist ernst zu nehmen, und das zeigt sich an Adams Verhältnis zum Gerichtsrat in dem Rest der Handlung, der im Wesentlichen von Furcht, Mordlust[255] und Korruptionsversuch durch Frühstück und Getränkangebot geprägt ist.

Es ist darüber hinaus anzumerken, dass Kleist bei Walter den Akzent auf die Kontrolle der Gerichtsbarkeit setzt. Das Geschehnis in Holla lässt erwarten, dass der Gerichtsrat auch in Huisum die Registratur und die Kassen kontrolliert. Aber er stellt nur fest, dass der Richter eine zusätzliche „Rhein-Inundations-Kollekten-Kasse" hat, die nicht mehr bestehen sollte (SW1, DZK, A4, V. 351-353). Kaum hat er die Illegalität der Kasse festgestellt, als er sich lieber für den „Gerichtsgang" interessiert, weil es ein Gerichtstag ist. Er verschiebt die begonnene Kontrolle auf das Ende des bevorstehenden Prozesses: „Wir nehmen die Registratur, die Kassen, / Nachher, wenn diese Sache abgetan." (SW1, DZK, A4, V. 361f.) Der Revisor kommt später nur noch dazu, sich die festgestellte Ungesetzmäßigkeit in sein Notizbuch aufzuschreiben (SW1, DZK, A5, V. 403). Auf Adams Versuch, ihn zur Kontrolle der Registratur und der Kassen zu locken, damit er am folgenden Tag den Prozess zu seinen Gunsten schließt, geht

[254] Schneider ist Adams ersten falschen Ausführungen gefolgt und verwechselt irrtümlich Walter mit Wachholder. (Schneider, Hans-Peter: *Justizkritik im ‚Zerbrochnen Krug'.* A.a.O., S. 315.)

[255] Adam wünscht, der Gerichtsrat hätte sich den Hals gebrochen (SW1, DZK, A2, V.208).

der Gerichtsrat auch nicht ein. Da der Prozess nicht ordentlich endet, kommt es in der Handlung nicht mehr zur verschobenen Kontrolle. Insofern kann man der Logik des Stückes nach Walter nicht vorwerfen, dass er nach Adams Flucht wegen dessen entlarvter Schuld den Stand der Kassen nicht klar beurteilen kann: „Doch sind die Kassen richtig, wie ich hoffe, / Zur Desertion ihn zwingen will ich nicht.“ (SW1, DZK, A12, V. 1965f.) Auch Adams bereits oben erwähnter Selbstverrat, dass der Teufel für die Mängel in der Registratur und den Kassen verantwortlich sei, lässt nur annehmen, dass er wahrscheinlich einer Veruntreuung schuldig ist. Wie es in Wahrheit aussieht, muss der Gerichtsrat noch administrativ feststellen, und das kündigt er in der zitierten Passage an. Insofern scheint Wittkowskis folgender Vorwurf auch irreführend: „Walter setzt dabei kurzerhand voraus, ‚die Kassen stimmen', obwohl Adam ihn mehrmals und kaum verblümt auf das Gegenteil vorbereitete.“[256]

Indem Kleist durch die Verschiebung der Kontrolle der Registratur und der Kassen diese Seite der Aufgabe des Revisors beendet, misst er der zweiten mehr Bedeutung bei, sodass man den Gerichtsrat viel mehr in seinem Umgang mit der Gerichtsbarkeit erlebt.

II.1.2 Walters Kampf für ein einheitliches Rechtssystem in Huisum

Gleich bei seiner Ankunft macht der Gerichtsrat Walter, der logischer Weise allein das Geheimnis seiner Mission kennt, den reformerischen Charakter seines Auftrags auf der staatlichen Dienstreise klar:

> Das Obertribunal in Utrecht will
> *Die Rechtspfleg'* auf dem platten Land *verbessern,*
> Die mangelhaft von mancher Seite scheint,
> Und *strenge Weisung* hat der Mißbrauch zu erwarten. (SW1, DZK, A4, V. 297-300, Hervorhebungen von mir, K.M.S.)

Aber der Gerichtsrat erleichtert dann seinen Ton:

> Doch mein Geschäft auf dieser Reis' ist noch
> Ein strenges nicht, sehn soll ich bloß, nicht strafen,
> Und find ich gleich nicht Alles, wie es soll,
> Ich freue mich, wenn es erträglich ist. (SW1, DZK, A4, V. 301-304)

[256] Wittkowski, Wolfgang: *'Der zerbrochene Krug': Gaukelspiel der Autorität, oder Kleists Kunst, Autoritätskritik durch Komödie zu verschleiern.* A.a.O., S. 116.

Wenn man von den Geschehnissen im früheren Dorf ausgeht, kann hinter diesen Worten, die allerdings an die Mission des früheren Gerichtsrates erinnern, sicherlich nur der Gedanke stecken, dem Personal in Huisum am Anfang keine Angst zu machen. Und Adam scheint dies auch verstanden zu haben, wenn er am Ende seiner freien, längeren und konservativen Rede über den Stand der Justiz im Lande seinen Zweifel an den Worten des Revisors indirekt formuliert:

> Doch fändet ihr sie heut im Amte schon
> Wie ihr sie wünscht, mein Seel, so wär's ein Wunder,
> Da sie nur dunkel weiß noch, was ihr wollt. (SW1, DZK, A4, V. 320ff.)

Walters Reaktion auf Adams Versuch, den alten Brauch zu loben und sich im Voraus beschwichtigende Umstände für eventuelle Mängel in seinem Amt zu schaffen, ist ein Ausdruck dafür, dass er sich nicht vom Richter betören lässt. Er geht nicht direkt auf den Inhalt von Adams Rede ein, sondern zieht folgende Konsequenz: „Es fehlt an Vorschriften, ganz recht. Vielmehr / Es sind zu viel, man wird sie sichten müssen." (SW1, DZK, A4, V. 323f.) Bei erster Lektüre kann man, wie Hans-Peter Schneider es tut, diese Reaktion für einen Ausdruck einer unklaren Position von Walter in der Reformdebatte halten,[257] aber wenn man in dem Rahmen der Rechtsstaatlichkeit bleibt, kann man das als eine List gegen List-Strategie, also als ein Ablenkungsmanöver sehen. Damit der Richter seine Person nicht gleich auffasst, stimmt der Gerichtsrat in dem ersten Satz seiner Intention zu. Wenn die unaufgeschriebene Tradition neben dem Naturrecht von Samuel Pufendorf besteht, und Huisum nicht ganz von der „allgemeinen Klugheit", also von dem Rationalrecht beeinflusst wird, dann gibt es keine bestimmten Bezugsvorschriften im Rechtssystem. Jeder Richter kann sich insofern seine Norm auswählen und manche Unklarheiten ausnutzen bzw. eigene Fehler vertuschen, wie Adam es beabsichtigt und seine Vorgehensweise in der Handlung auch beweist.[258] Im zweiten Satz geht Walter aber auf seine reformerische Position zurück. Die Koexistenz von drei Rechtskonzepten ist babylonisch, sie ist zuviel und in der Hinsicht einer Reform soll man das Beste aus ihnen herausziehen; man soll sie „sichten". Dies entspricht auch dem Geist der Reformer, die weder die Tradition ganz übernehmen, noch die Revolutionsideen vollständig realisieren wollten. Dass der Gerichtsrat auf den auf seine Worte folgenden Beifall des Richters nicht reagiert, sondern geschickt auf ein ganz anderes Thema

[257] Vgl. Schneider, Hans-Peter: *Justizkritik im ,Zerbrochnen Krug'.* A.a.O., S. 315f.

[258] Laut de Mazza entspricht Adams Rekurs auf das „Gewohnheitsrecht" der Carolina unter Kaiser Karl V., die das „Nebeneinander verschiedener Verfahrensrationalitäten" ausdrücklich duldete. (Siehe de Mazza, Ethel Matala: *Recht für bare Münze. Institution und Gesetzeskraft in Kleists ,Zerbrochnem Krug'.* A.a.O., S. 164f.)

eingeht, indem er nach der Identität des Gerichtsschreibers fragt, ist ein weiterer Beweis für seinen Erfolg auf dieser Ebene.

Erst am Anfang des Prozesses im siebten Auftritt kommt die Debatte mit deutlicheren Formeln wieder. Aber auch hier verharrt der Gerichtsrat in seiner Funktion als richtiger Revisor. Nachdem Richter Adam Walters Befehl, den Prozess gemäß „den gesetzlichen Formalitäten, / Wie es in Huisum üblich ist," zu führen (SW1, DZK, A7, V. 569f.), zu seinem Vorteil interpretiert und ein „gewaltsames Verfahren" eingeleitet hat, macht der Gerichtsrat klar, dass ihm nur die kodifizierten zentralstaatlichen Reformgesetzte gelten:

> Ich befahl euch,
> Recht hier nach den Gesetzen zu erteilen;
> Und hier in Huisum glaubt' ich die Gesetze,
> Wie anderswo in den vereinten Staaten. (SW1, DZK, A7, V. 621-624)

Dem von Richter Adam formulierten Plädoyer für die „nicht aufgeschriebene[n]", „eigentümliche[n]" „Statuten" in Huisum zuungunsten der neuen Vorschriften, welche er auch beherrsche, stimmt der Revisor nicht zu und setzt die landesweiten Gesetze durch. Dafür findet Kleist Worte, die die Autorität des Gerichtsrates nicht undeutlich zum Ausdruck bringen: „Ihr gebt mir schlechte Meinungen, Herr Richter. / Es sei. Ihr fangt von vorn die Sache an. -" (SW1, DZK, A7, V. 636f.) In der gleichen Hinsicht einer für alle deutlichen Regelung duldet Walter keine Mischung irrationaler Bezüge in der Wahrheitsfindung. So ärgert er sich zum Beispiel über den Vergleich des Übeltäters mit dem Teufel (SW1, DZK, A11, V. 1720).

II.1.3 Walters Kritik an der Parteilichkeit des Richters

Mit der Durchsetzung der allgemein geltenden Gesetze im Prozess hat sich der Gerichtsrat die Bedingungen geschaffen, die Aufgabe des Richters mit klaren ihm vertrauten Kriterien zu beurteilen. Jetzt besteht der Rest seiner Mission darin, für den richtigen Lauf des Prozesses zu sorgen. Diese Rolle bekommt wegen der Schuld des Richters eine besondere Bedeutung. Schon vor dem Anfang des Gerichtsverfahrens weist der Gerichtsrat Adam, der bereits mit Eve, die wie bereits oben erwähnt eine Partei darstellt, spricht, auf die Richtlinien seines Amtes hin: „Sprecht nicht mit den Partei'n, Herr Richter Adam, / Vor der Session! Hier setzt euch, und befragt sie." (SW1, DZK, A7, V. 537f.) Dieser ersten Verurteilung der Parteilichkeit des Richters folgen weitere, die desto härter werden, je weiter sich der Richter von den Vorschriften entfernt. So formuliert Walter seinen Gedanken in der Form eines Lehrsatzes, da der zerstreute Richter so tut, als habe er seine früheren Worte nicht gut gehört.

> Was ich befehl'? - Ich sagte deutlich euch,
> Daß ihr nicht heimlich vor der Sitzung sollt
> Mit den Partein zweideut'ge Sprache führen.
> Hier ist der Platz, der eurem Amt gebührt,
> Und öffentlich Verhör, was ich erwarte. (SW1, DZK, A7, V. 540-544)

Damit gibt Kleist dem Leser nicht die Möglichkeit, den Richter beliebig zu beurteilen, sondern er schafft eine Figur, die das Urteil des Lesers lenkt und ihn zugleich in den Lauf der Prozedur einweiht. Die Initiation geht in dem Maße weiter, wie der Richter von der Norm abweicht. So führt die weitere Zögerung des Richters Walter dazu, ihm den ersten Schritt zu nennen: „Hier. Setz euch. Ruft den Kläger und vernehmt ihn. / Und ihr, Herr Schreiber, führt das Protokoll." (SW1, DZK, A7, V. 564f.) Dem Richter, der mit dem vermeintlichen Schuldigen, Ruprecht, ungebührlich umgeht, sagt der Gerichtsrat die folgenden Worte:

> Wenn ihr die Instruktion, Herr Richter Adam,
> Nicht des Prozesses einzuleiten wißt,
> Ist hier der Ort jetzt nicht, es euch zu lehren.
> Wenn ihr Recht anders nicht, als so, könnt geben,
> So tretet ab: vielleicht kann's euer Schreiber. (SW1, DZK, A7, V. 614-618)

Die drohenden Worte zeigen nicht nur dem Leser, dass Adam den Vorschriften immer noch nicht folgt. Man merkt auch eine Steigerung der Empörung des Gerichtsrates. Der anfangs freundlichere Ton fängt an, bedrohlich zu werden, sodass die Worte trotz der Abwesenheit von Regieanweisungen mit gehobener Stimme auf der Bühne ausgesprochen werden sollten. Kleist passt aber bald die Form an den Inhalt an. Der Kontrolleur kritisiert offensichtlich Adams Versuch, während des Prozesses Eves Rede zu lenken. Die Frage, die seine Empörung ausdrückt, resümiert zugleich Adams Haltung: „Nicht doch, Herr Richter, nicht! Wer wollte den / Parteien so zweideut'ge Lehren geben." (SW1, DZK, A7, V. 804f.) Er durchschaut das Verhalten des Richters genau und ahnt, angesichts des Verharrens seiner tendenziösen Vorgehensweise, seine Schuld. Diese Vorahnung formuliert er indirekt in einem Vorwurf:

> Von eurer Aufführung, Herr Richter Adam,
> Weiß ich nicht, was ich denken soll. Wenn ihr selbst
> Den Krug zerschlagen hättet, könntet ihr
> Von euch ab den Verdacht nicht eifriger

Hinwälzen auf den jungen Mann, als jetzt. - (SW1, DZK, A7, V. 820-824)

Damit nennt der Gerichtsrat nicht nur die Schuld des Richters mit Worten, sondern er formuliert Adams ganze Taktik, seine Schuld Ruprecht in die Schuhe zu schieben. Er versperrt ihm deshalb den Weg und fordert das Recht des Verdächtigen ein, sich zur Anschuldigung zu äußern, bevor das Gericht seine eventuelle Schuld in das Protokoll schreibt. Damit erfüllt der Kontrolleur einigermaßen die Funktion des Rechtsanwaltes, der im Stück nicht existiert,[259] ohne von seiner Revisorrolle abzusteigen. Dementsprechend bringt er die Unvereinbarkeit der Parteilichkeit mit dem Richteramt gleich zum Ausdruck, indem er sein späteres Urteil über den Dorfrichter schon am Anfang des Prozesses ankündigt, weil dieser in der Absicht verharrt, zum eigenen Schutz Ruprechts Schuld willkürlich festzulegen. „Dies ist die letzte Sache, die ihr führt." sagt er (SW1, DZK, A7, V. 835).

Die Beobachtungskompetenz des Gerichtsrates setzt sich in dem Rest der Handlung fort, bis er Adams Schuld nicht mehr einfach ahnt, sondern deren sicher wird. Adams sentimentale Haltung Eve und Frau Marthe Rull gegenüber wird als Zeichen der Parteilichkeit angekreidet. Dies formuliert Walter beispielsweise in seiner Bemerkung bezüglich Frau Marthe Rull: „Was geht ihn die Frau Marthe an, Herr Richter?" (SW1, DZK, A7, V. 860) Die darauf folgende Drohung, den Richter durch seinen Schreiber zu ersetzen, die er mit der Frage, ob der Gerichtsschreiber den Prozess zu führen wisse (SW1, DZK, A7, V. 863), zum Ausdruck bringt, ist eine weitere Reaktion auf Adams Parteilichkeit, die ihn nicht mehr qualifizieren sollte, den Prozess weiterzuführen.

Es ist ersichtlich, dass die Beobachtungskompetenz ein solides Wissen voraussetzt. Dass ein guter Gerichtsrat die Gesetze sehr gut beherrschen soll, um die arglistige Verwendung der Texte eines Richters wie Adam zu bekämpfen, demonstriert zum Beispiel Walters Reaktion auf Adams Versuch, Eve nicht zu Wort kommen zu lassen, damit sie ihn nicht verrät. Da der Richter das Gesetzbuch falsch zitiert und „zeugen" und „deklarieren" verwechselt, legt der Gerichtsrat seine gute Bildung dar:

---

[259] Wenn man die Entwicklungsstufe der Gerichtsordnung im Werk berücksichtigt, ist die Abwesenheit eines Anwaltes historisch richtig, denn die Struktur erinnert an die Parteien im Mittelalter, die mit ihren jeweiligen Fürsprechern erschienen (Schild, Wolfgang: *Alte Gerichtsbarkeit. Vom Gottesurteil bis zum Beginn der modernen Rechtssprechung*. A.a.O., S. 125). In *Der Zerbrochne Krug* kommt die Anklägerin Frau Marthe Rull mit ihrer Fürsprecherin Eve vor Gericht, bevor sie Frau Brigitte als zweite Zeugin nennt. Der Angeklagte, Ruprecht erscheint mit seinem Vater, der hier wohl als sein Fürsprecher betrachtet werden kann.

> In eurem Kopf liegt Wissenschaft und Irrtum
> Geknetet, innig, wie ein Teig, zusammen;
> Mit jedem Schnitte gebt ihr mir von beidem.
> Die Jungfer zeugt noch nicht, sie deklariert jetzt;
> Ob, und für wen, sie zeugen will und kann,
> Wird erst aus der Erklärung sich ergeben. (SW1, DZK, A7, V. 1060-1065)

Auch Adams versuchter Bezug auf die Philosophie, um Ruprecht oder Leberecht zu verurteilen, betrügt den Gerichtsrat nicht; er zeigt sich im Gegenteil dem Richter geistig überlegen, indem er ihm Unvernünftigkeit vorwirft und ihn verhöhnend auf die geltenden Prinzipien hinweist. Da der Richter selbst nicht mehr zwischen Ruprecht und Leberecht unterscheiden kann, sagt der Gerichtsrat: „Ihr greift, ich seh, mit eurem Urteil ein, / Wie eine Hand in einem Sack voll Erbsen." (SW1, DZK, A9, 1086f.) In dieser Denunzierung von Adams Willkür bleibt Walter also in Adams Fluchtwelt und besiegt ihn auch rhetorisch. Während „Ihr greift, ich seh, mit eurem Urteil ein" zum Wortschatz der Gerichtsbarkeit gehört, lässt sich die Sequenz „Wie eine Hand in einem Sack voll Erbsen" zur allgemeinen Weisheit zählen. Der Revisor setzt dann seine Autorität ein und bittet Adam, zu schweigen und den Schuldigen regelrecht durch ein öffentliches Verhör herauszufinden (SW1, DZK, A9, 1089f.).[260]

Von dieser Inanspruchnahme seiner intelligenten Überlegenheit abgesehen, helfen weitere Eigenschaften des Gerichtsrats, Adams Absicht, ihn zu verwirren, zu vereiteln und seinen Sieg zu besiegeln. Einer dieser Charaktere ist die kühle Distanziertheit. Dies kommt insbesondere zum Vorschein, wenn der Revisor Eve das Wort gibt, während Adam verlangt, dass man ihr nicht glaubt (SW1, DZK, A7, V. 1067). Ein anderes Kampfmittel des Gerichtsrats besteht in der bis jetzt nur vorübergehend erwähnten Verhöhnungstaktik. Sie kommt immer wieder zum Ausdruck. So setzt Walter sie ein, da der Richter erneut versucht, Eve einzuschüchtern. Dabei verbergen seine Worte zugleich, dass sein Verdacht sehr groß geworden ist: „Wenn ihr doch eure Reden lassen wolltet. / Geschwätz, gehauen nicht und nicht gestochen." (SW1, DZK, A9, V. 1118f.) Indem Kleist diese Worte in den Mund seiner Figur legt, scheint er hier Bezug auf seine erste Schrift „Aufsatz, den sicheren Weg des Glücks zu finden und ungestört – auch unter den größten Drangsalen des Lebens, ihn zu genießen!" zu nehmen. Dort schreibt Kleist:

> Kein Gold besticht ein empörtes Gewissen, und wenn der lasterhafte Fürst auch alle Blicke und Mienen und Reden besticht, wenn er auch alle Künste

[260] Dies widerspricht auch Schneiders Feststellung einer fachlichen Unkenntnis beim Gerichtsrat. (Schneider, Hans-Peter: *Justizkritik im ‚Zerbrochnen Krug'.* A.a.O., S. 315f.)

> des Leichtsinns herbeiruft, wie Medea alle Wohlgerüche Arabiens, um den hässlichen Mordgeruch von ihren Händen zu vertreiben, […] - umsonst! Ihn quält und ängstigt sein Gewissen, wie den Geringsten seiner Untertanen. (SW3, S. 522)

Es geht also hier schon um eine Anspielung auf Adams Schuld, deren der Gerichtsrat immer deutlicher bewusst wird, und die Eve wenig später bestätigt.

II.1.4 Der Kampf gegen Sentimentalität

Zwar fallen einige Zeichen der Gefühlseligkeit schon in Adams besonderem Umgang mit Eve und ihrer Mutter auf, aber dieser Aspekt wird erst deutlich formuliert, wenn der Richter versucht, Eve ganz aus dem Prozess zu entlassen. Auf Adams Vorschlag reagiert der Gerichtsrat mit der folgenden Kritik: „Ihr seid sehr nachsichtsvoll, Herr Richter Adam, / Sehr mild, in allem, was die Jungfer angeht." (SW1, DZK, A9, V. 1243f.) Selbst Adams Begründung seines Wunsches mit einer vermeintlichen Freundschaft mit Eves Vater und die Bitte um die Huldigung des verstorbenen Kastellans im Sinne einer „Pflicht", hindern den Gerichtsrat nicht, auf die vorschriftgemäße Verfolgung der Angelegenheit zu bestehen. Damit vernichtet Walter endgültig Adams Neigung zur Sentimentalität, die hier zu seiner Schutztaktik gehört. Das Scheitern des Zugriffs auf die Befangenheit aus Sympathie, um gerichtliche Angelegenheiten zu erledigen, erinnert an den erfolgslosen Versuch von Natalie in *Prinz Friedrich von Homburg*, den Kurfürsten zu überreden, wegen verwandtschaftlicher Verbundenheit den Prinzen zu begnadigen.

Der gelungene Widerstand des Gerichtsrats zeugt überdies von einer der von Kleist gelobten Eigenschaften, nämlich von Standhaftigkeit.[261] Dies bewahrt der Gerichtsrat in dem Rest der Handlung, um trotz aller Hinderungsversuche von Adam seine Schuld herauszufinden. Dank Walters hartem Kampf ist es dem Richter nicht gelungen, seiner Logik zu folgen und entweder den Prozess durch Vertagung willkürlich in die Länge zu ziehen, oder den unschuldigen Ruprecht zu verurteilen. Die Verurteilung von Ruprecht zu einer Gefängnisstrafe kommt auch deshalb allen unlogisch vor und empört die ungebildete Menge. Aber im Gegensatz zu den emotional reagierenden Parteien, sorgt der Gerichtsrat bis zum Ende für das Walten der Autorität des Rechtes, indem er dem falschen Urteil des Richters nicht widerspricht, sondern das Opfer vorschriftgemäß zur Appellierung auffordert, wobei er zugleich den Richter aus seinem Amt suspendiert.

[261] Vgl. SW3, S. 519.

Man kann folgern, dass er die ganze Handlung hindurch auf der Seite der Gerechtigkeit geblieben ist. Es ist jedoch eine Entwicklung beziehungsweise eine andere Form seines Kampfes festzustellen.

II.2 Walter als Schützer der Autorität der Justiz

Die Spaltung von Walters Mission präzisiert sich in dem Maße, wie der Verdacht gegenüber dem Richter steigt, sodass der Gerichtsrat mit der Entwicklung der Handlung sowohl für die Auffindung des richtigen Täters als auch für die Aufrechterhaltung des Ansehens der juristischen Instanz als Pfeiler des Rechtsstaates sorgen muss. Walters Schutzstrategie bezieht sich daher zugleich auf den Richter und auf die anwesenden Bürger.

II.2.1 Der Schutz der Justiz vor dem Richter

Das freundliche Verhalten des Gerichtsrats ändert sich insbesondere nach Eves erster öffentlicher Anschuldigung des Richters, in der sie den Repräsentanten des Staates rücksichtslos beschimpft - „Er Unverschämter, er! Er Niederträcht'ger!“ brüllt sie Adam an (SW1, DZK, A9, V. 1208). Der gehobene Ton von Walters Reaktion, die Kleist mit einem Ausruf und aufeinander folgenden Fragen darstellt, zeigt, dass sich der Gerichtsrat sehr darüber entrüstet, und dass ihm der Respekt, der einem Richter gebührt, sehr wichtig ist.

> Jungfer!
> Was untersteht sie sich? Ist das mir der
> Respekt, den sie dem Richter schuldig ist? (SW1, DZK, A9, V. 1209ff.)

Dabei geht es dem Gerichtsrat nicht um den Kollegen Adam, sondern um das Justizamt. Deshalb betrifft seine Entrüstung stärker die Person des Richters. Dies sieht man daran, dass Walter mit einer Folge von drei kurzen Fragen auf Adams nächsten Versuch, die Wahrheitsfindung zu hindern, reagiert: „Nicht dienen? Mir nicht dienen? Und warum nicht?“ (SW1, DZK, A9, V. 1237) Die Betonung von „Mir“, das Kleist hier an erste Stelle setzt, bringt zum Ausdruck, dass der Gerichtsrat sich nun von dem öffentlich entwürdigten Richter, der übrigens gar nicht auf Eves Schimpfworte reagiert hat, unterscheidet. Auch diese verstärkte Differenz bringt Walter dazu, Adams besonders nachsichtiges Verhältnis zu Eve aus einem neuen Blickwinkel zu betrachten. Von diesem Moment an behandelt der Gerichtsrat den Richter nicht mehr als Verantwortungsträger, sondern als verdächtigen Menschen, dessen Schuld er als Richter nachgehen soll. Er wendet sich nur an ihn, wenn er ihn braucht, ohne ihn offiziell ganz zu demütigen. Darum spricht er ihn mit seinem Titel an. In der gleichen Hinsicht gibt er dem Richter wieder die Möglichkeit, den Prozess zu beenden, nachdem er selbst „der Sache völlig auf den Grund" gekommen ist.

Eine Analyse von Walters Verhalten dem Richter gegenüber lässt auf zwei Methoden schließen. Zum einen bedient sich der Gerichtsrat der früher von Adam eingesetzten Verwirrungsmittel. Da Adam ihn in den Hinterhof bringen will, um sich Eve zu nähern, indem er vorgibt, die Parteien kurzfristig zu entlassen,[262] bittet Walter den Richter um ein Glas Wein, während er das Frühstücksangebot des Richters vor dem Prozessbeginn abgelehnt hat. Das Ziel dieser Taktik der „List gegen List" besteht darin, Adam an der Realisierung seiner bösen Absicht zu hindern. Damit seine Bitte Adam aus der Fassung bringt und den erwarteten Effekt erzielt, hebt der Gerichtsrat den Ton, und zum ersten Mal gibt Kleist die Regieanweisung, dass der Gerichtsrat *laut* sprechen soll: „Herr Richter Adam, wißt ihr was? / Gebt ein Glas Wein mir in der Zwischenzeit." (SW1, DZK, A10, V. 1416f.) Auch gegen den Versuch des in die Falle geratenen Richters, die Situation auszunutzen und Walter viel mehr zu bieten als dieser bestellt hat, setzt der Gerichtsrat eine Gegentaktik ein. Er lehnt nicht alles ab, damit Adam sich sicher fühlt und offener sprechen kann, sodass der Gerichtsrat seinen Verdacht überprüfen kann. Dass dies schon bei der Annahme von Adams Angebot, sich in der Pause ein wenig zu lüften, seine Absicht war, zeigt Walters Wiederholung des Satzes „Was ich sagen wollt' -" (SW1, DZK, A10, V. 1413 u. V. 1456), den Adam beim ersten Mal unterbrochen hat. Die erneute Formulierung des Satzes und ihre Ergänzung mit der Frage nach der Entstehung von Adams Wunden ist ein Zeichen für den Erfolg der Taktik beziehungsweise für die Belohnung der Standhaftigkeit des Gerichtsrates, die bis zum Ende des Essens und der Unterbrechung des Prozesses währt. Hierfür gilt auch die dreimalige Wiederholung der Frage, wie oft Ruprecht dem Sünder den Kopf getroffen habe, trotz der Unterbrechungen von Adam (SW1, DZK, A10, V. 1527, V. 1531 u. V. 1536).[263]

---

[262] Später sagt Adam *für sich*: „Zwei Augenblicke mit der Dirn' allein -" (SW1, DZK, A10, V.1445). Er kann dann seine Wut nicht mehr herunterschlucken und brüllt seine Mägde an (SW1, DZK, A10, V. 1446).

[263] Schneider sieht dagegen in Walters Bitte um ein weiteres Glas Wein ein „äußeres Merkmal seines Sinneswandels" hinsichtlich der Rettung des äußeren Erscheinungsbildes der Justiz. Er ignoriert Walters ausforschende Fragen an Adam und die Parteien und sieht in der Annäherungstaktik nur Zeichen für die „Sorge Walters um die Integrität und Autorität der Rechtspflege". (Schneider, Hans-Peter: *Justizkritik im ‚Zerbrochnen Krug'*. A.a.O., S. 316f.)

Zum anderen nutzt der Gerichtsrat zum Schutz der Instanz das früher von ihm verbotene Mittel, das darin besteht, mit einer Partei zu reden. Aber während Adam bei seinem Vorgehen nur an die eigene Ehre denkt, beschäftigt eher das Ansehen der Justiz als Instanz an sich den Gerichtsrat. So bittet er Adam, für dessen Schuld der letzte Beweis, die Perücke, spricht, mit den folgenden Worten heimlich um sein Geständnis:

> Herr Richter Adam,
> Habt ihr mir etwas zu vertraun,
> So bitt' ich, um die Ehre des Gerichtes,
> Ihr seid so gut, und sagt mir's an. (SW1, DZK, A11, V. 1629-1632)

Es geht also um eine positive Anwendung eines von Adam negativ eingesetzten Prinzips. Der Gerichtsrat bleibt aber nicht dabei. Das Verhalten des Richters zwingt ihn zur öffentlichen Denunzierung. Da Adam trotz der Klarheit seiner Täterschaft weder heimlich, noch öffentlich gestehen will, formuliert der Gerichtsrat ganz deutlich und publik einen Unterschied zwischen dem ehrenlosen Richter und der immer noch würdevoll zu betrachtenden Instanz. Wütend, so suggeriert die Interpunktion, sagt Walter:

> Nichtswürd'ger! Wert, vor allem Volk ihn schmachvoll
> Vom Tribunal zu jagen! Was Euch schützt,
> Ist einzig nur die Ehre des Gerichts. (SW1, DZK, A11, V. 1839-1841)

II.2.2 Das Prinzip der Immunität als Hürde

Nach der deutlichen Formulierung der Schuld des Richters hätte man aus der subjektiven Perspektive des Lesers erwartet, dass der Gerichtsrat den Prozess selbst beendet. Die Enttäuschung dieser Erwartung bedauern auch alle Walter-Kritiker in ihren Arbeiten über das Stück. Bei näherer Betrachtung scheint der kleistsche Gerichtsrat aber, gemäß einem gewissen Immunitätsprinzip, das im obigen Zitat formuliert wird, zu handeln. Wegen des Schutzes, den „die Ehre des Gerichts“ dem Richter gewährt, darf der Gerichtsrat Adam nicht aus dem Amt jagen. Bei genauerer Untersuchung kann der Gerichtsrat den Richter nicht mitten in einem von dem Letzteren eingeleiteten Prozess entlassen oder ersetzen, es sei denn, der schuldige Richter tritt selbst ab, wie der Gerichtsrat bereits Adam geraten hat. Nur so erklärt sich Walters vom Anschein her paradoxes wiederholtes Angebot an Adam, die Session zu schließen. Seine Hilflosigkeit gegenüber dem Prinzip der Immunität demonstriert nicht nur die Tatsache, dass er innerhalb von sechzig Versen die Schließung des Prozesses sechsmal fordert, sondern auch die Variation seines Tons dabei. Obwohl Walter beim ersten Mal heimlich redet, verrät die Imperativform des Satzes den gehobenen Ton seiner Worte: „*Macht* jetzt mit der Session *sogleich* ein Ende." (SW1, DZK, A11, V. 1822, Hervorhebungen von mir, K.M.S.) Das zweite Mal wird auch mit besonderer Betonung imperativ formuliert: „Macht', *sag' ich*, *gleich* ein Ende." (SW1, DZK, A11, V. 1826, Hervorhebungen von mir, K.M.S.) Dann heißt es öffentlich und formal betonter: „Schließt eure Session!" (SW1, DZK, A11, V. 1842) Dem Richter, der sich noch verteidigen will, widerspricht Walter entschlossen: „Ihr hofft jetzt nichts. Ihr zieht euch aus der Sache." (SW1, DZK, A11, V. 1843) Angesichts der steigenden Beschimpfungen Adams durch die Parteien, fragt der Gerichtsrat den Richter im gleichen Ton: „Noch einmal, wollt *ihr* gleich, soll *ich* die Sache enden?" (SW1, DZK, A11, V. 1865) - Hierbei markiert die im Original befindliche Setzung der Personalpronomen in kursiv die Differenz zwischen beiden Personen. Da Adam sich weiter weigert, die Sentenz zu fällen, stellt Walter verhöhnend die erlösende Frage: „Habt ihr nicht so viel Witz, Herr Richter - ?" (SW1, DZK, A11, V. 1872)

Die Beharrlichkeit des Gerichtsrates bringt darüber hinaus zum Ausdruck, dass der Gerichtsrat nur ungeduldig auf die vorschriftsmäßige Schließung des Prozesses wartet, um sein Urteil als Revisor zu fällen; was seine unkritischen und kurz formulierten Reaktionen auf Adams falsches Verdikt deutlicher veranschaulichen. Zu Adams Bereitschaft, das Urteil zu fällen, sagt Walter: „Gut. Tut das. Fällt sie." (SW1, DZK, A11, V. 1874) Auf die Benennung von Ruprecht zum Täter folgt: „Auch gut das. Weiter." (SW1, DZK, A11, V. 1876) Nach der Verurteilung des vermeintlichen Täters zum Gefängnis beruhigt der Gerichtsrat nur Eve und das Opfer und fragt den Richter: „Seid Ihr fertig?" (SW1, DZK, A11, V. 1882) Nach dem letzten Punkt des Urteils schließt er schnell die Session: „Gut denn. Geschlossen ist die Session." (SW1, DZK, A11, V. 1884)

Hier ist außerdem anzumerken, dass der Gerichtsrat auch in dieser Situation dem im Drama normalen Lauf des geltenden Verfahrens folgt. Da man, wie schon oben erörtert, nur vor einer höheren Instanz, dem Obertribunal, gegen das Urteil Widerspruch einlegen kann, fordert der Gerichtsrat regelrecht das falsch verurteilte Opfer Ruprecht zur Appellierung „an die Instanz in Utrecht" auf und verweist ihn dem Urteil entsprechend bis dahin ins Gefängnis (SW1, DZK, A11, V. 1885 u. 1887).[264] Mit der Aufhebung der Immunität des Richters durch seine

---

[264] Schneiders Erklärungen zeigen, dass dies historisch korrekt ist. Hier sei sein Rekurs auf § 99 II 17 des ALR von 1794 erwähnt, wo es heißt: ‚Wer ein richterliches Amt bekleidet, kann nur bey den vorgesetzten Gerichten oder Landescollegiis wegen seiner Amtsführung belangt,

einstweilige Amtsenthebung versetzt ihn der Revisor in die Lage, am Obertribunal angeklagt zu werden, wo ihn nicht nur die Appellierung von Ruprecht, sondern auch die Klage von Frau Marthe Rull erwarten, wie das Ende des Dramas zu verstehen gibt (SW1, DZK, A13, V. 1968-1974).[265] Dadurch, dass Walter den

---

in Untersuchung genommen, bestraft, oder seines Amtes entsetzt werden.' (Schneider, Hans-Peter: *Justizkritik im ,Zerbrochnen Krug'.* A.a.O., S. 317ff. u. S. 324.)

[265] Hiermit stehe ich auf der Seite der Interpreten, die sich am Textgeschehen orientieren und einen gerechten Prozess am Obergericht erwarten, im Gegensatz zu den anderen, die eher aus subjektivem Urteil kein Vertrauen in ein höheres Gericht haben und sein Scheitern vorauszusagen. Zu der letzten Gruppe gehört Wittkowski, der in der geographischen Lage des Obertribunals „am großen Markt" „den Töpfermarkt" sieht. (Wittkowski, Wolfgang: *'Der zerbrochene Krug': Gaukelspiel der Autorität, oder Kleists Kunst, Autoritätskritik durch Komödie zu verschleiern.* A.a.O., S. 125). Die Wortwahl erlaubt zwar a priori, in Walters Antwort eine Ironie zu sehen, aber eine solche Schlussfolgerung ist nur ein beschränkter Versuch, alles im Sinne einer Komödie zu sehen. Erstens gestattet die in der vorliegenden Studie herausgearbeitete Logik des Textes kein Misstrauen in das höhere Gericht. Zweitens weist die Form der Antwort kein ironisches Zeichen auf. Drittens, und das ist der entscheidende Punkt, rechtfertigt der geschichtliche Gehalt von „Am großen Markt" keine solche Interpretation. Für eine Bestätigung der Lage des großen Marktes an höheren Institutionen in der deutschen Geschichte und der Geschichte der Niederlande hat Kleist selbst schon in der Erzählung von Frau Marthe Rull gesorgt. Die Anklägerin, deren Rolle Kleist durch die Taufe mit der früheren Regentin Margarete der Niederlande und Tante von Kaiser Karl V. legitimiert (SW1, DZK, A11, V. 1626), schildert den Hintergrund von Kaiser Karls V. Übergabe der Niederlande an seinen Sohn Philipp II. wie folgt: „Hier standen rings, im Grunde, Leibtrabanten, / Mit Hellebarden, dicht gedrängt, und Spießen, / Hier Häuser, seht, vom großen Markt zu Brüssel, / Hier guckt noch ein Neugier'ger aus dem Fenster". (SW1, DZK, A7, V. 670-673) Der Hof von Kaiser Karl V. lag also *am großen Markt*. Abgesehen von dieser allgemeinen geschichtlichen Tatsache lässt ein Interesse für die Entwicklung der Gerichtsordnung in der Geschichte der deutschen Länder unter dem Kaiser darauf schließen, dass die Lage des Stadtgerichts historisch korrekt ist. Liest man z. B. Wolfgang Schilds Buch „Alte Gerichtsbarkeit", in dem der Verfasser die Entwicklung der Organisation der Justiz in früheren deutschen Ländern schildert, so erfährt man, dass die Verhandlungen des Stadtgerichtes im Mittelalter und insbesondere in der Zeit nach dem Karolinger Kaiser Ludwig dem Frommen (778-840) in der so genannten Gerichtslaube liefen, die die frühere Gerichtslinde ersetzt hatte. Dieser Gerichtsort „stand oft frei *mitten auf dem Marktplatz* oder vor dem Roland, der manchmal der Laube seinen Namen gab [...] In der Regel wurde [...] die Gerichtslaube an das städtische Rathaus oder unmittelbar in dieses gebaut, jedenfalls so, daß sie *vom Platz vor dem Rathaus, meist dem Markt*, leicht eingesehen werden konnte." (Schild, Wolfgang: *Alte Gerichtsbarkeit. Vom Gottesurteil bis zum Beginn der modernen Rechtssprechung.* A.a.O., S. 130ff. Hervorhebungen von mir, K.M.S.) Auch die späteren Gerichte, die in das Innere des Rathauses eingerichtet wurden, lagen auch „am [großen] Markt" (Ebd.). Wenn man auf Kleists Stück zurückkehrt, macht Frau Marthe Rulls ohne Zögerung formuliertes Versprechen, sich zum Obergericht zu begeben, sicher, dass sie sich mit dem genannten Ort abfindet und dort ihr Recht einfordern will (SW1, DZK, A13, V. 1974). Nach den Komplikationen, die den Krug fast in Vergessenheit gerückt haben,

Gerichtsschreiber Adam zurückholen lässt, will er sicherstellen, dass der Richter regelrecht erscheint und seine Strafe büßt. Deshalb gebraucht er die gleichen Worte wie im Fall des Richters in Holla. Während es dort „Und machte Übel ärger." (SW1, DZK, A4, V. 341) heißt, sagt der Gerichtsrat Licht, er solle den Richter Adam geschwind zurückholen, „Daß er nicht Übel rettend ärger mache."[266] (SW1, DZK, A12, V. 1961) Von diesen Betrachtungen ausgehend, kann man nicht einfach behaupten, dass Walter wegen der Ehre des Gerichtes kein wirkliches Interesse daran habe, „Adams Vergehen hier in Huisum vor den Menschen, die geschädigt worden sind, an die Öffentlichkeit zu bringen."[267] Er hat auch kein Recht darauf. In der gleichen Hinsicht ist die Kritik am Gerichtsrat als Repräsentanten einer von Beliebigkeit geprägten Institution zurückzuweisen, wie es Jochen Schmidt exemplarisch tut.[268]

---

sollte übrigens Walters Frage „Weshalb, Frau Marthe?" (SW1, DZK, A13, V. 1970) nicht als Zeichen eines bösen Willen angesehen werden.

[266] Schneiders historische Erklärungen beweisen die geschichtliche Richtigkeit der Maßnahmen des Inspektors, aber Schneider sieht in Walters Befehl nur Gründe „der Wahrung richterlicher Würde und Autorität". (Schneider, Hans-Peter: *Justizkritik im ‚Zerbrochnen Krug'.* A.a.O., S. 317ff. u. S. 325.)

[267] Horn, Peter: *Das erschrockene Gelächter über die Entlarvung einer korrupten Obrigkeit. Kleists zwiespältige Komödie ‚Der zerbrochne Krug'.* In: Heinrich von Kleist. Studien zu Werk und Wirkung. Hrsg. von Dirk Grathoff. Opladen 1988, S. 149-162, hier S. 152. In die gleiche Richtung geht auch die Textanalyse des Juristen Hans-Peter Schneider, der schließlich Walter einer „nur noch aus Kumpanei erklärbaren Nachsicht gegenüber Adam" beschuldigt und ihm vorwirft, „am Schluß des Stückes das Justizwesen nun mehr bei allen Beteiligten endgültig um den letzten Kredit gebracht" zu haben. (Schneider, Hans-Peter: *Justizkritik im ‚Zerbrochnen Krug'.* A.a.O., S. 317ff. u. S. 325f.) Sabine Doering, die sich auf Schneider bezieht, behauptet hierzu: „Walter stellt die Ehre und die Integrität des Gerichts über die gerechte Einzelentscheidung. Ihm ist es wichtiger, daß der noch amtierende Richter Adam den Prozeß formal abschließt, als daß Ruprecht unmittelbar Recht bekommt." (Doering, Sabine: *Literaturwissen, für Schule und Studium. Heinrich von Kleist.* Stuttgart 1996 (= UB Nr. 15209), S.29.)

[268] Diesbezüglich referiert Jochen Schmidt über Walter verurteilende Arbeiten und formuliert seine Opposition mit den folgenden Worten: „Autorität – beliebig – entpersönlicht! Muß man daran erinnern, daß Walter seine amtliche ‚Autorität' einsetzt, um eine Rechtsbeugung zu verhindern, daß er nicht ‚beliebig' eingreift, sondern ein ordnungsgemäßes Verfahren anmahnt, daß er nicht als inhumaner ‚Vertreter eines abstrakten Gesetzes' auftritt [...], sondern Menschen vor dem Unrecht schützt, das ihnen sehr konkret droht? Es scheint, als setze sich die komische Situation der verkehrten Welt bis in die Kleist-Forschung fort." (Schmidt, Jochen: *Heinrich von Kleist. Die Dramen und Erzählungen in ihrer Epoche.* A.a.O., S. 68, Anm. 28.) Walters Kampf für eine einheitliche Regelung sorgt im Gegenteil für die Ausräumung jeder Beliebigkeit in der modernen Gerichtsbarkeit.

II.2.3 Der Schutz der Justiz vor den Bürgern

Eine weitere Konsequenz des Fehlverhaltens des Richters ist der Bruch des Vertrauens der Bürger in die Fähigkeit des Gerichts, ihnen Gerechtigkeit zu gewähren. Während das Misstrauen anfangs nur von Eve heimlich geäußert wird (SW1, DZK, A7, V. 528), stellen ihre öffentlichen Schimpfworte an den Richter den Ausgangspunkt für den öffentlichen Bruch des Vertrauens dar. Dies liegt aber an Adams Versuch, Eve zur falschen Bestätigung der Täterschaft des schuldlosen Leberecht zu veranlassen (SW1, DZK, A11, V. 1807f.). Entlarvender als die ersten öffentlichen Beschimpfungen ist Eves Reaktion auf Walters Forderung nach der gebührlichen Beachtung des Richters. Aufgrund ihrer Empörung sagt sie in einem vehementen Ton:

> Ei, was! Der Richter dort! Wert, selbst vor dem
> Gericht, ein armer Sünder, dazustehn –
> - Er, der wohl besser weiß, wer es gewesen! (SW1, DZK, A9, V. 1212ff.)

Dass Ruprecht Eves Erinnerung an die Anwesenheit von Lebrecht in Huisum bekräftigt und damit den Richter bloß stellt, hat nicht nur das Misstrauen der Bürger gestärkt, sondern es hat auch den Verdacht des Gerichtsrats und seinen Wunsch erhöht, die Sache bis zum Ende zu verfolgen (SW1, DZK, A9, V. 1250f.). Das Misstrauen betrifft dennoch nicht nur Adam; das zeigt Eves Frage an den Gerichtsrat, nachdem Letzterer Ruprecht zur Appellierung aufgefordert hat: „Seid Ihr auch Richter?" (SW1, DZK, A11, V. 1889) Über Adam hinaus sieht Eve nun in jedem Richter einen Unehrlichen. Für die nicht in Gerichtsverfahren eingeweihte junge Frau ist der Gerichtsrat dem Richter gleich, wenn er das falsche Urteil nicht sofort aufhebt und Ruprecht befreit. Noch charakteristischer für das Misstrauen ist, dass Eve trotz der Worte des Gerichtsrates die Schuld des Richters deutlicher enthüllt und Ruprecht zur Selbsthilfe auffordert, und dieser den Richter wirklich verfolgt (SW1, DZK, A11, V. 1899-1904). Dieses Verhalten wirft ein Problem auf, das heute noch in einigen Rechtsstaaten aktuell ist und der Unzufriedenheit mit der Justiz bzw. der Lynchjustiz zugrunde liegen soll. Viele Bürger verstehen nämlich mit ihrem moralischen Bewusstsein nicht, dass die Justizbehörde durch das Einhalten des Verfahrens Willkürfreiheit garantieren soll. Wie Eve und Ruprecht halten sie aufgrund ihres mangelnden Wissens das gesetzmäßige Verfahren für willkürlich. Unter derartigen Bedingungen verliert die Rechtsstaatlichkeit ihre Bedeutung, und zwar nicht nur bei der Bevölkerung, die Ruprecht und Eve repräsentieren, sondern auch bei den Behörden. Denn es gelingt Walter im Drama nur mit der Inanspruchnahme der Intervention des Büttels, also des Saalwachmeisters, und mit Drohung, wieder Ordnung zu bringen (SW1, DZK, A11, V. 1905ff.), obwohl er früher Adam gewaltsames Vorgehen vorgeworfen hat. (SW1, DZK, A7, V. 611) Zur Sicherung seiner Ehre und des Ansehens der Justiz fühlt sich der Gerichtsrat sogar gezwungen, Eves Vertrauen regelrecht[269] mit Geld gewinnen zu wollen, weil Eve seiner Versicherung und deren Bestätigung durch den Gerichtsschreiber, dass Ruprecht nicht ins Ausland geschickt wird, nicht sofort glaubt. Er sagt:

> Bei meiner Ehre!
> Und zum Beweise meines Worts: den Ruprecht,
> Wärs so, wie du mir sagst: ich kauf' ihn frei! (SW1, DZK, A12, V. 1935ff.)

Dass nur Eve und Ruprecht heftig reagieren, mag überdies bedeuten, dass die jüngere Generation, die mit der „gebrechlichen Einrichtung der Welt"[270] noch nicht richtig vertraut ist, weniger Verständnis für Ungerechtigkeiten seitens bedeutender Persönlichkeiten wie des Richters hat, während sich die erfahrenen Älteren scheuen, sich gegen die korrupte Autorität zu wehren. Die Position der älteren Generation sieht man in der Reaktion von Veit, Ruprechts Vater, der früher dem Gericht vertraut hat und jetzt seinen Sohn zur Beruhigung fordert (SW1, DZK, A7, V. 415f. u. A11, V. 1908), und bei Frau Marthe Rull, die die Sache vor Gericht gebracht hat und nun in ihrer Frage nach dem Schicksal ihres Kruges nur *empfindlich* spricht, wie die Regieanweisung präzisiert (SW1, DZK, A13, V. 1970f.).

Erwähnenswert ist hier, dass Eves Widerstand in dem *Variant* breiter inszeniert wird. Dort wird die Bedeutung des Vertrauensbruches viel stärker thematisiert.[271] Dort werden entsprechend aber auch die Anstrengungen des Gerichtsrates, Eves Vertrauen wieder zu gewinnen, dargestellt. Diesen Aspekt der ursprünglich längeren Version der Schlussszene des Dramas stellt Hans-Peter Klemme in den Mittelpunkt seines Aufsatzes „Lesearten. Varianz und Konsequenz in Heinrich von Kleists *Der zerbrochne Krug*". Für Klemme

> diskutiert der *Variant* das Problem [des Vertrauens] auch auf gesellschaftlich- politischer Ebene, wenn er zeigt, wie Eve von Walter wieder für den

[269] Zur Legalität des Freikaufs schreibt Sembdner: „ein Konskribierter konnte durch Zahlung eines Geldbetrages freigestellt werden." Siehe Sembdner, Helmut: *Heinrich von Kleist. Der Zerbrochne Krug. Erläuterungen und Dokumente.* A.a.O., S. 40. Stattdessen verspricht Adam ein falsches ärztliches Attest.

[270] SW3, MK, S. 27.

[271] Vgl. beispielsweise Wittkowski, Wolfgang: *'Der zerbrochene Krug': Gaukelspiel der Autorität, oder Kleists Kunst, Autoritätskritik durch Komödie zu verschleiern.* A.a.O., S. 118f.

Staat gewonnen wird, wie der moderne Staat auf seine Individuen angewiesen ist, ja, wie er sie *nötig* hat.[272]

Klemme macht nach der Demonstration der verschiedenen Etappen der Überzeugungsbemühungen des Gerichtsrates darauf aufmerksam, dass der Einzelne nur einem Staatsgefüge vertrauen könne, „das die kodifizierten Rechte seiner Bürger gewährleistet und schützt und in der Lage und Willens ist, seine Beamten und Entscheidungsträger zu kontrollieren. Walters Inspektionsreise, die ihn auch nach Huisum führt, zeugt davon."[273]

Angesicht des Gelingens dieser für den Rechtsstaat lebenswichtigen Mission sind pessimistische Positionen wie Ribbats Folgende nicht akzeptabel:

> So leicht bereinigt wird freilich das Problem nur in der Kurzfassung. Im „Variant" wird stattdessen darauf insistiert, daß Vertrauen in einen Staat der Akten und Erlasse vom illiteraten Untertanen, modern gesagt: von allen, denen ‚Herrschaftswissen' unzulänglich ist, *nicht mehr erwartet werden kann*, denn Vertrauen richtet sich auf Personen, ihre Integrität, ihre Menschlichkeit, letztlich ihre Gottebenbildlichkeit. *Schriftstücke, Institutionen und ihre Funktionäre können kein Vertrauen erwarten.*[274]

Desgleichen gilt es für Gerhard Pickerodts Folgerung aus seiner Interpretation, die lautet:

> Die Frage, die Kleist aufwirft, ist die, wer denn richten darf in einer Welt, in der Täter- und Richteridentität zusammengefallen sind, in der also gerade der Richter, indem er das Recht bricht, zum Täter geworden ist. Solche Sündhaftigkeit, Gespaltenheit, Zwiespältigkeit seines Helden ist für Kleist Ausdruck und Manifestation des gebrechlichen Zustands der Welt, dem mit

---

[272] Klemme, Hans-Peter: „Leserarten. Varianz und Konsequenz in Heinrich von Kleists *Der zerbrochne Krug*." In: Perspektiven einer anderen Moderne. Literatur und Interkulturalität. Hrsg. von Arne Eppers und Hans-Peter Klemme. Hannover 2003 (= Festschrift für Leo Kreutzer), S. 61-71, hier S. 63. Hervorhebung im Original.

[273] Ebd., S. 67. Klemme spricht wegen dieser bedeutsamen Thematik dem *Variant* seine Präferenz zu. (Ebd.)

[274] Ribbat, Ernst: *Babylon in Huisum oder der Schein des Scheins. Sprach- und Rechtsprobleme in Heinrich von Kleists Lustspiel ‚Der zerbrochne Krug'*. A.a.O., S. 144. Hervorhebungen von mir, K.M.S. Im Gegensatz zu diesem textfernen Pessimismus schreibt Jochen Schmidt texttreu: „Mit großer dialektischer Kunst zeigt Kleist, wie schwierig es ist, ein einmal erschüttertes Vertrauen wiederherzustellen und damit die Basis allen menschlichen Miteinanders zu retten." (Schmidt, Jochen: *Heinrich von Kleist. Die Dramen und Erzählungen in ihrer Epoche*. A.a.O., S. 82.)

> Mitteln der Metaphysik und biblischer Offenbarung nicht beizukommen ist.[275]

Mit dieser pessimistischen und zugleich resignierten Schlussfolgerung ignoriert Pickerodt die Lösung von Kleist im Text. Er übersieht nämlich die Alternative, die die Kontrollausübung von Gerichtsrat Walter darstellt.[276]

Insgesamt ist hinsichtlich der Verantwortlichkeit des Gerichtsrates zu schließen, dass er seiner Verantwortung, die mit den Stichwörtern Kontrolle der Kassen, Kontrolle der Gerichtsbarkeit, Sicherung der Gerechtigkeit beziehungsweise Rechtsstaatlichkeit sowie Schutz vom Ansehen der Justiz zusammen gefasst werden kann, mit Erfolg nachgekommen ist. Historisch gesehenen, ist der Inspektor damit Repräsentant einer notwendigen Reform, „die endlich auch auf den Dörfern etwas Humanität für die einzelnen Bürger sichert und der feudalistischen Willkür von Gutsherren oder wie Gutsherren residierenden Richtern einen Riegel vorschiebt".[277] Konsequenterweise spricht Frau Marthe Rull den Gerichtsrat mit „gestrenger Herr" an, nachdem Walter das Vertrauen wieder hergestellt und den unehrenhaften Richter suspendiert hat (SW1, DZK, A13, V. 1968).

---

[275] Pickerodt, Gerhard: *„Bin ich der Teufel? Ist das der Pferdefuß?" Beantwortung der Frage, warum Kleists Dorfrichter Adam den linken Fuß zeigt.* In: Kleist-Jahrbuch 2004. Stuttgart, Weimar 2004, S. 107-122, hier S. 122.

[276] Anscheinend ist der Wissenschaftler der Falle der Verwechslung von irdischen und transzendentalen Elementen untelegen, nämlich der Auswechslung des „weltlichen Gerichtsverfahrens" mit dem „Jüngste[n] Gericht [...], in dem der Richter nur Unheil bringen kann, sei es über den anderen, über sich oder den anderen in sich." (Ebd.) Pickerodt verwechselt also offenbar den weltlichen Richter Adam in einem mit Vorgesetzten versehenen System, das ihn bestrafen kann, mit dem Gotteskind der Christen, Jesus, der am Jüngsten Tag als oberster Richter keiner anderen Instanz unterstellt sein soll und dessen Schuldlosigkeit und Vollkommenheit als conditio sine qua non für diese Rolle für die Gläubigen kein Zweifel decken soll.

[277] Ribbat, Ernst: *Babylon in Huisum oder der Schein des Scheins. Sprach- und Rechtsprobleme in Heinrich von Kleists Lustspiel ‚Der zerbrochne Krug'.* A.a.O., S. 141.

III Der Gerichtsschreiber und das Gesetz oder die Problematik der Denunzierung

III.1 Der Gerichtsschreiber, ein kompetenter Jurist

In *Der Zerbrochene Krug* tritt ein dritter Repräsentant der juristischen Instanz auf. Es handelt sich um den Gerichtsschreiber Licht. Zu seinen Aufgaben gehört die Führung des Protokolls beim Prozess, wie Walter es ihm befiehlt (SW1, DZK, A7, V. 565). Er kann den Richter vertreten, wenn dieser aus Krankheit oder Unfähigkeit eine Gerichtsverhandlung nicht führen kann. Er kann auch zum Dorfrichter ernannt werden, wie seine Beförderung nach der Flucht des Richters zeigt (SW1, DZK, A12, V. 1963f.), oder wie Adams Verdacht in den folgenden Zeilen demonstriert: „Ihr wollt auch gern, ich weiß, Dorfrichter werden, / Und Ihr verdient's, bei Gott, so gut wie Einer." (SW1, DZK, A1, V. 130f.) Wie die zitierte Passage andeutet, lobt Adam die juristische Kompetenz seines Assistenten, der die Förderung zum Richterrang verdiene. Warum, gibt Adam in weiteren Versen an:

> Ihr seid ein Freund von wohlgesetzter Rede,
> Und euren Cicero habt ihr studiert
> Trotz Einem auf der Schul' in Amsterdam (SW1, DZK, A1, V. 135ff.)

Der Gerichtsschreiber Licht war also ein außerordentlicher Student und beherrscht sehr gut seine Redekunst mit Cicero als rhetorischem Vorbild.[278] Dass er seit neun Jahren im Amt ist, erfährt der Leser durch ihn selbst, wenn er sich dem Gerichtsrat vorstellt. Licht demonstriert seine Liebe zur Rechenschaft schon am Anfang des ersten Auftrittes durch seinen Bezug auf Gottes Gerechtigkeit: „Allgerechter! / Der ohnhin schwer den Weg der Sünde wandelt." (SW1, DZK, A1, V. 23f.) Ferner drückt er seine Förmlichkeit dadurch aus, dass er dem ängstlichen Richter vor dem Anfang der Verhandlung rät, das Recht nach den Richtlinien zu sprechen:

> Die läpp'sche Furcht! Gebt ihr nur vorschriftsmäßig,
> Wenn der Gerichtsrat gegenwärtig ist,
> Recht den Parteien auf dem Richterstuhle,
> Damit der Traum vom ausgehunzten Richter
> Auf andere Art nicht in Erfüllung geht. (SW1, DZK, A4, V. 280-284)

---

[278] Vgl. Sembdner, Helmut: *Heinrich von Kleist. Der Zerbrochne Krug. Erläuterungen und Dokumente*. A.a.O., S. 8, V. 136f.

Diese Reaktion zeigt, dass der Gerichtsschreiber den Beweggrund der Angst von Adam nicht richtig kennt und dessen zukunftsweisenden Traum aus einer anderen Perspektive interpretiert. Dabei wird ersichtlich, dass die vorschriftsmäßige Durchführung eines Prozesses für den Gerichtsschreiber zum Schutz des Richters selbst dienen soll. Es geht aber nicht allein um Adams Ehre. Dies zeigt seine empörte Reaktion auf Adams Erzählung, dass die Katze in die Perücke, die, wie schon erörtert, die Justiz repräsentiert, gejungt habe. Er ist so entrüstet, dass er den Richter beinahe beschimpft hätte, wie die Pause am Ende des unvollständigen Satzes andeutet: „Die Katze? Was? Seid ihr -?“ (SW1, DZK, A2, V. 245) Nach Adams Ergänzung seiner erfundenen Geschichte heißt es: „In die Perücke?“ (SW1, DZK, A2, V. 249). Von diesen Eigenschaften des Gerichtsschreibers ausgehend, ist zu erwarten, dass er zu einem regelmäßigen Verlauf der Gerichtsverhandlung beiträgt. Der Leser und der Zuschauer müssen aber erst auf den elften Auftritt warten, um ihn einigermaßen richtig zu erleben. Lichts Verhalten bis dahin liegen zwei Motive zugrunde, die sich für die Rechtsstaatlichkeit nicht als günstig erweisen.

III.2 Eigene Verfehlung und Hierarchie als Hindernis

Die Persönlichkeit des Gerichtsschreibers birgt eine Schwäche. Diese zweite Facette des Gerichtsschreibers, die ebenfalls der Dorfrichter aufdeckt, besteht aus früheren Veruntreuungsfällen, deren sich Licht schuldig gemacht haben soll. Diesbezüglich versichert Adam in seiner arglistigen Art:

> Es ließe
> Von Depositionen sich und Zinsen
> Zuletzt auch eine Rede ausarbeiten:
> Wer wollte solche Perioden drehn? (SW1, DZK, A1, V. 148- 151)

Licht hat also sein Amt missbraucht, indem er gerichtlich hinterlegte Gelder weiter deponiert und daraus Zinsen gezogen hat.[279] Abgesehen von den zitierten Worten des Richters steht im Stück nicht, welche Strafe diese Art von Veruntreuung erwartet. Aber es steht fest, dass es eine strafbare Verfehlung von Licht ist, zumal er selbst den Vorwurf nicht zurückweist.[280] Diesen Verstoß nutzt der

[279] Vgl. Wittkowski, Wolfgang: *'Der zerbrochene Krug': Gaukelspiel der Autorität, oder Kleists Kunst, Autoritätskritik durch Komödie zu verschleiern.* A.a.O., S. 116.

[280] Schneider zitiert in seiner Arbeit verschiedene Gesetzte, die die Strafbarkeit der Veruntreuung historisch beweisen, aber es lässt sich auch nicht festlegen, ob Licht eine Geldstrafe, eine einfache Kassation oder eine Kassation mit „Zuchthaus- oder Festungsstrafe“ erwartet. (Vgl. Schneider, Hans-Peter: *Justizkritik im ‚Zerbrochnen Krug'.* A.a.O., S. 320f., Anm. 25.)

schuldbewusste Richter Adam zielgerecht aus, um Lichts Schweigen zu erzwingen. Dies soll den Gerichtsschreiber daran hindern, von seiner Fähigkeit Gebrauch zu machen. Diese Intention formuliert der um sein Amt fürchtende Richter Adam ohne Umschweife im Folgenden:

> Drückt euren Ehrgeiz heut hinunter, hört ihr?
> Es werden wohl sich Fälle noch ergeben,
> Wo ihr mit eurer Kunst euch zeigen könnt. (SW1, DZK, A1, V. 138ff.)

Obwohl Lichts Reaktion auf den Verdacht von Adam verstehen lässt, dass er ihn noch nie verraten hat - „Geht mir mit eurem Argwohn, sag' ich euch. / Hab ich jemals -?“ (SW1, DZK, A1, V. 146f.) -, trägt die Erinnerung an die Verfehlung des Gerichtsschreibers eine viel größere Bedeutung als Adams frühere mit Verdacht beladene Bitte um Lichts Freundschaft und Schweigen. Die Umsetzung der indirekten Drohung könnte dem Gerichtsschreiber schaden. Dieser hat also ein Interesse, zu schweigen. Deshalb gilt der Hinweis auf Lichts Verfehlung als letztes Erpressungsmittel des Richters. Dementsprechend bemerkt man am Verhalten des Gerichtsschreibers eine Art Schutz für den Richter und eine gewisse lange Zurückhaltung.

Das Schutzverhalten des Gerichtsschreibers kommt überwiegend in dem Gespräch mit dem Gerichtsrat vor dem Beginn des Prozesses zum Vorschein. Licht gibt richtigere Antworten, wenn der Richter schädliche geben will. So nennt Licht den richtigen Informanten, während Adam nicht weiß, wer die Information über den Besuch des Gerichtsrates in Holla gebracht hat. Dabei wirkt Adam verlegen und muss zuerst die Frage des Revisors wiederholen, bevor er eine Ausrede vorbringt: „Woher? Ew. Gnaden Diener -“ (SW1, DZK, A4, V. 331) Ferner rettet der Gerichtsschreiber den verwirrten Richter, indem er auf Walters Frage, ob sie an dem Tag Gerichtstag hätten, antwortet, während Adam, der noch keine Ahnung von der „Schar von Leuten“ draußen hat, wieder die Frage neu formuliert und nach einer Ausrede sucht (SW1, DZK, A4, V. 352-356).

Die auffallende Zurückhaltung hängt mit Lichts Kompetenz zusammen. Trotz seiner schon erwähnten Bildung greift der Gerichtsschreiber nicht in die fachlichen Auseinandersetzungen zwischen dem Richter und dem Gerichtsrat ein. Seine Bemerkungen zielen darauf ab, dem Richter auf den vorschriftsmäßigen Weg zu verhelfen. Nachdem er Adam dazu gebracht hat, seine Verantwortung als Richter zu übernehmen, formuliert er nur *halblaut* seine erste Anmerkung zum schlechten Beginn des Prozesses: „Laßt doch die sonderbare Frag' -“ (SW1, DZK, A7, V. 580). Seine zwei nächsten und letzten Aussagen zu Adams Vorgehensweise enden auch mit einem Gedankenstrich, der im ganzen Stück im Wesentlichen einen Tonwechsel symbolisiert und im vorliegenden Fall eine bescheidene Haltung des Gerichtsschreibers seinem drohenden Vorgesetzten gegenüber veranschaulicht. Für die hierarchiebedingte beziehungsweise aus Befürchtung motivierte Bescheidenheit spricht auch die mittelbare Form der elliptischen Fragen des Gerichtsschreibers. Die erste Frage lautet: „Auf meine hingeworfene Vermutung / Wollt ihr, Herr Richter -?" (SW1, DZK, A7, V. 598f.) Die zweite heißt: „Wollt ihr nicht förmlich -?" (SW1, DZK, A7, V. 612) Da der Richter nur unfreundlich auf seine Orientierungen reagiert, schweigt er lange, nachdem er sich zuerst unterwürfig entschuldigt hat: „Ich bitt' euch -" (SW1, DZK, A7, V. 602) Die Reaktion des Richters auf Lichts erste Anmerkung zeigt auf besondere Weise, dass er eigentlich von Licht blinden Gehorsam verlangt und ihn damit daran hindern will, seine Kompetenz zu beweisen und ihn in seiner ungesetzmäßigen Absicht zu stören. Zuerst sagt Adam autoritär: „Mein Seel, wenn ich's euch sage, / So schreibt ihrs hin." (SW1, DZK, A7, V. 599f.) Dann behauptet er abwertend: „Pedantische Bedenklichkeit." (SW1, DZK, A7, V. 602) Die Reaktion auf Lichts zweite bescheidene Frage zeugt von grober Arroganz des Richters seinem Assistenten gegenüber: „Nein! sag' ich; / Ihr Gnaden lieben Förmlichkeiten nicht." (SW1, DZK, A7, V. 612f.)

Auf dieser Ebene erlebt man einen rechtschaffenen Untergebenen, der mit den nicht vorschriftsmäßigen Machenschaften seines Vorgesetzten Schwierigkeiten hat. Wer den Text nicht bis zum Ende liest, glaubt mit dem plötzlichen und längeren Schweigen des Gerichtsschreibers, dass der korrupte Richter ihn ganz in seine Rolle als Protokollführer gezwungen habe. Wer aber weiter liest, sieht ein, dass das Fehlverhalten des Richters einen Gegeneffekt verursacht hat, der zugunsten der Wahrheitsfindung wirkt.

III.3 Kritischer Gehorsam als Mittel zum Kampf für Gerechtigkeit

Die demütigende Behandlung des Gerichtsschreibers durch Adam stellt einen Kernpunkt im Wandel der Stellung des Gerichtsschreibers dar. Zum einen veranlasst sie den aufmerksamen Gerichtsrat dazu, dem Richter einen Rücktritt anzuraten, damit Licht den Prozess eventuell führt (SW1, DZK, A7, V. 614-618). Zum anderen scheint der Gerichtsschreiber so betroffen gewesen zu sein, dass er in dem Rest der Handlung dem Richter Adam gegenüber keine blinde Gefolgschaft mehr zeigt, etwa wie Eve, die die Schuld des Richters erst enthüllt, nachdem dieser ihren Verlobten ungerecht zum Gefängnis verurteilt hat. Anstatt einfach das ins Protokoll einzutragen, was ihm der Richter diktiert, wird der Gerichtsschreiber eher zum aufmerksamen Beobachter, der zur Klärung der Täterschaft des Richters beiträgt, sobald sich die Möglichkeit bietet.

Licht ist bei genauerem Hinschauen nicht wirklich gewillt, die Stelle des Dorfrichters zu besetzen. So wird es ihm zum Dilemma, als der Gerichtsrat ihn direkt fragt, ob er den Prozess zu führen wisse. Aus seiner zögernden Reaktion ist zu lesen, dass er einerseits das Angebot nicht gern annehmen und andererseits seine eigene Kompetenz nicht leugnen und damit seiner Karriere nicht schaden will. Verlegen sagt Licht: „Ob ich – ei nun, wenn Ew. Gnaden -" (SW1, DZK, A7, V. 864).

Während der Gerichtsschreiber die früheren selbstverräterischen Worte des Richters wie die Aussage, er habe die Perücke behutsam auf den Krug gehängt, nicht sofort auf dessen Täterschaft bezogen hat, durchschaut er von seiner neuen Position aus in den selbstverräterischen Aussagen des Richters und versteht sie als Eingeständnisse seiner Schuld. Das erste deutliche Zeichen für den Wandel bildet Lichts erste ironische Frage an Adam, nachdem dieser Ruprecht gefragt hat, ob er den Täter mit einer Türklinge geschlagen habe. Die Auseinandersetzung, die darauf folgt, zeigt eindeutig, dass der Gerichtsschreiber keinen Zweifel mehr an der Schuld des Richters hat.

> ADAM. Wars eine Klinke?
> RUPRECHT. Was?
> ADAM. Ob's –
> RUPRECHT. Ja, die Türklinke.
> ADAM. Darum.
> LICHT. Ihr glaubtet wohl, es war ein Degen?
> ADAM. Ein Degen? Ich – wie so?
> RUPRECHT. Ein Degen!
> LICHT. Je nun!
> Man kann sich wohl verhören. Eine Klinke
> Hat sehr viel Ähnlichkeit mit einem Degen.
> ADAM. Ich glaub' -!
> LICHT. Bei meiner Treu! Der Stiel, Herr Richter?
> ADAM. Der Stiel!
> RUPRECHT. Der Stiel! Der wars nun aber nicht.
> Der Klinke umgekehrtes Ende war's.
> ADAM. Das umgekehrte Ende war's der Klinke!
> LICHT. So! So!
> RUPRECHT. Doch auf dem Griffe lag ein Klumpen
> Blei, wie ein Degengriff, das muß ich sagen.
> ADAM. Ja, wie ein Griff.
> LICHT. Gut. Wie ein Degengriff.

> Doch irgend eine tücksche Waffe mußt' es
> Gewesen sein. Das wußt' ich wohl. (SW1, DZK, A7, V. 982-995)

Mit diesem indirekten Verhör hat der heimliche Richter Licht die Schuld von Richter Adam geklärt. Damit zeigt er sich sogar sehr viel weiter als der Gerichtsrat, der beide Herren naiv bittet, sich nicht von der Sache zu entfernen. Dass Walter dabei den Zweck des Gesprächs nicht wahrnimmt, bekräftigt neben dem Inhalt seiner Reaktion auch sein gehobener Ton: „Zur Sache stets, ihr Herren, doch! Zur Sache!“ (SW1, DZK, A7, V. 996) Auffällig ist auch, dass der Gerichtsschreiber ohne Umschweife und Hemmung spricht. Dass dieses Gespräch sowohl für die Figur des Gerichtsschreibers als auch für ihren Schöpfer Kleist einen Schlüsselmoment in der Wahrheitsfindung darstellt, beweist darüber hinaus die Tatsache, dass der Dichter diese Entlarvungsszene fast in die Mitte der Handlung legt, wenn man die neunzehnhundertvierundsiebzig (SW1, DZK, A13, 1974) Verse des Stückes berechnet. Obwohl Licht nach dieser Szene nicht mehr auf eigene Faust das Wort ergreift, hat er seine neue Rolle weiter gespielt. Das verrät er nach Adams Frage, ob er das Protokoll bereithalte: „Und brech' ein eigenes Blatt mir, / Begierig, was darauf zu stehen kommt.“ (SW1, DZK, A9, V. 1094f.) Damit deutet Licht darauf hin, dass er außer dem offiziellen Protokoll Beweismaterial für die Schuld des Richters sammelt. Er nimmt somit eine Gegenposition zum Richter ein, der drei Verse zuvor den Gerichtsrat herausforderte, den richtigen Täter zu finden (SW1, DZK, A9, V. 1092). Folgerichtig wundert sich der Richter über die außergewöhnliche Vorgehensweise des Gerichtsschreibers: „Ein eigenes Blatt? Auch gut.“ (SW1, DZK, A9, V. 1096)

Kleist lässt den Gerichtsschreiber erst am Ende des neunten Auftritts wieder erscheinen, um seine neue Mission offiziell anzukündigen, denn am Ende des Aufzuges gibt ihm der Gerichtsrat die Aufgabe, die entscheidende Zeugin zu holen und sich mit der Klärung des Sachverhaltes zu befassen. Während der Richter Adam die Wachmeister zu Frau Brigitte schicken lassen will, sagt der Revisor zu Licht: „Und nehmt euch – Zeit, die mir viel wert, zu sparen – / Gefälligst selbst der Sach' ein wenig an.“ (SW1, DZK, A9, V. 1409f.) Dementsprechend spielt der Gerichtsschreiber bei seiner Rückkehr im elften Auftritt eine entscheidende Rolle, um die Sache ans Tageslicht zu bringen, wie sein Name erwarten lässt.

Obwohl der Gerichtsrat ihm mehr Bedeutung beimisst und ihn quasi als Richter behandelt, übernimmt Licht nicht direkt die Aufgabe des Richters und antwortet in erster Linie auf die beharrlichen Fragen des Gerichtsrates. So sagt er erst nach vier Fragen des Gerichtsrates zur Identität der Perücke in seiner formalitätstreuen Weise:

> Wenn Ew. Gnaden gütigst
> Die Frau, durch den Herrn Richter fragen wollen,
> So wird, wem die Perücke angehört,
> Sich, und das Weitre, zweifl' ich nicht‹,› ergeben. (SW1, DZK, A11, V. 1619-1622)

Obgleich er nun mit der Untersuchung der Sache mit Frau Brigitte alle Beweismaterialien der Schuld des Richters gesammelt hat und öffentlich zugibt, dass er „gewissermaßen" Zeuge der Frau sei (SW1, DZK, A11, V. 1702), bleibt er seiner Hauptfunktion als Gerichtsschreiber treu. Aber alle seine Worte dienen der Klärung der Streitsache, und er verhindert jede Störung, welche die Zeugin verwirren könnte, komme sie auch von Walter selbst. Als Beispiel dafür gelten seine folgenden Worte, die am Anfang an den Gerichtsrat und nach dem Gedankenstrich an Frau Brigitte gerichtet sind:

> Bitte ganz submiß,
> Die Frau in dem Berichte nicht zu stören.
> Daß es der Teufel war, behaupt' ich nicht;
> Jedoch mit Pferdefuß, und kahler Glatze
> Und hinten Dampf, wenn ich nicht sehr mich irre,
> Hat's seine völl'ge Richtigkeit! – Fahrt fort! (SW1, DZK, A11, V. 1703-1708)

Gleichermaßen verhindert der Schreiber den letzten Versuch des Richters, das Ende des Prozesses ungeklärt zu lassen. Da der Gerichtsrat ihn z. B. fragt, was er zu Adams Vorschlag sage, den Prozess zu unterbrechen und zuerst bei der Synode, der gesetzgebenden Kirchenversammlung,[281] Rat einzuholen, lehnt er

---

[281] Vgl. Sembdner, Helmut: *Heinrich von Kleist. Der Zerbrochne Krug. Erläuterungen und Dokumente*. A.a.O., S. 38, V. 1750. Dass diese seit der Carolina geltende Vorschrift nicht immer günstig war, zeigt de Mazza: „Der ‚entlich rechttag' [, der auf den ersten Prozess folgte,] sollte das Verschwinden der Öffentlichkeit aus der ermittelnden Tätigkeit des Gerichts kompensatorisch auffangen. Es handelte sich dabei um einen ‚Scheinprozeß', in dem Ankläger und Angeklagte in mündlicher Wechselrede gegeneinander antraten. Tatsächlich war der Richterspruch bereits vorab gefällt. Der öffentliche Parteienstreit am Gerichtstag stellte lediglich eine *fiktive Unmittelbarkeit* her, die den vorausgegangenen Ermittlungsgang zugleich wiederholte und verdeckte." (de Mazza, Ethel Matala: *Recht für bare Münze. Institution und Gesetzeskraft in Kleists ‚Zerbrochnem Krug'*. A.a.O., S. 165f.) Dabei urteilten die Ratsinstanzen wie die zu Kleists Zeit noch funktionierenden Synoden oder Rechtsfakultäten, „ohne jemals den Missetäter gehört und gesehen zu haben." (Schild, Wolfgang: *Alte Gerichtsbarkeit. Vom Gottesurteil bis zum Beginn der modernen Rechtssprechung*. A.a.O., S. 132.) Der gelun-

den Vorschlag ab und bittet um die Fortsetzung des Verhörs der Zeugin. Dabei bleibt er administrativ höflich:

> Ew. Gnaden werden
> Nicht die Synode brauchen, um zu urteil'n.
> Vollendet - mit Erlaubnis! – den Bericht,
> Ihr Frau Brigitte, dort; so wird der Fall
> Aus der Verbindung, hoff' ich, klar konstieren. (SW1, DZK, A11, V. 1754-1758)

Desgleichen ist Licht gegen Details, die den Menschen eklig sein oder der Sache ihren Ernst nehmen könnten. So bittet er die Zeugin, nicht über Adams hinterlassenes „Denkmal“, das Sembdner mit Darmentleerung erklärt,[282] zu reden. Verharrend sagt er: „Vorüber, bitte, / Vorüber, hier, ich bitte, Frau Brigitte.“ (SW1, DZK, A11, V. 1774f.)

Nach langer Zurückhaltung kommt der Gerichtsschreiber zur Denunzierung. Zuerst geht er vorsichtig vor, indem er die Aufmerksamkeit auf den schuldigen Richter lenkt. Auf Walters Frage nach demjenigen, der „mißgeschaffne Füße hat“, antwortet Licht nicht direkt, dass es um den Richter geht, dessen linken Fuß er ausgerenkt weiß, sondern er empfiehlt dem Revisor, Adam zu fragen: „Wollen Ew. Gnaden den Herrn Richter fragen -“ (SW1, DZK, A11, V. 1812)

Der entscheidende Charakter dieser mittelbaren Anzeige kommt dadurch zum Ausdruck, dass sie dem Gerichtsrat die Gewissheit der Schuld des Richters bringt, der daraufhin zum ersten Mal Adam darum bittet, die Session zu schließen. Da der Richter trotz aller Bitten des Revisors nicht nachgeben will, wird die indirekte Denunzierung unmittelbar mit einem verhöhnenden Akt geschlossen, den Kleist eigens in einer Regieanweisung beschreibt. Zu Adam, der sein Geständnis, dass die Perücke ihm gehört, wieder leugnet, sagt Licht: „Hm! Die Perücke paßt euch doch, mein Seel, / Als wär auf euren Scheiteln sie gewachsen.“ (SW1, DZK, A11, V. 1859f.) Und Kleist ergänzt: (*Er setzt sie ihm auf.*)

Mit dieser direkten Anzeige krönt der Gerichtsschreiber die Wahrheitsfindung und wirkt insoweit als authentischer Richter, zu welchem ihn der Gerichtrat auch am Ende des Stückes befördert. Dank seinem Wandel vom blinden Unterstützer des übergeordneten korrupten Richters zu einem kritisch gehorsamen

---

gene Einwand Lichts gegen diesen Ausfluchtsversuch von Adam kann als eine Anzeige der Unzuverlässigkeit dieser Instanzen durch Kleist sein.

[282] Vgl. Sembdner, Helmut: *Heinrich von Kleist. Der zerbrochne Krug. Erläuterungen und Dokumente.* A.a.O., S. 38, V. 1771.

Mitarbeiter gelingt es Licht seiner Bestimmung, seiner ihm von Kleist zugeschriebenen Verantwortung, nachzukommen. Dies ist eine besondere Leistung für die Rechtsstaatlichkeit, denn mit seinem Verhalten widerspricht der Gerichtsschreiber Frau Brigittes Vorurteil, nach dem der Richter wegen seiner Position nicht justiziabel sei:

> Herr Schreiber Licht, spart eure Session,
> Den Krugzertrümmerer judiziert ihr nicht,
> Der sitzt nicht schlechter euch, als in der Hölle (SW1, DZK, A11, V. 1734ff.).

Folgerichtig nennt sie Licht vor dem Gericht „den Würd'gen" (SW1, DZK, A11, V. 1733). Seiner Verantwortlichkeit entsprechend unterstützt der Gerichtsschreiber auch die Rettung des von Richter Adam besudelten Bildes der Justiz durch den Gerichtsrat, indem er den gefälschten Charakter von Adams erfundener Order bestätigt (SW1, DZK, A12, V. 1930-1934). Insofern ist seine Beförderung verdient, zumindest solange der Gerichtsrat seine frühere Verfehlung nicht feststellt. Ebenso verdient scheint also auch der provisorische Charakter seiner Beförderung.

Wenn man die hierarchische Beziehung zwischen Adam und Licht und die positive Verwandlung des Gerichtsschreibers betrachtet, kann man nicht erwarten, dass der Gerichtsschreiber Adam von der Veruntreuung abhält. Ihm ist im Text eher vorzuwerfen, dass er sich auch schuldig gemacht hat. Wäre der Gerichtsrat nicht da, würde sein kritischer Gehorsam möglicherweise keinen Effekt haben. Allein aufgrund der Erwähnung seiner Berufserfahrung Licht zu unterstellen, er sorge nur für seine Beförderung, ist in die Falle des von Angst ergriffenen Richters Adam zu fallen, und die Leistung von Licht in dem Rest der Handlung zu ignorieren.[283]

---

[283] Hier beziehe ich mich u.a. auf Sabine Doering, die in ihrer Bearbeitung von Kleists Werken für Schule und Studium schreibt: „Vor allem [...] schildert Kleist in seinem Drama über die Gestalt des Dorfrichters Adam hinaus das gesamte Justizwesen als korrumpierbar und an eigenen Interessen orientiert. Licht hat Adam offenkundig nicht davon abgehalten, Gelder zu veruntreuen, und betrachtet die Verhandlung vorwiegend als günstige Gelegenheit, seine eigene Beförderung voranzutreiben". (Doering, Sabine: *Literaturwissen, für Schule und Studium. Heinrich von Kleist.* A.a.O., S.29.) Damit schreibt Doering wie viele andere Interpreten Kleist Dinge zu, die nicht zum Inhalt seines Werkes gehören. Sie bestätigt insofern Jochen Schmidts Befürchtung einer „verkehrte[n] Welt" in der Kleist-Forschung. Dies ist umso gefährlicher, wenn die Interpretation für Schüler und Studierende bestimmt ist, denn damit wird ihnen die falsche Idee vermittelt, dass Kleist im Drama nur den Prozess der Justiz macht, ohne irgendeinen positiven Ton bzw. irgendeine Lösung anzubieten. Dieser irrtümliche Gedanke

III.4 Die Rolle des Gerichtsschreibers als Kleists Beitrag zu den Rechtsdiskursen in Preußen um 1800

Mit der Wahrheitsfindung, die parallel zur offiziellen Verhandlung gelaufen ist, spielt Licht, historisch gesehen, die Rolle der früheren Schöffen, die neben dem Richter und unabhängig von ihm das Urteil finden sollten. Die Funktion dieser Männer beleuchtet Schild wie folgt:

> Das frühere Gericht war durch eine Zweiteilung von Richter und Urteilern gekennzeichnet. Der Richter eröffnete, leitete und schloß die Verhandlung, er verkündete auch das Urteil, gefunden wurde der Urteilsspruch aber nicht von ihm, sondern von eigens dazu bestellten Männern.[284]

Mit der Zeit und schon unter Karl dem Großen kam diese Urteilsfindung hauptsächlich einem permanenten Schöffen zu, dem die anderen Urteiler assistieren konnten.[285] Die mit den Generationen überlieferte Gewohnheitsgerichtsordnung wurde dann im 13. Jahrhundert im wahrscheinlich ersten in deutscher Sprache verfassten Rechtsbuch, dem Sachsenpiegel, festgehalten.[286] Die darauf folgende Gerichtsordnung, die Carolina, „sah vor, daß das Urteil von Richter und Schöffen gemeinsam zu finden war".[287] Mit der zum Teil disparaten Entwicklung der Territorialstaaten in der Neuzeit überließ man aber nur dem studierten und beamteten Berufsrichter die Führung der Verhandlung und die Urteilsfindung.[288] Zu Kleists Zeit bestand diese Rollenverteilung in der Urteilsfindung nicht mehr. Und insofern stellt, von der Aufarbeitung des Parteienstreits „zu einem Zeremoniell der eigentlichen Urteilsfindung"[289] abgesehen, der kreative Rückgriff zum Urteiler nicht als Schöffen, sondern als Gerichtsschreiber mit der doppelten Aufgabe des Protokollführers und des Urteilsfinders im Sinne eines Gegengewichts zum zeitgenössischen Richter, einen Beitrag zu den Debatten über Rechtsreformen in Preußen bzw. Deutschland um 1800. Auch reformerisch ist

---

könnte sich festigen und das ganze Leben bleiben, falls es den Lesern nicht gelänge, sich durch eine differenziertere Lektüre eine textgetreuere Meinung zu bilden.

[284] Schild, Wolfgang: *Alte Gerichtsbarkeit. Vom Gottesurteil bis zum Beginn der modernen Rechtssprechung*. A.a.O., S. 125.

[285] Ebd.

[286] Vgl. http://www.brandenburg1260.de/sachsenspiegel.html (12.08.2008), http://idw-online.de/pages/de/news16626 (12.08.2008); http://freenet-homepage.de/Eike.Genscher/ EikevonRepgow.html (12.08.2008)

[287] Ebd.

[288] Schild, Wolfgang: *Alte Gerichtsbarkeit. Vom Gottesurteil bis zum Beginn der modernen Rechtssprechung*. A.a.O., S. 126.

[289] de Mazza, Ethel Matala: *Recht für bare Münze. Institution und Gesetzeskraft in Kleists ‚Zerbrochnem Krug'*. A.a.O., S. 166.

die Tatsache, dass Kleist, der auch mit der Beziehung zwischen den Geschlechtern beschäftigt war, Frau Brigitte als Urteilsfinderin einsetzt. Der Auftritt und die Funktion dieser Figur erinnert eben daran, „dass die juristischen Laien [...] zwar oft rechtserfahren waren, vielleicht sonst auch als Fürsprecher herangezogen wurden, aber grundsätzlich keine eigene Rechtsausbildung hatten."[290] Wahrscheinlich sah Kleist damals keine Möglichkeit, selbst die Konzeption der Reformen direkt zu beeinflussen, und musste seine Ideen, die er mit seinen frischen Erfahrungen mit den Reformmaßnahmen in Berlin und Königsberg realitätsnäher formulieren konnte, durch das literarische Medium zum Ausdruck bringen.

Angesichts des weitläufigen Bezugs auf frühere Entwicklungsstufen der Gerichtsordnung in der Geschichte der deutschen Landesherrschaften und des Heiligen Römischen Reiches deutscher Nation, nämlich auf den Sachsenspiegel im Spätmittelalter, die Carolina bzw. der Peinlichen Gerichtsbarkeit unter und nach Kaiser Karl V., die Visitationen und das ALR im Preußen des 18. Jahrhunderts sowie die römischen Gesetze nach Cicero, ist insgesamt festzuhalten, dass Kleist in seinem Drama *Der Zerbrochne Krug* die verschiedenen Rechtsformen „sichtet", wie der Gerichtsrat Walter empfiehlt. Diese differenzierte Aufarbeitung ist offenbar ein Beitrag zu den Diskursen über die Rechtsreformen in Deutschland um 1800, denn damit schildert Kleist einen Weg zum Entwurf eines einheitlichen bürgerlichen Rechtskodex für alle deutschen Länder. Er greift also eine Thematik auf, die erst nach seinem Tod bei der Intelligenz an besonderer Aktualität gewann.[291]

Kommt man auf den Umgang des Justizpersonals mit dem Gesetz zurück, so ist bemerkenswert, dass Kleist in keinem anderen Werk den Leser einen so detaillierten Gerichtsgang wie in *Der zerbrochne Krug* erleben lässt. In den anderen Texten mit einem gewissen juristischen Kolorit erfährt man vielmehr die Ergebnisse der Prozesse. Das ist der Fall in *Michael Kohlhaas*.

[290] Schild, Wolfgang: *Alte Gerichtsbarkeit. Vom Gottesurteil bis zum Beginn der modernen Rechtssprechung*. A.a.O., S. 125.

[291] Zur Debatte und den verschiedenen Positionen vgl. Glitho, Serge: *Heinrich von Kleist und die Debatte um ein bürgerliches Recht für Deutschland zwischen dem Universalismus des Code Napoléon und dem Partikularismus der Historischen Deutschen Rechtschule*. In: Weltengarten 2005. Hannover 2005, S. 58-64.

Kapitel 6: Das Justizpersonal und das Gesetz in *Michael Kohlhaas*

I Das Scheitern des Kampfs für Rechtssicherheit in Sachsen

Bei der Lektüre von *Michael Kohlhaas* wartet der Leser vergeblich auf einen richtigen Prozess. Nachdem die Tronkas und ihre angeheiratete Familie Kallheim für die Niederschlagung der drei früheren Klagen von Kohlhaas gesorgt haben, freut sich der Leser sowie der Protagonist nach der Intervention von Dr. Martin Luther auf eine richtige Gerichtsverhandlung, bei der der Adlige Wenzel von Tronka wegen der Ungerechtigkeiten am Pferdehändler Kohlhaas und seinem Knecht Herse vor Gericht gestellt wird. Weitere Bedingungen wie die Entscheidung des Kurfürsten, dem Vorschlag des Präsidenten des Tribunals, Graf Wrede, zu folgen, verstärken diese Hoffnung auf ein Verfahren in der Hauptstadt. Bei der Sitzung des Staatsrats zur Beratung über den Kohlhaasschen Fall sieht Graf Wrede in der eigenmächtigen Verfügung des Kämmerers über die Niederschlagung der Klage eine offenbar unrechtliche Maßregel (SW3, MK, S. 83). Da er die Verbreitung der Kriminalität befürchtet, meint er, „daß nur ein schlichtes Rechttun, indem man unmittelbar und rücksichtslos den Fehltritt, den man sich zu Schulden kommen lassen, wieder gut machte, ihn abreißen und die Regierung glücklich aus diesem häßlichen Handel herausziehen könne." (SW3, MK, S. 83f.) Während der Großkanzler und der Kurfürst aber öffentlich ein freies Geleit für Kohlhaas und eine regelrechte Wiederaufnahme der Angelegenheit versprechen, wollen die Tronkas und ihre Verbündeten keinen richtigen Prozess, sondern ein Arrangement, das die Ehre der Familie schützen soll. Es geht hier um zwei Positionen, die auf einen Kampf hindeuten. Dass es schließlich der Sippe der Tronkas in Dresden gelingt, das Opfer Kohlhaas zum Missetäter zu machen und ihn zum Tod verurteilen zu lassen, krönt die Willkür in der sächsischen Landesherrschaft und die Niederlage der Rechtschaffenen im System. Es ist deshalb interessant zu untersuchen, wie der Kampf für Rechtssicherheit geführt wird und wie bzw. warum er scheitert.

I.1 Die Rechtschaffenheit vom Präsidenten des Tribunals

Die Meinung des Großkanzlers oder Präsidenten des Landestribunals bei der Staatssitzung deutet schon auf seine Rechtschaffenheit hin. Während Graf Wrede mit dem Begriff „schlichtes Rechttun" den Eindruck erweckt, dass er kein richtiges Verfahren gegen den Junker Wenzel von Tronka meint, sondern für eine einfache Genugtuung für Kohlhaas plädiert, legt das Plakat, das er an den Pferdehändler adressiert hat, nachdem der sächsische Kurfürst ihm die Angelegenheit anvertraut hat, seinen guten Gerechtigkeitssinn dar. Im Plakat heißt es nach dem Versprechen des freien Geleites,

> ‚daß, wenn derselbe [gemeint ist Kohlhaas, K.M.S.], wie nicht zu erwarten, bei dem Tribunal zu Dresden mit seiner Klage, der Rappen wegen, abgewiesen werden sollte, gegen ihn, seines eigenmächtigen Unternehmens wegen, sich selbst Recht zu verschaffen, mit der ganzen Strenge des Gesetzes verfahren werden solle; im entgegengesetzten Fall aber, ihm mit seinem ganzen Haufen, Gnade für Recht bewilligt, und völlige Amnestie, seiner in Sachsen ausgeübten Gewalttätigkeiten wegen, zugestanden sein solle.' (SW3, MK, S. 86)

Mit anderen Worten kann Kohlhaas erst nach dem Ausgang der bevorstehenden Untersuchung seiner Klage gegen den adligen Jungherrn Wenzel von Tronka entweder gesetzmäßig verurteilt werden, oder aller seiner Straftaten enthoben werden. Der nächste Schritt des Grafen besteht daher darin, die Bedingungen für den Prozess zu schaffen.

Die erste Handlung des Großkanzlers in dieser Hinsicht besteht in der eigenen Information über die Sachlage und der Gewährung des für eine Partei wichtigen Beistands durch einen Rechtsanwalt. Zum Zweck der Vorbereitung der offiziellen Gerichtshandlung weist der Großkanzler Kohlhaas, entsprechend der Entwicklungsstufe der Gerichtsordnung in Städten der erzählten Zeit, auf einen berühmten Rechtsanwalt der Stadt hin, der beim Gericht angestellt ist, nachdem er sich selbst über den Verlauf der Geschichte informiert hat (SW3, MK, S. 89). Indem der Chronist das milde und freundliche Verhalten des Grafen mit dem herablassenden Abschiedsgruß des Generalissimus kontrastiert und die zweistündige Dauer des Verhörs von Kohlhaas extra erwähnt, bringt er sowohl die Unparteilichkeit des Großkanzlers als auch seine Geduld und Sorgfalt zum Vorschein. Diese Eigenschaften sollten neben der angedeuteten Kompetenz des Advokaten einen überparteilichen und sicheren Gerichtsgang gewähren (SW3, MK, S. 89). Nachdem der Pferdehändler mit Hilfe des Anwaltes seine Beschwerde gegen den Junker Wenzel von Tronka formuliert hat, erübrigt sich, dass der Angeklagte auch vor Gericht erscheint. Für diese Kondition sorgt auch Graf Wrede, zumal das Landesgericht, dessen Chef er ist[292], den Junker „unter peremtorischen Bedingungen“ auffordert, „sich zur Verantwortung auf die von dem Roßhändler Kohlhaas gegen ihn eingereichte Klage, wegen widerrechtlich abgenommener und zugrunde gerichteter Rappen, in Dresden zu stellen.“ (SW3, MK, S. 89) Die neutrale und rein amtliche Formulierung dieser fristlosen Vorladung

[292] Diese Präzision kommt nach der Entlassung von Graf Wrede und seinem Ersatz durch Graf Kallheim (Vgl. SW3, MK, S. 112f.).

des Angeklagten vor Gericht lässt erwarten, dass ein ordentlicher Prozess stattfindet. Mit der Ankunft des Angeschuldigten in Dresden fängt der richtige Kampf des Präsidenten an.

I.2 Der Widerstand vom Chef des Tribunals gegen die Korruption der adligen Sippe

Während der Präsident des Tribunals die objektiven Bedingungen für einen formgemäßen Prozess schafft, sind die Tronkas darum bemüht, den offiziellen Prozess zu umgehen, sodass die Ehre ihres Vetters und der Familie gerettet werden kann. Da sie über die Niederlage im Prozess sicher sind (SW3, MK, S. 90), besteht ihre erste Strategie darin, die Erfordernisse des Klägers vorab zu erfüllen, ohne einen Anwalt für den Angeklagten zu beauftragen. Dies kann nicht offiziell geschehen, zumal der Prozess noch nicht stattgefunden hat. Es läuft deshalb durch Machtmissbrauch und den Versuch, den pflichtbewussten Präsidenten des Tribunals zu korrumpieren. Nachdem es ihnen durch Einsatz ihrer Persönlichkeit gelungen ist, die abgemagerten Pferde in die Stadt bringen zu lassen, empfindet der Kämmerer den Bedarf, Kohlhaas dazu zu bewegen, die Richtigkeit der Pferde zu untersuchen. Er bittet um die Vermittlung des Großkanzlers bei dem Kläger (SW3, MK, S. 94). Der Vorgang ist in drei Hinsichten eine Verletzung des ordnungsgemäßen Verfahrens, die am Verhalten des Grafen zu sehen ist. Die erste ist die Tatsache, dass der gesandte Freiherr von Wenk die Arbeit von Graf Wrede, der dabei ist, Kohlhaas nach für den Staat wichtigen Informationen zu fragen, stört (SW3, MK, S. 94). Es handelt sich um eine für die Tronkas charakteristische Vorrangstellung des Privaten vor dem Allgemeinen, deren Ungehörigkeit an dem „verdrießlichen Gesicht“ des gestörten Großkanzlers und der Unterbrechung der laufenden wichtigen Befragung zum Vorschein kommt: Graf Wrede hat „den Roßhändler, dessen Person jenem [dem gesandten Freiherrn] unbekannt war, mit den Papieren, die er in der Hand hielt, zur Seite stehen“ lassen müssen, um dem unerwünschten Besucher zuzuhören (SW3, MK, S. 94). Die zwei übrigen Aspekte der Ungebührlichkeit des Schrittes drückt der Großkanzler selbst aus. Der Chronist referiert dessen Worte wie folgt:

> Der Großkanzler, indem er sich eine Brille von der Nase nahm, sagte: daß er in einem doppelten Irrtum stünde; einmal, wenn er glaube, daß der in Rede stehende Umstand anders nicht, als durch eine Okular-Inspektion des Kohlhaas auszumitteln sei; und dann, wenn er sich einbilde, er, der Kanzler, sei befugt, den Kohlhaas durch eine Wache, wohin es dem Junker beliebe, abführen zu lassen. (SW3, MK, S. 94f.)

Bei ihrem Versuch, Kohlhaas zur Besichtigung der Pferde zu bringen, verstoßen die Tronkas hier also gegen die gesetzliche Ordnung und verlangen von dem Chef des Tribunals eine Handlung, die nicht zu seiner Befugnis gehört. Indem Graf Wrede den Gesandten direkt an den im Raum anwesenden Pferdehändler weist, bewahrt er seine offizielle Stellung als Garant für die Gesetzlichkeit und bestätigt seine Rechtschaffenheit und seine unabhängige Urteilskraft. Der Kampf des Großkanzlers ist aber nicht zu Ende, zumal der Kämmerer durch seine Ignoranz der Sitten der Bevölkerung einen Streit mit Bürgern verursacht hat, dessen schlechter Ausgang die Übernahme der Pferde gehindert und die Stimmung in adligen Milieus gegen Kohlhaas verschlimmert hat (SW3, MK, S. 97f.).

Der zweite Korruptionsversuch zielt ebenfalls darauf ab, den Großkanzler zu einer willkürlichen Entscheidung zu bewegen. Statt sich auf den Prozess vorzubereiten, schlagen die von Tronka mit ihrem Schwager Graf Kallheim, der der Präsident der Staatskanzlei ist, Graf Wrede vor, ihrer neuen Taktik gemäß „eine Vergütigung der Pferde in Geld einzuleiten." (SW3, MK, S. 98f.) Dass es hier erneut um eine Vorgehensweise geht, welche außerhalb der Kompetenzen vom Chef des Tribunals steht, zeigt wieder die empörte Reaktion des Letzteren. Graf Wrede bittet diesmal, wie der Erzähler wissen lässt, den Präsidenten, der den Vorschlag verfasst hat, „in einer kurzen, wenig verbindlichen Antwort, ihn mit Privataufträgen in dieser Sache zu verschonen, und forderte den Kämmerer auf, sich an den Roßhändler selbst zu wenden, den er ihm als einen sehr billigen und bescheidenen Mann schilderte." (SW3, MK, S. 99) Der vehemente Ton des ersten Teils der Antwort, die im Gegensatz zur früheren schriftlich ist, kontrastiert mit der freundlichen Haltung und der Geduld des Großkanzlers Kohlhaas gegenüber, die der zweite Teil der Antwort bestätigt. Der Chronist erklärt diese Differenz mit „übergroßer Rechtlichkeit, und einem davon herrührenden Haß gegen die Familie von Tronka" (SW3, MK, S. 98). Es geht aber darüber hinaus um die Reaktion eines rechtschaffenen Mannes, der sich nicht von den „stolzen Rittern," welche eine direkte Verhandlung mit Kohlhaas als Demütigung empfinden, manipulieren beziehungsweise ausnutzen lassen will.

Wenn man die zwei Reaktionen des Großkanzlers näher betrachtet, fällt einem dennoch eine gleiche Struktur auf. Graf Wrede wehrt sich nicht besonders gegen das ungesetzliche Verfahren der Tronkas. Er macht in beiden Fällen deutlich, dass er seiner Verantwortung gesetzmäßig nachkommt und außerjuristische Verfahren nicht mitverantworten will. Auf die Frage, warum der Großkanzler die „private" Lösung der Rechtssache trotzdem nicht verhindert, wird ferner eingegangen.

Diese Beständigkeit gegen die Beeinflussungsversuche der Sippe ist der Ausdruck der Standhaftigkeit, die wie bei Walter in *Der Zerbrochne Krug* hilft, den Tricks der Ungerechten erfolgreich zu widerstehen und den Kampf für Rechtssicherheit zu gewinnen. Nur, der offenere Charakter des Streites in *Michael Kohlhaas* macht die Aufgabe des Chefs des Tribunals schwieriger. Es geht hier nicht um eine hierarchische Struktur mit Menschen im selben Bereich, die sich wie in *Der Zerbrochene Krug* auf allen Protagonisten bekannte Gesetze beziehen können. Über dem Chef des Tribunals sitzt noch der Kurfürst. Nicht nur kann er den Großkanzler jederzeit absetzen, sondern er weiß auch nicht genau, was die „arglistigen" Adligen um ihn herum schmieden, und er ist beeinflussbarer als Graf Wrede. Da sein Umgang mit seiner Verantwortung und dem Gesetz später näher zu behandeln ist, genügt hier zu wissen, dass er nicht ganz dem Ehrgefühl der von Tronkas, die sich an ihn gewandt haben, unterliegt. Stattdessen will er trotz der Bestätigung von Graf Kallheim zuerst mit dem Großkanzler sehen,

> ob das Tribunal nicht befugt sei, ohne weitere Rücksprache mit dem Kohlhaas, auf den Umstand, dass die Pferde nicht wieder herzustellen wären, zu fußen, und dem gemäß das Urteil, gleich, als ob sie tot wären, auf bloße Vergütigung derselben in Geld abzufassen (SW3, MK, S. 99).

Der Kurfürst hat aber die gemeinte Gesetzlichkeit dieser anderen Form der Umgehung des normalen Prozesses nicht mit Graf Wrede besprochen, bevor der Zwischenfall mit dem ehemaligen Knecht von Kohlhaas, Johann Nagelschmidt, geschieht. Dieser Punkt, der einigermaßen enthüllt, warum einige Prozesse hängen bleiben oder warum das Opfer in manchen Verhandlungen nicht zufrieden gestellt wird, macht den Kampf des Großkanzlers stärker. Anstatt dass der Spott der Ritter über „die Gerechtigkeitsliebe des Großkanzlers" den Letzteren entmutigt, schürt er im Gegenteil seine Aufmerksamkeit. Während der Großkanzler bisher nichts gegen die Machenschaften der Sippe unternommen hat, reagiert er nun anders, aber immer im Rahmen des gesetzmäßigen Vorgehens. Dass der wachsame Graf in der öffentlichen unkollegialen Verhaltensweise der Gegenpartei eine Gefahr für Kohlhaas erkennt und nicht an seine eigene Ehre denkt, ist ein weiterer Beweis für seinen selbstlosen Kampf für die Rechtssicherheit des Klägers. Seine Beweggründe enthüllt der Chronist in den folgenden Zeilen: „Der Großkanzler, der gleichwohl die Gefahr, die über den Roßhändler schwebte, erkannte, tat sein Äußerstes, um die Sache desselben, bevor sie durch neue Ereignisse verwickelt und verworren würde, zu Ende zu bringen" (SW3, MK, S. 103). Die Motivation dieser Maßnahme, welche mit seiner Untätigkeit gegenüber der privaten Alternative der Leute des Angeklagten kontrastiert, lässt zugleich einsehen, dass der Chef des Tribunals aus der Überzeugung gehandelt hat, dass das Arrangement Kohlhaas nicht schaden soll. Sie verweist auch darauf, dass der Großkanzler bei seinem Kampf für die Rechtssicherheit des Pferdehändlers nicht unbedingt eine öffentliche Strafe für den Junker Wenzel von Tronka verfolgt. Damit distanziert er sich von der späteren Position der arglistigen Ritter, die Kohlhaas sein Recht nicht mehr zuerkennen, sondern ihn zum Opfer machen wollen.

Die letzten Worte des Großkanzlers im Werk lassen verstehen, dass der Kämpfer für Rechtssicherheit nicht nur gegen diejenigen, die das Gesetz brechen wollen, streitet, sondern auch den Kläger, der augenscheinlich beim Prozess nicht anwesend sein muss, um seine Unterstützung bitten muss. So berichtet der Erzähler über das Gespräch zwischen Kohlhaas, der plötzlich nach Brandenburg fahren will, und dem Chef des Landestribunals:

> Der Großkanzler, indem er mit einem mißvergnügten und bedenklichen Gesichte zur Erde sah, versetzte: er müsse gestehen, daß seine Anwesenheit grade jetzt notwendiger sei als jemals, indem das Gericht wegen arglistiger und winkelziehender Einwendungen der Gegenpart, seiner Aussagen und Erörterungen, in tausenderlei nicht vorherzusehenden Fällen, bedürfe (SW3, MK, S. 104f.).

Das Missvergnügen und die Bedenken des Großkanzlers und seine Worte zeigen, dass er trotz der misslungenen Lügen der Tronkas vor dem Gericht immer noch existierende Gefahren befürchtet, aber der Pferdehändler, der sich auf seinen für ihn „von dem Rechtsfall wohl unterrichteten Advokaten" verlässt (SW3, MK, S. 105), verfolgt heimlich das Ziel, sich über Hamburg „nach der Levante oder nach Ostindien, oder so weit der Himmel über andere Menschen, als die er kannte, blau war, einzuschiffen." (SW3, MK, S. 112).[293] Die warnenden Worte des Großkanzlers bewahrheiten sich, kosten ihn seine Stelle und bringen Kohlhaas ein willkürliches Todesurteil ein. Da die Bitte von Kohlhaas um Pässe für die Reise die einseitige Vergrößerung seiner Wache und eine Beschränkung seiner Bewegungen verursacht und den Weg für den anschließenden Erfolg der Sippe geebnet hat, kann sich der Leser fragen, warum der Großkanzler dem

[293] Der Chronist behandelt diese Absicht in der Form eines Rätsels. Dort lässt der Erzähler, der hier die Perspektive des Lesers einzuschließen scheint, wissen, dass es um einen Entschluss gehe, „an welchem gleichwohl, wie wir nicht zweifeln, weniger das besagte Geschäft, so dringend es auch in der Tat, wegen Bestellung der Wintersaat, sein mogte, als die Absicht unter so sonderbaren und bedenklichen Umständen seine Lage zu prüfen, Anteil hatte: zu welchem vielleicht auch noch Gründe anderer Art mitwirken, die wir jedem, der in seiner Brust Bescheid weiß, zu erraten überlassen wollen." (SW3, MK, S. 104) Hier fällt eine Variation des Motivs der Ostindien im Werk Kleists auf, denn während Ostindien hier für Kohlhaas als Zufluchtsort gilt, befürchten Ruprecht und Eve in *Der Zerbrochne Krug* das Land als Ort des Sterbens.

Pferdehändler die Ausreise nicht streng verboten hat. Aber Graf Wrede ist offenbar bis zu seiner willkürlichen Absetzung auf der Seite der Gerechtigkeit bzw. Rechtsstaatlichkeit geblieben. Kohlhaas ist für ihn ein freier Mensch, der sich frei bewegen kann, solange der Prozess nicht zu Ende und er nicht verurteilt ist, wie es das öffentliche Plakat an Kohlhaas deutlich formuliert. Der Chef des Tribunals kann ihm deshalb nur Ratschläge erteilen. Insofern hat sein Kampf für Rechtssicherheit, den er mit voller Verantwortlichkeit geführt hat, Grenzen, welche außerhalb seiner Befugnisse stehen.

Wenn man über die Funktion der Rechtsstaatlichkeit aus der Perspektive des Großkanzlers hinaus sieht und die Haltung der Adligen hinterfragt, so leuchtet ein, dass die Letzteren ein anderes Rechtsbewusstsein haben, das mit ihrem Stand zusammen hängt. Wenn ihre Ehre auf dem Spiel steht, gelten für sie andere Prinzipien als die bürgerlichen Rechte, für die der Gerichtsvorsitzende steht. Da vermeidet man jeden direkten Kontakt mit dem nicht adligen Kontrahenten, und alles wird inoffiziell geregelt, damit das Ansehen der Familie unbefleckt bleibt. Deshalb kann der Freiherr von Wenk nicht begreifen, dass Graf Wrede ihn auffordert, unvermittelbar mit dem Pferdehändler zu verhandeln. Er wird, wie der Chronist erzählt, „über das ganze Gesicht rot“ (SW3, MK, S. 95), er fühlt seine Ehre verletzt. Desgleichen gilt es und viel deutlicher, als Graf Kallheim im Namen des Kämmerers dem Großkanzler vorschlägt, die von Kohlhaas offiziell erforderte Wiederherstellung der Pferde in Geldbuße zu verwandeln. Der Hauptgrund für diesen Schritt wird so formuliert:

> [D]ie Schmach, die zu Folge der bestehenden Umstände, dadurch auf die Familie des Junkers fiel, war so groß, daß bei dem staatsbürgerlichen Gewicht, den [sic] sie, als eine der ersten und edelsten, im Lande hatte, nichts billiger und zweckmäßiger schien, als eine Vergütung der Pferde in Geld einzuleiten. (SW3, MK, S. 98)

Dieses Zitat veranschaulicht, wie wenig die rechtsstaatlichen Regeln für diese Adligen sind. Nur „Schmach“, und dahinter das Gegenteil „Ehre“ sowie das „staatsbürgerliche Gewicht“ sind für sie entscheidend. Es geht nicht um das Gesetzmäßige, sondern um die „billiger[e] und zweckmäßiger[e]“ Lösung. Ihrer Weigerung, auf die Aufforderung des Großkanzlers, dass sie sich direkt an Kohlhaas wenden, einzugehen, liegt auch das Ehrgefühl zugrunde, denn „eben diese Eröffnung war den *stolzen* Rittern zu tun empfindlich“ (SW3, MK, S. 99, Hervorhebung von mir, K.M.S.). Dass diese Betonung der Ehre zuungunsten des ordnungsgemäßen Verfahrens nicht für die Familie von Tronka spezifisch ist, veranschaulichen die Worte des Kämmerers an den Kurfürsten:

> Der Kämmerer, mit einer, durch seinen Zustand, schwachen und rührenden Stimme, fragte ihn, ob er, nachdem er sein Leben daran gesetzt, um diese Sache, seinen Wünschen gemäß, beizulegen, auch noch seine Ehre dem Tadel der Welt aussetzen, und mit einer Bitte um Vergleich und Nachgiebigkeit, vor einem Manne erscheinen solle, der alle nur erdenkliche Schmach und Schande über ihn und seine Familie gebracht habe. (SW3, MK, S. 99)

Geht man davon aus, dass die Präzision „seinen Wünschen gemäß" für den Kurfürsten gilt, dann wird man der Reichweite dieser Praxis gewahr. Alle Versuche, die Rechtssache „beizulegen", sind dem Landeherrn nicht unbekannt, auch wenn er nach den Worten des Kämmerers versucht, dem Schritt einen positivrechtlichen Schein zu verleihen. Aus dieser Perspektive lässt sich auch erklären, warum der Großkanzler, der auch ein Adliger ist, die inoffizielle und standesgemäße Lösung des Rechtsstreits nicht bekämpft, sondern indirekt unterstützt, indem er zum einen Kohlhaas dem Freiherrn von Wenk sofort vorstellt, und zum anderen den Pferdehändler schriftlich ermahnt, den Antrag der Ritter, „wenn er an ihn ergehen sollte, nicht von der Hand zu weisen" (SW3, MK, S. 99). Als Garant der Gerechtigkeit mischt er sich nicht ein und hält das Arrangement für eine private Angelegenheit, an der sich das Gericht als öffentliche Institution nicht beteiligen soll. Es geht offenkundig um ein unzeitgemäßes Rechtsverständnis, das an Diethelm Klippels Worte bezüglich der dank den Bewegungen zwischen der Aufklärungszeit und dem Vormärz erzwungenen Änderung der Rechtslage der Adligen erinnert. Klippel behauptet nämlich: „Ständische Freiheiten wurden zu Privilegien entwertet, die nach der naturrechtlichen Lehre jedenfalls dann keinen Bestandsschutz genossen, wenn sie dem gemeinen Besten schädlich waren."[294]

Das Schicksal des Großkanzlers lässt verstehen, wie schwer es für rechtschaffene Menschen in einem System voller arglistiger und selbstsüchtiger Behörden ist, die geltenden Gesetze walten zu lassen. Es lässt einsehen, dass der Erfolg der Gewährleistung der Rechtssicherheit nicht allein von den Menschen, die mit ihrer Umsetzung beauftragt sind, abhängt, sondern auch von denjenigen, die die Macht haben, die Organisation der Gerichtsbarkeit zu beeinflussen. Damit wird die Frage der Unabhängigkeit der Justiz aufgeworfen, welche Kleist gemäß seiner „Doppelgängerschaft" den Leser nach der Verurteilung von Kohlhaas in Brandenburg erleben lässt. Mit der dortigen unabhängigen Justiz, die auch in dem Drama *Prinz Friedrich von Homburg* zu sehen ist, kommt dem Staatsoberhaupt nur der Machtspruch in Form der Gnade zu. Kleist scheint eigens für die-

[294] Klippel, Diethelm: *Staatsamt und bürgerliche Gesellschaft: Die Theorie des Staatsdienstes im aufgeklärten Absolutismus und im Vormärz.* A.a.O., S. 85.

ses wichtige Merkmal eines richtigen Rechtsstaates zu plädieren, wenn man von der Tatsache ausgeht, dass das Gesetz, sei es positiv oder göttlich, in allen seinen Werken triumphiert. Berücksichtigt man dazu die Gegenüberstellung des Ehrenkodex der Adligen und des ordnungsgemäßen Verfahrens sowie die Schwierigkeiten beziehungsweise das Scheitern der Adligen in ihrem Versuch, den standesgemäßen Kodex durchzusetzen, ist zu folgern, dass Kleist das positive Recht über allen Privatinteressen stehen lässt, wobei er ein angemessenes Arrangement zwischen den Parteien nicht prinzipiell ablehnt. Insofern lässt er das moderne Rechtswesen mit der Moral zusammenfallen.

I.3 Beliebigkeit als Hindernis für die Rechtssicherheit

Dass die willkürliche Verurteilung von Kohlhaas unter dem neuen Chef des Tribunals, Graf Kallheim, gelingt, veranschaulicht die „Beliebigkeit" der Gerichtsbarkeit, von der Dirk Grathoff betreffend Walter in *Der Zerbrochne Krug* spricht:

> Man kann Pech haben und an einen unfreundlichen Richter geraten, man kann aber auch Glück haben und an einen freundlichen Richter geraten: wo dies gilt, ist der Status des Subjektseins unwiederbringlich verloren, ist Objektsein an der Tagesordnung.[295]

Wie Graf Wrede hat Graf Kallheim die Kompetenz des Richters und kann den Kurfürsten in juristischen Angelegenheiten beraten. Dies zeigt die Frage des Landesherrn an ihn, da der Letztere nicht genau weiß, ob es dem Tribunal gesetzlich möglich ist, die Wiederherstellung der Rappen ohne Rücksprache mit Kohlhaas in Geldstrafe zu verwandeln. Auch wegen seines adligen Titels kann er zum Chef des Landesgerichts ernannt werden.[296] Im Gegensatz zum neutralen Grafen Wrede, unterstützt Graf Kallheim als Schwager der Tronkas energisch die Umgehung des Gesetzes. Alle seine Auftritte gehen in diese Richtung. Das erste Mal schützt er seinen Schwager, den Kämmerer Kunz von Tronka, der den landesherrlichen Namen missbraucht hat. Sein Argument widerlegt nicht die Strafbarkeit des Kämmerers, sondern deutet auf den Fehler von anderen Persönlichkeiten, die im Fall eines Prozesses gegen den Schwager von dem Landes-

---

[295] Grathoff, Dirk: *Der Fall des Krugs. Zum geschichtlichen Gehalt von Kleists Lustspiel.* A.a.O., S. 307f.

[296] Laut Duden war der Graf „königlicher Amtsträger (Beamter), der in seinem Amtsbezirk weitgehende administrative u. richterliche [sowie grundherrliche Rechte] hat." Als Adliger kommt der Graf gleich nach dem Fürsten und vor dem Freiherrn. (Duden – *Deutsches Universalwörterbuch.* A.a.O., S. 671)

herrn „zur Rechenschaft gezogen werden müssen.“ (SW3, MK, S. 85) Das zweite Mal schreibt er den Vorschlag an den Chef des Tribunals, die Verwandlung der Wiederherstellung der Pferde in Geldstrafe einzuleiten (SW3, MK, S. 98f.). Das dritte Mal beantwortet Graf Kallheim die oben erwähnte Frage des Kurfürsten positiv, indem er die abgemagerten Pferde als „in staatsrechtlicher Bedeutung tot“ erklärt (SW3, MK, S. 99). Insofern hat die von den arglistigen und verwandtschaftlich gebunden Behörden verursachte Absetzung von Graf Wrede ihnen den Weg frei gemacht, die böse Absicht, Kohlhaas wegen der Schmach über die Familie von Tronka zu vernichten, zu verwirklichen.

Die Bedeutung der „Beliebigkeit“ sieht man auch an dem Generalissimus des Reiches, Prinz Christiern von Meißen. Bei genauerer Lektüre ist festzuhalten, dass er als „oberster General“[297] für die Sicherheit des Landes zuständig ist. In dieser Hinsicht ist er der Chef des Guberniums, der Polizei von Sachsen.[298] Er kennt sich mit den gesetzlichen Maßregeln seines Verantwortungsgebiets gut aus. Insofern spielt er in der Kohlhaas-Affäre eine Rolle, die mit dem Kampf um Rechtssicherheit zusammenhängt.

I.4 Wenn der General für Rechtssicherheit Krieg führt.

Bereits bei seinem ersten Auftritt im Werk, der bei der Ratssitzung erfolgt, bringt Prinz Christiern von Meißen seine doppeldeutige Position zum Ausdruck. Einerseits wirft er dem Großkanzler Graf Wrede vor, durch die Gewährleistung der Rechte von Kohlhaas die Tatsache zu übersehen, dass der Pferdehändler „Wittenberg und Leipzig, und das ganze durch ihn mißhandelte Land, in seinem gerechten Anspruch auf Schadenersatz, oder wenigstens Bestrafung, beeinträchtige.“ (SW3, MK, S. 84) Er fährt wie folgt fort: „Die Ordnung des Staates sei, in Beziehung auf diesen Mann, so verrückt, daß sie schwerlich durch einen Grundsatz, aus der Wissenschaft des Rechts entlehnt, werde einrenken können.“ (SW3, MK, S. 84) Mit dieser von juristischem Fachwissen zeugender Argumentation formuliert Prinz Christiern von Meißen den späteren endgültigen und doppel-

---

297 Kleist, Heinrich von: *Michael Kohlhaas*. Mit Anmerkungen von Bernd Hamacher und einem Nachwort von Paul Michael Lützeler. Stuttgart: Reclam 2003 (= UB Nr. 218), S. 121.

298 Bernd Hamacher erklärt „Gubernium“ als lateinisches Wort für „Verwaltung, Regierungssitz“. (Ebd.) Aber im Text wird „Gubernium“ mit „Polizei“ ersetzt. Indessen der Chronist von einem „Gubernialoffiziant[en]“ redet, spricht er von den unter seiner Verantwortung unternommenen „Anstalten der Polizei“ (SW3, MK, S. 107). Außerdem wird Prinz Christiern von Meißen als „Chef des Guberniums“ genannt (Ebd., S. 105), während über seinen Vertreter Freiherr Siegfried von Wenk, der sonst Schlosshauptmann ist, gesagt wird, dass er „in diesem Augenblick Chef der Polizei sei“ (Ebd., S. 108).

deutigen Ausgang der Rechtssache in Brandenburg im Voraus: Kohlhaas soll zwar Recht bekommen, aber er muss für den Bruch des kaiserlichen Landfriedens[299] büßen. Damit behauptet der General das Gewaltmonopol des Staates. Als Eigentümer soll Kohlhaas sein Recht bekommen, aber als Person soll er seine Existenz entsprechend der herrschenden Gesetze verwirken, weil er die Gewalt des Rechts in die eigene Hand genommen hat. So will Prinz von Christiern das rechtsstaatliche Prinzip exekutiert wissen, nach dem kein Interesse über dem Recht steht, sondern alle darunter zu subsumieren sind. Andererseits erklärt sich der General für die militärische Offensive zur Festnahme[300] oder Erdrückung von Kohlhaas. Dies soll die Bedingung schaffen, Kohlhaas vor Gericht zu bringen, oder ihn zu zwingen, sich zu stellen. Deshalb ist Prinz Christiern von Meißen gegen eine „Zermalmung des Roßhändlers", dessen gewisses Recht er damit betont, dass „dessen Sache, wie bekannt, sehr gerecht sei" (SW3, MK, S. 84f.). Dass der zweite Teil seiner Meinung an den zu früh jubilierenden Kämmerer, der Kohlhaas kein Recht auf Selbstjustiz zuerkennt, gerichtet ist, demonstriert, wie differenziert der „rechtschaffene" General mit der Angelegenheit umgeht. So nimmt er kein Blatt vor den Mund und bedeutet dem Geheimen Rat des Kurfürsten, dass „die damit verbundene Maßregel notwendig die wäre, einen Verhaftungsbefehl vorher gegen ihn zu erlassen, und wegen Mißbrauchs des landesherrlichen Namens den Prozeß zu machen." (SW3, MK, S. 84) Ferner macht er den Kämmerer auch auf seine Verantwortung für den Aufstand des Pferdehändlers aufmerksam, indem er präzisiert, dass man dem Letzteren „das Schwert, das er führe, selbst in die Hand gegeben" habe (SW3, MK, S. 85). Der erste Auftritt von Prinz Christiern von Meißen ist aber nicht nur mit dem so erörterten ideellen Kampf gekennzeichnet. Die Fortsetzung seiner Meinung ist eine Überwindung eines Korruptionsversuchs von Seiten des Kämmerers, denn Kunz von Tronka bringt nach dem ersten ihm günstigen Teil der Rede des Generals Stühle für ihn und den Kurfürsten, während er den anders denkenden Großkanzler Graf Wrede ignoriert (SW3, MK, S. 84). Auch dem Lob der „Rechtschaffenheit und Einsicht" unterliegt der General nicht. Dass er lieber den Stuhl

[299] Laut Duden war der Landfriede ein im Mittelalter „vom Landesherrn festgelegter, zunächst zeitlich begrenzter Friede für das ganze Land od. für bestimmte Gebiete." (Duden – *Deutsches Universalwörterbuch.* A.a.O., S. 988.) Das *Handwörterbuch zur deutschen Rechtsgeschichte* gibt einige Details, die die Definition im Duden-Wörterbuch ergänzen. Dort definiert Landfriede als „sowohl den Zustand des Friedens im Sinne eines friedlichen Zusammenlebens der Bevölkerung, ergänzt durch eine geordnete und wirksame Verfolgung der Störungen dieses Friedenszustandes, als auch – im engeren Sinne – eine Gruppe von Rechtsnormen, die diesen Zustand herstellen und festigen wollen (Landfriedensgesetze)." (*Handwörterbuch zur deutschen Rechtsgeschichte.* Bd. II. Berlin 1978, Spalte 1451.)

[300] Kleist benutzt das Verb „aufheben", aber Duden definiert es als eine veraltete Form für „festnehmen, verhaften". (Duden – *Deutsches Universalwörterbuch.* A.a.O., S. 181.)

in der Hand hält und dem Korrumpierenden deutlich sagt, „daß er gar nicht Ursache hätte sich deshalb zu freuen“ (SW3, MK, S. 84), stellt unter Beweis, wie unbestechlich seine Position ist. Seine späteren Handlungen verfolgen das Ziel, die vorschriftsmäßige Regelung der Gerichtssache zu garantieren, nachdem der mit der Lösung der Angelegenheit beauftragte Großkanzler Graf Wrede Kohlhaas öffentlich ein freies Geleit versprochen hat.

Entsprechend seiner Verantwortung für die Sicherheit des Landes verhört der General als erster Kohlhaas bei dessen Ankunft in Dresden. Dass dies aber dem allgemeinen Zweck dienen soll, macht der Chronist in den folgenden Zeilen deutlich, indem er davon spricht, dass der Prinz von Meißen auf die Meldung der Ankunft des Pferdehändlers „für zweckmäßig hielt, augenblicklich sich selbst von dem Verhältnis, in welchem man mit diesem Mann stand, zu unterrichten“ (SW3, MK, S. 87). Dass er nach dem Verhör Kohlhaas versichert, dass nichts seinem Prozess im Weg stehe, und ihm Landesknechte zu seinem Schutz zur Verfügung stellt, ist ein weiterer Beitrag zur Verwirklichung der Rechtsstaatlichkeit (SW3, MK, S. 88f.). Dass der oberste General des Reiches trotzdem eine Autorität bleibt, der Respekt gebührt, demonstriert dieser dadurch, dass er den im Land berühmt gewordenen Pferdehändler am Ende des ersten Besuchs „mit einer herablassenden Bewegung der Hand“ grüßt (SW3, MK, S. 89).

Der Zweck der zweiten Zusammenkunft mit Kohlhaas dient auch der Sicherung der Gesetzmäßigkeit des Vorgangs. Obwohl er mit der Erscheinung von Kohlhaasens altem Mitstreiter Johann Nagelschmidt und der verhöhnenden Dramatisierung derselben durch den Mundschenk, Herrn Hinz von Tronka, unzufrieden ist, versichert sich der Chef der Polizei über die Unschuld des Pferdehändlers, um ihn vor der bösen Absicht der von Tronkas zu schützen. Diese Verbindung von Gerechtigkeitsliebe und Verantwortlichkeit bringt der Chronist im Folgenden zum Ausdruck:

> Der Prinz Christiern von Meißen, über diese Wendung der Dinge, die seines Herrn Ruhm auf die empfindlichste Weise zu beflecken drohete, sehr mißvergnügt, begab sich sogleich zu demselben aufs Schloß; und das Interesse der Ritter, den Kohlhaas, wenn es möglich wäre, auf den Grund neuer Vergehungen zu stürzen, wohl durchschauend, bat er sich von demselben die Erlaubnis aus, unverzüglich ein Verhör über den Roßhändler anstellen zu dürfen. (SW3, MK, S.101)

Dieser kluge und dynamische Versuch, der Absicht der Ritter zuvorzukommen, bleibt dennoch im Rahmen der öffentlichen Vorgehensweise. Dies zeigt nicht nur die erbetene Erlaubnis für das Verhör, sondern vor allem die Reaktion des

Prinzen auf Kohlhaasens überzeugende Begründung seiner Unschuld. Hierzu erzählt der Chronist:

> Dem gemäß beruhigte der Prinz den Kohlhaas über den Verdacht, den man ihm, durch die Umstände notgedrungen, in dem Verhör habe äußern müssen; versicherte ihn, daß so lange Er in Dresden wäre, die ihm erteilte Amnestie auf keine Weise gebrochen werden solle (SW3, MK, S. 103).

Mit der Konditionierung der Sicherheit der „Amnestie“[301] mit seiner Anwesenheit, die Kleist hier mit der Hervorhebung von „Er“ extra unterschreibt, formuliert Prinz Christiern von Meißen allerdings indirekt die permanent drohende „Beliebigkeit“, deren negative Facette die von Tronkas und ihre Komplizen verkörpern. Es ist offensichtlich eine vernünftige Voraussage von dem, was bei seiner Abwesenheit geschehen kann und was die Sippe verwirklicht: Die Reise des Generals auf seine Güter nutzt sie aus, um Kohlhaas entgegen seinem freien Geleit zu erdrücken, ihn zu einem verhängnisvollen Fehlschritt zu verführen und

[301] Wenn man von dem öffentlichen Plakat des Großkanzlers Graf Wrede ausgeht, birgt die Versicherung des Generals über die Aufrechterhaltung der „erteilten Amnestie“ eine Verwechslung von „freies Geleit“, das Kohlhaas für die Justiz verfügbar macht, mit „Amnestie“, die erst bei der Feststellung der Gerechtigkeit von Kohlhaasens Klage gelten soll. In diese Richtung geht Raymond Lucas, indem er diese Verwechslung im Text und in der Forschung weitgehend anzeigt. (Vgl. Lucas, Raymond: *Die Aporie der Macht. Zum Problem der Amnestie in Kleists ‚Michael Kohlhaas'.* In: Kleist-Jahrbuch 1992. Stuttgart, Weimar 1992, S. 140-151.) Aber Lucas übersieht die Gleichsetzung beider Begriffe bei Prinz Christiern von Meißen, wenn er das obige Zitat ohne Kommentar zitiert. (Ebd., S. 143) Die Verwechslung scheint hier aber bewusst zu sein, zumal der rechtschaffene Chef der Polizei ferner eine Rücksprache mit Doktor Martin Luther zu spät findet, weil man „die Amnestie vor den Augen der ganzen Welt gebrochen“ habe (SW3, MK, S. 124f.). Mir scheint, dass der General auf Grund der Gewissheit von Kohlhaasens Recht, die angelobte Amnestie für definitiv hält, wie der Pferdehändler selbst auch glaubt. Ein anderes Versehen bei Lucas betrifft den sächsischen Kurfürsten, der lieber „freies Geleit“ anwenden soll. (Vgl. Lucas, Raymond: *Die Aporie der Macht. Zum Problem der Amnestie in Kleists ‚Michael Kohlhaas'.* A.a.O., S. 148.) Die Worte des Generals richten sich an den Kurfürsten, der von „vorher notwendiger Rücksprache mit dem Doktor Luther, der dem Kohlhaas die Amnestie ausgewirkt“, spricht (SW3, MK, S. 124). Insofern bestätigen alle erwähnten Gestalten die These, dass sie von der Gewissheit ausgehen, dass Kohlhaas „völlige Amnestie, seiner in Sachsen ausgeübten Gewalttätigkeiten wegen, zugestanden sein solle“, wie das Plakat verheißt (Ebd., S. 86). Interessant ist übrigens zu notieren, dass der Chef des Tribunals, Graf Wrede, nach der Veröffentlichung des Plakats die Begriffe weder angewendet, noch verwechselt hat. Er bleibt insofern ganz im Rahmen seiner Funktion als Chef des Tribunals und im Sinne des von ihm verfassten Plakats. Sieht man über *Michael Kohlhaas* hinaus, dann merkt man, dass Kleist das Wort in *Der Zweikampf* ohne Komplikation anwendet. Dort erkaufen Ritter ein freies Geleit für den angeschuldigten Grafen Jakob den Rotbart, damit er würdevoll vor Gericht erscheinen kann. Das freie Geleit hat aber keinen Einfluss auf den Ausgang des Prozesses. (Vgl. hierzu: SW3, DZ, S. 319)

ihn endlich aufgrund dessen zum Tod zu verurteilen, ohne den Junker Wenzel von Tronka überhaupt beurteilen zu lassen. Dass Prinz Christiern von Meißen nach seinem Rückruf dem Kurfürsten erfolgreich empfiehlt, den willkürlich verdammten Kohlhaas an den Berliner Hof, der ihn als seinen Untertanen gefordert hat, auszuliefern, ist daher eine Art Revanche und eine Fortsetzung seines Kampfes für Gerechtigkeit. Sein Festhalten an Rechtsstaatlichkeit trotz der Verworrenheit der Situation vernimmt der Leser aus den folgenden Worten, die der Chronist aus der Perspektive des Generals wiedergibt:

> Der Prinz, der obschon mit den Unziemlichkeiten die vorgefallen waren, wenig zufrieden, die Leitung der Kohlhaasischen Sache auf den Wunsch seines bedrängten Herrn, übernehmen mußte, fragte ihn, auf welchen Grund er nunmehr den Roßhändler bei dem Kammergericht zu Berlin verklagt wissen wolle (SW3, MK, S. 115).

Der rechtschaffene General, der mit „wenige[n] Worte[n]" den Kurfürsten zur Auslieferung von Kohlhaas an Berlin hat überreden können, weiß also nicht, wie er die ungerechte Verfolgung von Kohlhaas in Berlin unterstützen kann, obwohl dies seinem anfangs formulierten doppelschneidigen Urteil entsprechen würde. Für ihn hat Sachsen durch den willkürlichen Vorgang allen rechtlichen Anspruch verloren. Dieses nüchterne Urteil liest man aus der nicht emotionalen Argumentation gegen die direkte Bestellung eines sächsischen Staatsanwaltes nach Berlin, die der Chronist erneut aus der Perspektive von Prinz Christiern von Meißen formuliert. Es heißt nämlich, dass

> man sich auf den leidigen Brief desselben [von Kohlhaas, K.M.S.] an den Nagelschmidt, wegen der zweideutigen und unklaren Umstände, unter welchen er geschrieben war, nicht berufen konnte, der früheren Plünderungen und Einäscherungen aber, wegen des Plakats, worin sie ihm vergeben worden waren, nicht erwähnen durfte (SW3, MK, S. 115).

Der General bekräftigt später diese Position, indem er dem verwirrten Kurfürsten klarmacht, dass eine Rücksprache mit Doktor Martin Luther zwar gut, aber verspätet sei, „nachdem man demselben die Amnestie vor den Augen der ganzen Welt gebrochen, ihn arretiert, und zur Verurteilung und Hinrichtung an die brandenburgischen Gerichte ausgeliefert hätte." (SW3, MK, S. 125)

Dass Prinz Christiern von Meißen dem Kurfürsten die Entscheidung, Kohlhaas durch den Kaiser wegen des Bruchs des Landfriedens zu verfolgen, überlässt und die diesbezüglichen Aufgaben nur wegen seiner Pflicht ausführt (SW3, MK, S. 115 u. S. 124f.), bringt die schlechte Seite der Hierarchie zum Vorschein, deren Hindernisse im Kampf um Rechtsstaatlichkeit schon am Verhältnis zwischen Adam und Licht in *Der Zerbrochne Krug* erörtert wurden. Aus der subjektiven Perspektive des Lesers kann man denken, dass der General seinen Rücktritt anbieten sollte. Nur ist zu fragen, wie die Kultur der Demission in Monarchien war. Diese Frage ist umso interessanter, wenn man bedenkt, dass noch heute viele Verantwortungsträger nicht gern zurücktreten. Dass der Kurfürst, der im Nachhinein alles unternimmt, um Kohlhaas zum eigenen Vorteil am Leben zu halten, wegen der Unbestechlichkeit des Generals die Akten fordert, kann jedenfalls als eine Entlastung und zugleich ein Sieg des rechtschaffenen Untergebenen begrüßt werden.

II Der Anwalt und der Kampf für Rechtssicherheit

Im Gegensatz zum Drama *Der zerbrochne Krug* treten in *Michael Kohlhaas* Anwälte auf. Ihre Bezeichnung variiert im Text. Mal werden sie als „Advokat" benannt, mal als „Rechtsgehülfe" (SW3, MK, S. 39f.), mal als „Anwalt" (SW3, MK, S. 114), mal als „Reichsankläger" (SW3, MK, S. 115) oder „Räte" (SW3, MK, S. 105). Die Advokaten in *Michael Kohlhaas* agieren als Vertreter des Klägers und insoweit als Verteidiger von dessen Rechten. Aber ihre Handlungen werden von der Qualität des jeweiligen Systems beeinflusst.

II.1 Der Misserfolg der Dresdner Anwälte

II.1.1 Die Resignation des ersten Anwaltes

Der erste in der Novelle erwähnte Anwalt ist Kohlhaasens erster Advokat. Das Verhältnis des Anklägers zu ihm lässt darauf schließen, dass es sich um den persönlichen Anwalt des Pferdehändlers in Sachsen handelt: „Er [Kohlhaas, K.M.S.] speisete bei seinem Advokaten, der selbst ein ansehnlicher Mann war, mehrere Mal heiter zu Tisch" (SW3, MK, S. 39). Dass Kohlhaas ihm „eine Summe Geldes, zur Bestreitung der Prozeßkosten" zur Verfügung stellt und „völlig von demselben über den Ausgang seiner Rechtssache beruhigt" nach Kohlhaasenbrück fährt (SW3, MK, S. 39), bekräftigt die Vertrautheit zwischen beiden und beweist das große Vertrauen, das der Ankläger in seinen Anwalt hat. Das imponierende Ansehen des Advokaten sowie die reichlichen Geldmittel lassen den Leser wie den Protagonisten eine erfolgreiche Gerichtshandlung erwarten. Die Nachricht des Anwaltes nach fast einem Jahr an Kohlhaas, „daß die Klage, auf eine höhere Insinuation, bei dem Dresdner Gerichtshofe, gänzlich niedergeschlagen worden sei", ist der Ausdruck der Niederlage des Advokaten.

Die Begründung dieses Scheiterns macht deutlich, dass er der Vetternwirtschaft der Herren von Tronka unterlegen ist:

> Auf die befremdete Rückschrift des Roßkamms, worin dies seinen Grund habe, meldete ihm jener: daß der Junker Wenzel von Tronka mit zwei Jungherren, Hinz und Kunz von Tronka, verwandt sei, deren Einer, bei der Person des Herrn, Mundschenk, der Andre gar Kämmerer sei. (SW3, MK, S. 41)

Diese nicht juristische Begründung zeugt von seinem Mangel an Unabhängigkeit von dem sächsischen feudalen System, das über die Gesetze hinweg geht, wenn sich höhere Persönlichkeiten strafbar machen. Das Adverb „gar", das im Zitat vor „Kämmerer" kommt, macht deutlich, dass die Lage desto schlimmer sein muss, je höher die betroffene Persönlichkeit steht. Dies entspricht zusehends dem vorhin erörterten Rechtsbewusstsein der Adligen, nach dem das Gewicht des Standes entscheidender als die allgemein bürgerlichen Regeln ist.

Dass der Anwalt in der Fortsetzung seiner Erklärung Kohlhaas von weiteren Bemühungen beim Tribunal abrät und ihn bittet, „ihn wenigstens, mit ferneren Aufträgen in dieser Sache zu verschonen", falls er sich mit der Abholung der abgemagerten Rappen nicht begnügen wolle (SW3, MK, S. 41), macht deutlich, dass er zum Opfer des herrschenden Systems geworden ist. Mit dieser Ohnmacht des Advokaten, trotz seines Ansehens und seiner Kompetenz, platzt die Hoffnung auf einen erfolgreichen Ausgang des Rechtsstreits. Deshalb ist Kohlhaas von der Niederlage der Sache *befremdet* (SW3, MK, S. 41) und stellt später die Frage, „warum man also verfahren?" (SW3, MK, S. 45) Dem offenbar zur Demission gezwungenen Anwalt ist es wahrscheinlich gelungen, seine Position im System zu bewahren. Das richtige Opfer ist dahingegen der Pferdehändler, der sein Recht nicht bekommt und nur noch die Wahl hat, entweder die Verfolgung der Sache aufzugeben, oder einen anderen Advokaten damit zu beauftragen. Erst nach der Vermittlung von Dr. Martin Luther bei dem sächsischen Kurfürsten bekommt Kohlhaas die Möglichkeit, die zweite Wahl in Anspruch zu nehmen.

II.1.2 Der umgangene Advokat

Der zweite Anwalt kommt erst nach Doktor Martin Luthers Einwirkung in die Handlung. Im Gegensatz zum ersten Rechtsgehilfen, der privat tätig ist, ist der neue Advokat beim Gericht angestellt (SW3, MK, S. 89). Er hat nicht nur ebenfalls ein gewisses Ansehen, sondern auch eine höhere Position in der Rechtspflege. Der Chronist bezeichnet ihn deshalb als „berühmten Advokaten der Stadt“ (SW3, MK, S. 89). Die Tatsache, dass der Großkanzler Graf Wrede, dessen Gerechtigkeitsliebe schon erörtert wurde, ihn Kohlhaas empfiehlt, scheint dies zu bekräftigen und schafft eine bestimmte Hoffnung auf einen besseren Ausgang. Diesmal bezahlt Kohlhaas kein Geld, aber die Klage verfasst er mit dem vom Staat angestellten Anwalt auch „in dessen Wohnung“ (SW3, MK, S. 89); was kulturhistorisch annehmen lässt, dass die Advokaten, ob freiberuflich oder angestellt, im 17. Jahrhundert wahrscheinlich noch keine richtige Kanzlei hatten. Außer dieser für beide Anwälte charakteristischen Eigenschaft als Privatanwälte fungiert der zweite Advokat auch überwiegend als Vertreter des Anklägers im Prozess gegen den Jungherrn Wenzel von Tronka. Gleich nach der Formulierung der Beschwerde fährt Kohlhaas „unter der Begleitung des ihn immer noch angaffenden Volks, nach Hause zurück, wohl entschlossen, es anders nicht, als nur wenn notwendige Geschäfte ihn riefen, zu verlassen.“ (SW3, MK, S. 89) Dass der Pferdehändler später den Chef des Tribunals „auf seinen, von dem Rechtsfall wohl unterrichteten Advokaten“ verweist, um dessen Erlaubnis für seine Reise nach Kohlhaasenbrück zu bekommen (SW3, MK, S. 105), bestätigt diese Vertreterrolle und deutet zugleich auf den Verlass des Anklägers auf seinen Anwalt hin.

Der Anwalt wird aber nur bei der Abfassung der Klage und bei dem Gesuch von Kohlhaas erwähnt. Obwohl er den Ankläger vertreten soll, wird der Advokat genau so wie der normale Prozess umgangen. Er wird bei keinem der verschiedenen Versuche, die Rechtssache außergerichtlich zu behandeln, angesprochen (SW3, MK, S. 94f. und S. 98f.). Auch bei dem von Prinz Christiern von Meißen organisierten Verhör, um Kohlhaasens Verhältnis zu seinem alten Knecht zu überprüfen, ist der Anwalt nicht anwesend (SW3, MK, S. 100ff.). Allein durch den Bericht über das Scheitern der „Wendungen arglistiger und rabulistischer Art“ der Sippe im eigentlichen Prozess bemerkt der Leser, dass der Anwalt den Pferdehändler erfolgreich vertreten und verteidigt haben soll. Hierzu lässt der Chronist wissen, dass die Argumente der Jungherren und der falschen Zeugen zum kranken Zustand der Pferde von Kohlhaas sowie ihre Lügen „nach weitläufigen Untersuchungen und Auseinandersetzungen, aus dem Felde *geschlagen* waren.“ (SW3, MK, S. 104, Hervorhebung von mir, K.M.S.) Obgleich der Advokat nicht namentlich erwähnt wird, macht die Behauptung des Großkanzlers Graf Wrede über den Stand der Sache klar, dass Kohlhaas selbst beim Prozess abwesend war. Dem Pferdehändler erklärt der Chef des Tribunals, „daß seine Anwesenheit grade jetzt notwendiger sei als jemals, indem das Gericht wegen arglistiger und winkelziehender Einwendungen der Gegenpart, seiner Aussagen und Erörterungen, in tausenderlei nicht vorherzusehenden Fällen, bedürfe“

(SW3, MK, S. 104f.). Es ist also dem kompetenten Rechtsanwalt gelungen, den Machenschaften der Gegenpartei zu widerstehen. Sein Kampf geht aber nicht bis zum Ende, zumal er bei der weiteren Verstrickung der Winkelzüge, die auch nicht zum offiziellen Verfahren gehören, wieder keine direkte oder mittelbare Erwähnung findet. Auch Kohlhaas selbst fragt den Rechtsgehilfen nicht nach Rat, wenn er um Ausreiseerlaubnis bittet (SW3, MK, S. 105). Sogar angesichts des Bruchs seines freien Geleites, den der Ankläger als „Schein der Gerechtigkeit" empfindet, wendet er sich nicht an den Anwalt (SW3, MK, S. 106f.). Nirgends ergreift der Advokat eine eigene Initiative, um seinen Klienten vor der Willkür zu schützen. Die Distanzierung des Anwaltes gipfelt in dem Scheinprozess gegen Kohlhaas, der mit der Verurteilung, „mit glühenden Zangen von Schinderknechten gekniffen, geviertelt, und sein Körper, zwischen Rad und Galgen, verbrannt zu werden", ausgeht (SW3, MK, S. 113). Obwohl der Kohlhaas kompromittierende Brief in der ganzen Stadt ausgehängt wird, tritt der Anwalt nicht auf, um mögliche beschwichtigende Umstände zu überprüfen bzw. geltend zu machen, von denen der General Prinz Christiern von Meißen oben redet. Der Chronist erzählt hierzu, dass man Kohlhaas auf Grund des Briefes den Prozess gemacht habe (SW3, MK, S. 113). Während der Pferdehändler im hängenden Prozess vom Anwalt vertreten wird, wird er in der Art Strafprozess für landschädliche Leute[302] unmittelbar gefragt, „ob er zu seiner Verteidigung etwas vorzubringen wisse" (SW3, MK, S. 113).

Augenfällig wird der Anwalt nur in den offiziellen Sachen, die den eigentlichen Prozess betreffen, aktiv. Dies lässt folgern, dass das System es so will, dass der Advokat erst einbezogen wird, wenn man ihn öffentlich braucht. Er ist deshalb keiner, der Initiativen ergreift. Diese Beschränkung scheint hier ein richtiger Mangel zu sein, zumal sie die Umgehung der Tätigkeit des Anwaltes durch die Sippe leicht macht, seine schon geleistete Arbeit zunichte macht, und den Man-

---

[302] Die so genannten „landschädlichen Leute" waren Banden aus u.a. entlassenen früheren Söldnern, wie Johann Nagelschmidt in Kleists Text, die mit einer hohen Kriminalität verbreitete Unsicherheit in den frisch entstandenen deutschen Territorialstaaten anstifteten. Ihre Existenz dauerte bis nach dem 30-jährigen Krieg (1618-1648) an. (Vgl. Schild, Wolfgang: *Alte Gerichtsbarkeit. Vom Gottesurteil bis zum Beginn der modernen Rechtssprechung.* A.a.O., S. 104). Zu ihrer Verfolgung war in Städten „nur ein Kläger erforderlich, der beschwor, daß der Angeschuldigte die bezichtigte Tat begangen habe". (Ebd., S. 156.) „Eideshelfer" unterstützten ihn. Nach dem Eid des Anklägers und seiner Helfer „war bei todeswürdiger Tat das Todesurteil spruchreif, irgendeine Reinigung oder Verteidigung war nicht möglich." (Ebd.) Im Fall des mit dem Lauf der Zeit erlaubten Verzichtes auf einen privaten oder öffentlichen Ankläger stimmte der Stadtrat in einer Sitzung darüber ab, „ob der Angeschuldigte ein übelbeleumundeter, landschädlicher Mensch sei." (Ebd., 156ff.) Die Bejahung der Frage durch die Mehrheit machte das Todesurteil spruchreif. (Vgl. ebd., S. 158.)

danten der Willkür der nach Ehrengesetz funktionierenden Ritter ausliefert. Bei genauerem Zusehen liegt der Misserfolg des zweiten Advokaten in Dresden des Weiteren an der überzogenen Dauer des Prozesses gegen den Junker; was von einem Anwalt mit mehr Freiraum verhindert werden könnte. Dies bestätigt der Erfolg der übrigen Anwälte im Text. Insoweit scheint Kleist auf dieser Ebene, am zweiten Rechtsgehilfen die vom ersten Advokaten erwähnte „höhere Insinuation" zu entwickeln.

II.2 Der Nachdruck als Mittel zum Erfolg des Anwaltes

II.2.1 Der brandenburgische Anwalt

Kohlhaasens dritter Anwalt ist wie der zweite vom Staat beauftragt, den Pferdehändler zu vertreten. Der Chronist lässt zwar nicht wörtlich wissen, ob er beim Gericht angestellt ist, aber die Bedingungen seiner Mission deuten darauf hin, denn der neue Erzkanzler von Brandenburg, Herr Heinrich von Geusau bestellt

> Pässe für einen Anwalt, den der Kurfürst nach Dresden zu schicken Willens sei, um dem Kohlhaas, wegen der ihm auf sächsischem Grund und Boden abgenommenen Rappen und anderer himmelschreienden Mißhandlungen und Gewalttaten halber, gegen den Junker Wenzel von Tronka, Recht zu verschaffen. (SW3, MK, S. 114)

Wie die früheren Advokaten soll auch der neue Anwalt Kohlhaasens Rechte erkämpfen. Aber im Gegensatz dazu, dass der erste vom Ankläger selbst beauftragt wird und der zweite beim Gericht angestellt ist, wird der Dienst vom Anwalt aus Brandenburg direkt von den zwei wichtigsten Persönlichkeiten des Landes in Anspruch genommen, sodass im Vordergrund kein Kampf gegen das eigene System besteht. Entscheidend für die Beurteilung seiner Mission ist demzufolge, ob und wie er gegen die Sippe in Dresden siegt. Von dem Mund des rechtschaffenen Prinzen Christiern von Meißen erfährt der Leser, wie entschlossen der Anwalt seiner Mission nachkommt. Der General erklärt seinem Kurfürsten, dass

> der brandenburgische Anwalt Zäuner, gegen den Junker von Tronka mit dem trotzigsten Nachdruck verfahre, und bereits auf eine vorläufige Zurückziehung der Rappen, aus den Händen des Abdeckers, behufs ihrer künftigen Wiederherstellung, bei dem Gerichtshof angetragen, und auch aller Einwendungen der Gegenpart ungeachtet, durchgesetzt habe. (SW3, MK, S. 125)

Von dem vollständigen Erfolg des Rechtsanwaltes in Dresden erfährt man, wenn der Chronist von dem Richttag erzählt. Dabei nennt der Erzähler den Erzkanzler anstelle des beauftragten Advokaten, um die starke Unterstützung, den politischen Willen des Staates zum Ausdruck zu bringen. Nach der Nachricht, dass der Anwalt Anton Zäuner das „Conclusum des Dresdner Hofgerichts“ in der Hand hält, heißt es, „der Erzkanzler, Herr Heinrich, hatte die Klage, die er, im Namen seines Herrn, in Dresden anhängig gemacht, Punkt für Punkt, und ohne die mindeste Einschränkung gegen den Junker Wenzel von Tronka, durchgesetzt“ (SW3, MK, S. 140). Dies wird ferner mit der Nachricht bestätigt, dass „der Junker Wenzel zu zweijähriger Gefängnisstrafe verurteilt ward“ (SW3, MK, S. 140).

Dank seinem „trotzigsten Nachdruck“ ist es dem Anwalt Zäuner also gelungen, sich der arglistigen Gegenpart zu widersetzen und somit alles gesetzlich zu erzwingen, was die früheren Advokaten nicht erreicht haben. Abgesehen von diesem persönlichen Verdienst erweckt die Tatsache, dass der Chronist darauf aufmerksam macht, dass der Anwalt ein Rechtsgelehrter sei (SW3, MK, S. 139), den Eindruck, dass seine Bildung einen Unterschied zu den anderen Anwälten darstellt und damit eine qualitative Differenz vom brandenburgischen Rechtssystem zu dem sächsischen besteht. Es fällt übrigens auf, dass die sächsischen Anwälte im Text nicht bei ihren Namen genannt werden, im Gegensatz zu denjenigen aus Brandenburg oder aus Wien. Damit scheinen sie für Kleist keine große Bedeutung zu haben. Wie ihre nur zu kurz ausgeführte Arbeit, hinterlassen sie keine bleibende Spur von sich. Berücksichtigt man die systembedingten Hindernisse der Dresdner Anwälte, so lässt sich anschließend festhalten, dass ein Anwalt aus einem anderen Land oder System in einem Staat mit doppelspuriger Rechtsordnung wirksamer sein kann als die Einheimischen. Dabei ist aber nicht zu übersehen, dass dies in *Michael Kohlhaas* dadurch begünstigt wird, dass ein Machtgefälle zwischen den Staaten herrscht und Kohlhaas als brandenburgischer Bürger reklamiert werden kann.

II.2.2 Der kaiserliche Rechtsankläger

Auch dem vom Kaiser nach Berlin geschickten Anwalt Franz Müller ist seine Mission gelungen, Kohlhaas wegen Verletzung des Landfriedens zur Rechenschaft zu ziehen (SW3, MK, S. 140f.). Wie der beim Kaiser als Hof-Assessor fungierende Rechtsankläger seine Mission ausgeführt hat, vernimmt man aus den Erklärungen des brandenburgischen Kurfürsten an seinen Kollegen aus Sachsen, der im letzten Moment vorgibt, Kohlhaas vor dem Todesurteil retten zu wollen. Hierzu berichtet der Chronist über die Antwort des Landesherrn, „'dass *der Nachdruck*, mit welchem der Anwalt kaiserlicher Majestät verführe, platterdings nicht erlaube, dem Wunsch, den er ihm geäußert, gemäß, von der strengen Vorschrift der Gesetze abzuweichen.'" (SW3, MK, S. 127, Hervorhebung von mir, K.M.S.) Dass das nach dem kaiserlichen Landfrieden gerechte Todesurteil ein Ergebnis der Kompetenz des Anwaltes ist, ist außerdem aus der Tatsache herauszulesen, dass er an dem Richttag „eine Abschrift des Todesurteils in der Hand" hält (SW3, MK, S. 139).

So wie der Nachdruck des brandenburgischen Anwaltes die sächsische Macht zur Gerechtigkeit für den Pferdehändler zwingt, verhindert er die Verwirklichung vom Wunsch des sächsischen Kurfürsten, die Gesetze des reichweit geltenden Landfriedens zu brechen. Dank dieser Eigenschaft ist es dem Anwalt Franz Müller geglückt, der Forderung des Kaisers nach einer Gesetzmäßigkeit des Prozesses (SW3, MK, S. 126) zufrieden stellend entgegenzukommen. Der Nachdruck gilt insoweit als exzellentes Kampfmittel des Advokaten für die Gesetzestreue und die Rechtssicherheit.

Es gibt in der Novelle einen anderen Anwalt. Es geht um den Gerichtsrat Eibenmayer, den Sachsen nach Wien geschickt hat, um den Kaiser dazu zu veranlassen, Kohlhaas wegen des Bruchs des kaiserlichen Landfriedens anzuklagen (SW3, MK, S. 124). Die Art und Weise, wie er den Auftrag ausgeführt hat, wird dem Leser nicht so veranschaulicht wie bei den letzten Advokaten. Aus dem Mund des Generals liest man nur, „daß die Instruktion, die er erhalten, ihm eine ungesäumte Abmachung dieses Geschäfts, gleich nach seiner Ankunft in Wien zur Pflicht gemacht hätte." (SW3, MK, S. 125) Da der Kaiser rechtzeitig einen Rechtsankläger nach Berlin geschickt hat, ist dennoch anzunehmen, dass auch der von der sächsischen Landesherrschaft beauftragte Anwalt seine Mission kompetent und erfolgreich ausgeführt hat. Auch hier werden Amt und Name des Advokaten bekannt gegeben. Dies bestätigt die Annahme, dass Kleist die Anwälte je nach der Qualität und dem Ergebnis ihrer Arbeit einschätzt. Das bekräftigt aber auch die Tatsache, dass der Erfolg des Advokaten davon abhängt, ob er gegen das herrschende System oder in dessen Auftrag handelt.

Wenn man sich für die Entstehungszeit der Novelle interessiert, so widerspiegelt Kleists Text einigermaßen die Schwierigkeiten, welche die Ausübung des seit dem 15. Jahrhundert im deutschen Sprachgebiet belegten Berufs[303] unangenehm beziehungsweise gefährlich machten. Die Hürden, mit denen die freiberuflichen

[303] *Handwörterbuch zur deutschen Rechtsgeschichte.* A.a.O., Spalte 182.

„bevollmächtigten Prozessvertreter“ konfrontiert waren, werden im *Handwörterbuch zur deutschen Rechtsgeschichte* wie folgt zusammengefasst:

> Verteidigungen führten in den Bereich des peinlichen Gerichts und des Henkers. Klagen gegen hohe Standespersonen oder gegen hohe Beamte konnten in früheren Zeiten bei vielfacher Neigung zu Willkür und Gewalttat Gefahr für Leib und Leben eines Sachwalters und für die Sicherheit seiner eigenen Familie heraufbeschwören.[304]

An der Demission des ersten Anwaltes und der willkürlichen Entlassung des Großkanzlers Graf Wrede demonstriert Kleist also, wie schwer die soziale Unsicherheit dieser Agenten der Rechtssicherheit die Gewährleistung der Gerechtigkeit beschädigt. Indem der Dichter die freiberuflichen Anwälte scheitern und einen Gerichtsrat, einen Hof-Assessor[305] und einen Rechtsgelehrten siegen lässt, scheint er außerdem aus der Geschichte für die Gegenwart zu lernen, denn Prokuratoren und Advokaten wurden jeweils 1725 unter Friedrich Wilhelm I. und 1780 unter Friedrich II. abgeschafft und durch beamtete Assistenzräte und Justizkommissare ersetzt. Sie gewannen erst seit dem Ausgang des 18. Jh. wieder an Ansehen.[306] Mit der Betonung des Nachdrucks sowie der Unabhängigkeit von systeminternen Einflüssen als Mittel zum Erfolg scheint Kleist sowohl für mehr Kompetenz der Anwälte, als auch für bessere strukturelle Bedingungen für die Ausübung ihres Berufs zu plädieren.

Nicht nur in *Michael Kohlhaas* werden Schwierigkeiten von Anwälten und Verantwortungsträgern in der Justiz thematisiert. Auch in *Der Zweikampf* treten Figuren mit Verantwortungen im Justizapparat auf, die mit anderen Aspekten der Rechtsstaatlichkeit konfrontiert werden.

---

[304] *Handwörterbuch zur deutschen Rechtsgeschichte*. A.a.O., Spalte 188f.

[305] Die Bedeutung von Assessoren im einstigen Rechtssystem wird auch in *Der Zweikampf* widergespiegelt. Dort besteht das vom deutschen Kaiser zusammengesetzte siebzehnköpfige Gericht aus Grafen, Rittern und Gerichtsassessoren. (Vgl. SW3, DZ, S. 319)

[306] *Handwörterbuch zur deutschen Rechtsgeschichte*. A.a.O., Spalte 189f.

Kapitel 7: Das Justizpersonal und Rechtssicherheit in *Der Zweikampf*

I Das Gericht

I.1 Konditionierte Freiheit des Gerichts

Das Gericht in der ins Ende des vierzehnten Jahrhunderts situierten Novelle *Der Zweikampf* ist keine permanente Instanz; es wird nur bei Bedarf zusammengestellt. Es ist der Fall sowohl auf Landesebene, als auch auf Reichsebene. Über diese Organisation der Gerichtsbarkeit auf dem Niveau des Landes erfährt der Leser durch die arglistige Forderung von Graf Jacob dem Rotbart, seine Schuld nur „vor den Schranken eines förmlich von der Herzogin niedergesetzten Gerichts" zu beweisen (SW3, DZ, S. 318). Die Darstellung dieser Gestaltung des Gerichts auf Reichsebene ermöglicht die Verschiebung der Klärung des Mordes am verstorbenen Herzog in die Verantwortung des Kaisers. Der Kaiser kann das Gericht an jedem Ort, wo er sich zum Zeitpunkt des Eingangs der Klage befindet, zusammenstellen. Die Details in der Erzählung der Komposition des Tribunals in Basel sind in dieser Hinsicht aufschlussreich: „Der Kaiser, der sich wegen Verhandlungen mit der Eidgenossenschaft grade damals in Basel aufhielt, willigte in diesen Wunsch; er setzte daselbst ein Gericht von drei Grafen, zwölf Rittern und zwei Gerichtsassessoren nieder" (SW3, DZ, S. 319). Die Mitglieder des „ad hoc" Gerichts fungieren als „Richter" (SW3, DZ, S. 329). Das Reichsoberhaupt, als „erster Richter", nimmt zwar nicht direkt an den Sitzungen des Tribunals teil, aber er legt die Aufgabe und die Richtlinien seiner Mission fest. So spricht der Erzähler davon, dass der Kaiser den angeklagten Grafen aufgefordert habe,

> sich dem erwähnten Gericht zu stellen, und demselben über die beiden Punkte: wie der Pfeil, der, nach seinem eignen Geständnis sein gehöre, in die Hände des Mörders gekommen? auch: an welchem dritten Ort er sich in der Nacht des heiligen Remigius aufgehalten habe, Red' und Antwort zu geben. (SW3, DZ, S. 319)

Es handelt sich hier also um keine richtig unabhängige Instanz. Diese Abhängigkeit formuliert der Graf ganz deutlich, indem er in seiner Selbstverteidigung die Ritter zu Vertretern des Kaisers reduziert. Er spricht von der Frage, die „die kaiserliche Majestät durch euren Mund an mein Gewissen richtet" (SW3, DZ, S. 320). Die Richter haben aber die Freiheit, die treffenden Fragen zu stellen, welche zur Klärung der Streitsache nach dem Wunsch des Kaisers führen sollen. Auch vom Mund des Grafen erfährt der Leser, dass die Richter den Angeklagten gefragt hätten, „warum es weder wahrscheinlich, noch auch selbst möglich sei, dass ich an dem Mord meines Bruders, es sei nun persönlich oder mittelbar, Teil genommen“ habe (SW3, DZ, S. 320). Das Gericht muss dem Kaiser einen Bericht über den Gang der Sitzung abstatten, der dann die entsprechende Entscheidung fällt, beziehungsweise das Urteil vordefiniert, das das Gericht öffentlich ausspricht. Zwei Stellen illustrieren diese Arbeitsweise. Zum einen beschließt das Gericht, die Klage gegen Graf Jacob den Rotbart über den Mord am Herzog unverzüglich „sofort aufzuheben“ (SW3, DZ, S. 328), aber es muss zuerst nach der Meinung des Kaisers fragen, bevor es den Beschluss formalisiert: „Demnach ward, auf ausdrücklichen Befehl des Kaisers, der Graf Jacob der Rotbart von neuem vor Gericht geladen, um feierlich, bei offenen Türen, von dem Verdacht, zur Ermordung des Herzogs mitgewirkt zu haben, freigesprochen zu werden.“ (SW3, DZ, S. 328) Zum anderen schließt das Tribunal nach dem Einspruch des Kämmerers und dem Einverständnis des Grafen die Session und schickt „eine Deputation, mit dem Bericht über diesen Vorfall an den Kaiser ab“ (SW3, DZ, S. 329). Nicht nur hat es augenfällig nicht die Befugnis, den Zweikampf zu erlauben, sondern es ist auch ein „Vorfall“, der dem vorab beschlossenen Urteil des Kaisers nicht entspricht, denn: „das Gericht machte sich bereit, dem Schluß des Kaisers gemäß, in Bezug auf den ihm zur Seite stehenden Angeklagten, zu einer förmlichen Ehrenerklärung zu schreiten: als Hr. Friedrich von Trota vor die Schranken trat“ (SW3, DZ, S. 328).

Von der Abhängigkeit des Gerichtes vom ersten Richter des Kaisertums abgesehen, lässt das Gericht den juristisch sachkundigen Angeklagten die Prozedur diktieren:

> 'Erstattet, ihr Herren,' sprach er, indem er sich zu den Richtern wandte, ‚kaiserlicher Majestät Bericht von dem Einspruch, welchen Hr. Friedrich getan, und ersucht sie, uns Stunde und Ort zu bestimmen, wo wir uns, mit dem Schwert in der Hand, zur Entscheidung dieser Streitsache begegnen können!' (SW3, DZ, S. 329)

Auch wenn anzunehmen ist, das die Anrede mit „ihr“ statt „Ihr“, wie Herrn Friedrichs Mutter zwei Seiten ferner Frau Littegarde von Auerstein anspricht, vielleicht standesgemäß ist, klingt der Ton arrogant und vermittelt den Eindruck, dass das Tribunal nicht von allen Adligen beachtet wird. Dies sagt zwar mehr über den schlechten Charakter des Grafen aus, aber das bringt zugleich die Manipulierbarkeit des Gerichtes durch den Angeklagten zum Ausdruck. Noch mehr, das deutet auf die Schwierigkeit des Tribunals hin, über eine so gewichtige und arglistige Persönlichkeit wie den Grafen Jacob den Rotbart zu richten.

I.2 Manipulierbares Gericht als Gefahr für die Rechtssicherheit

Das Gericht wird in der Novelle mehrmals von dem angeklagten Grafen manipuliert, wobei hier sowohl an das menschliche als auch an das göttliche Gericht gedacht wird. Das erste Mal lässt sich das Gericht zu Basel von den taktischen Argumenten des Grafen verblüffen und folgt seiner Ablenkung, die darin besteht, seinen nächtlichen Besuch im Haus der Familie von Breda als Alibi vorzuschützen (SW3, DZ, S. 320). Dass es bei dem Grafen um eine durchdachte politische Geste geht, zeigt Bernd Fischer im Folgenden deutlich:

> Frau Littegarde von Auerstein, ,die schönste, so auch, bis auf den Augenblick dieser schmählichen Anklage, die unbescholtenste und makelloseste Frau des Landes'. Welch ein Eklat! Aus dem ,schmählichen Angeklagten' wird ein ,schmählicher Ankläger', und doch erreicht Jacob mit dieser großartigen Geste, daß die Richtung des Prozesses bis zum Ende der Erzählung vom eigentlichen juristischen Streitpunkt auf die ganz anders geartete Frage nach Littegardens Ehre verlagert bleibt.[307]

Das zweite Mal lassen sich die Richter von der interessierten und kalkulierten Sorge des Grafen um Littegarde verblenden und überprüfen nicht mehr die Richtigkeit der Anschuldigung der Frau, obwohl sie den Brief mit der Mitteilung über das vermeintliche Verschwinden der Betroffenen nicht ernst nehmen. Es heißt:

> Nun waren die Richter zu Basel zwar weit entfernt, diesem Antrag, der ohnehin gar nicht vor ihr Forum gehörte, zu willfahren; da inzwischen der Graf Jacob, beim Empfang dieser Nachricht, von seiner Teilnahme an dem Schicksal Littegardens die unzweideutigsten und entscheidendsten Beweise gab, und heimlich, wie man erfuhr, Reuter ausschickte, um sie aufzusuchen und ihr einen Aufenthalt auf seiner Burg anzubieten: so setzte das Gericht in die Wahrhaftigkeit seiner Aussage keinen Zweifel mehr (SW3, DZ, S. 328).

Die daraufhin gefällte Entscheidung, die Anklage wegen des Mordes am Halbbruder „sofort aufzuheben“ und das vorgeschützte Abenteuer mit Frau Littegarde von Auerstein rücksichtslos aufzudecken, wird zwar nicht vom Erzähler kritisiert, aber es leuchtet dem Leser ein, dass die Manipulierbarkeit des Gerichtes die vermeintliche Schandtat der Beschuldigten hätte gelten lassen. Damit macht sich das Gericht an der Möglichkeit des Zweikampfs und der fast erfolgten Hinrichtung der tatsächlich schuldlosen Angeschuldigten und ihres Anwaltes schuldig; es stärkt die Rechtsunsicherheit, statt sie zu bekämpfen.

---

[307] Fischer, Bernd: *Der Ernst des Scheins in der Prosa Heinrich von Kleists: Am Beispiel des ,Zweikampfs'.* A.a.O., S. 218.

Es fällt darüber hinaus auf, dass der Graf Jacob der Rotbart in der Erklärung seiner Bereitschaft, den Zweikampf zu führen, seine Schuldlosigkeit nuanciert, sodass er das göttliche Gericht, das auf den Zweikampf wachen soll, auch manipulieren will. Er will nicht kämpfen, um seine Schuld am Mord seines Bruders zu widerlegen, sondern um den heimlichen Besuch bei Littegarde zu bestätigen, den er bis zur Erscheinung des Zimmermädchens Rosalie für richtig hält. Der Erzähler berichtet:

> Graf Jacob der Rotbart, nachdem er, blaß im Gesicht, den Handschuh aufgenommen, sagte: ‚so gewiß als Gott gerecht, im Urteil der Waffen, entscheidet, so gewiß werde ich dir *die Wahrhaftigkeit dessen, was ich, Frau Littegarden betreffend, notgedrungen verlautbart*, im ehrlichen ritterlichen Zweikampf beweisen!'(SW3, DZ, S. 329, Hervorhebungen von mir, K.M.S.)

Da Kleist, der seine Figuren sonst widersprüchlich gestaltet, den Erzähler keine Kritik am Gericht üben und seinen Beschluss eher rechtfertigen lässt, ist dennoch anzunehmen, dass der Dichter seinen Text absichtlich so gestaltet hat, dass sich das Gottesurteil unentbehrlich erweist. Auch in diesem Sinne ist die paradoxe Tatsache zu erklären, dass die lokalen Gerichte nach dem Zweikampf und der Erscheinung von Rosalie, dem Zimmermädchen von Frau Littegarde, das sich als klügere Strategin zeigt, ihre Verantwortlichkeit nicht zu Ende führen. Dieses gewollte Paradoxon drückt der unkritische Erzähler in einem Satz, dessen zweiteilige Struktur der genannten Absicht entspricht, aus. Im ersten Teil wird dem Leser die Idee vom Verantwortungsbewusstsein der Gerichte vermittelt:

> Die Gerichte, welche von dem sonderbaren Rechtsstreit, der in Basel anhängig gemacht worden war, schon gehört hatten, beeilten sich, diese Entdeckung, die für den Ausgang desselben von der größten Wichtigkeit war, zur Kenntnis des Tribunals zu bringen (SW3, DZ, S. 346).

Der zweite Teil, der nach einem Semikolon kommt, stellt nicht nur den Widerspruch dar, sondern er birgt ihn in sich. Zum einen würde „aber" und nicht „und" die plötzliche Änderung formal zum Vorschein bringen. Zum anderen richten die im ersten Teil des Satzes so positiv dargestellten Gerichte die Korrespondenz an den Angeklagten, statt sich an das Gericht zu Basel zu wenden. Das Öffentliche wird individualisiert, sodass man die Absicht, den öffentlichen Prozess endlich zu klären, nicht mehr erkennt:

> und da eben ein Ratsherr in öffentlichen Geschäften nach dieser Stadt abging, so gaben sie ihm, zur Auflösung des fürchterlichen Rätsels, das ganz

> Schwaben und die Schweiz beschäftigte, einen Brief mit der gerichtlichen Aussage des Mädchens, dem sie den Ring beifügten, für den Grafen Jacob den Rotbart mit. (SW3, DZ, S. 346)

Wenn man von der Mehrzahl der Gerichte, welche den Eindruck eines Fehlers bei Kleist erweckt, absieht, kann das Übrige nur zweckmäßig sein. Damit das Gottesurteil seine Bedeutung bewahrt, darf das menschliche Gericht nicht mehr soviel einwirken. Nicht nur manipuliert der Graf das Gericht, sondern sein Schöpfer manipuliert auch die anderen Gestalten. Die gleiche Konstellation ist bei dem in der Novelle handelnden Anwalt zu kontastieren, aber sein Verhältnis zur Rechtssicherheit und Rechtsstaatlichkeit wird komplexer dargestellt.

II Der Advokat

II.1 Der Anwalt aus Gefühl

In der Novelle *Der Zweikampf* lässt Kleist den Kämmerer Herrn Friedrich von Trota als Anwalt auftreten. Schon in dem dritten Satz des Textes macht der Erzähler auf diese Figur aufmerksam. Der Kämmerer war ein Vertrauensmann von Herzog Wilhelm von Breysach und ist über den tödlichen Angriff auf den Regierungschef „äußerst betroffen" (SW3, DZ, S. 314). Dass der Erzähler ihn namentlich erwähnt und das übrige Gefolge einfach durch ihren Stand „Ritter" nennt, deutet darauf hin, dass er eine bedeutende Rolle in der Novelle spielen wird. Aber entgegen der Erwartung des Lesers, dass er auf Grund seiner Qualität als Zeuge des Mordes handelt, tritt er erst auf, nachdem der verdächtigte Halbbruder des Ermordeten bei seiner Selbstverteidigung einen nächtlichen Besuch bei Frau Littegarde von Auerstein vorgibt. Bis zu seiner Vorstellung als Anwalt wird er nur aus emotionaler Perspektive präsentiert. Abgesehen von seiner Betroffenheit über den Mord an seinem Landesherrn ist Herr Friedrich von Trota unter den Rivalen um Frau Littegarde von Auerstein „der Teuerste und Liebste" (SW3, DZ, S. 321). Zur Begründung dieser Schätzung erfährt der Leser, dass der Kämmerer der Geliebten „einst auf der Jagd gegen den Anlauf eines verwundeten Ebers tüchtiger Weise das Leben gerettet hatte" (SW3, DZ, S. 321). Diese Tüchtigkeit, die an die Rettung von Thusnelda durch den römischen Diplomaten Ventidius in *Die Hermannsschlacht* erinnert[308], ist ein Vorzeichen für

[308] Dort rettet Ventidius Hermanns Gattin Thusnelda vor einem von ihrem Pfeil gereizten Urochsen und macht sich damit bei ihr sehr beliebt. (Vgl. Kleist, Heinrich von: *Sämtliche Werke und Briefe*: in vier Bänden. Hrsg. von Ilse-Marie Barth et al.. Bd. II. Frankfurt/Main: Deut-

die spätere Funktion des Kämmerers als Zweikämpfer anstelle der Geliebten. Die Betonung dieser Seite der Relation zwischen Herrn Friedrich von Trota und Frau Littegarde von Auerstein und die Tatsache, dass der Kämmerer Littegardens Freund geworden ist, bevor sie sich von ihm förmlich verabschiedet hat (SW3, DZ, S. 321), deutet auch schon auf die Basis und Methode der Verteidigung der entwürdigten Geliebten durch den Verehrer hin. Dies bekräftigt der Erzähler, indem er detailliert die Gründe nennt, warum sich Frau Littegarde von Auerstein zur Rettung ihrer Ehre an den Ex-Freund wendet:

> [S]ie fühlte wohl, daß sie ohne Beistand, gegen einen solchen Gegner, als der Graf Jacob der Rotbart war, vor dem Gericht zu Basel nichts ausrichten würde; und niemand schien ihr des Vertrauens, zur Verteidigung ihrer Ehre aufgerufen zu werden, würdiger, als ihr wackerer, ihr in Liebe, wie sie wohl wußte, immer noch ergebener Freund, der treffliche Kämmerer Hr. Friedrich von Trota. (SW3, DZ, S. 325)

Das Vertrauen von Frau Littegarde von Auerstein beruht nicht auf den juristischen Kompetenzen des Kämmerers, sondern auf seinen männlichen und menschlichen Qualitäten. Ihr Gesuch entspricht auch dieser emotionalen Perspektive, denn sie spricht ihren Freund nicht als Anwalt, sondern als schützenden Begleiter an:

> Sie bat Hrn. Friedrich, sie unter einer schicklichen Begleitung nach Basel zu befördern, und ihr daselbst einen Rechtsgehülfen anzuweisen, der ihr, bei ihrer Erscheinung vor dem von dem Kaiser eingesetzten Gericht, mit klugem und besonnenen Rat, gegen jene schändliche Beschuldigung, zur Seite stehen könne. (SW3, DZ, S. 326)

Die Entscheidung des Kämmerers, als Advokat der gedemütigten Geliebten aufzutreten, widerspricht den Wünschen von Littegarde. Anstatt an einen „kluge[n] und besonnenen" Beistand zu denken, bleibt der Kämmerer nur emotional:

> ‚[V]erliert kein Wort zur Verteidigung und Rechtfertigung eurer Unschuld! In meiner Brust spricht eine Stimme für euch, weit lebhafter und überzeugender, als alle Versicherungen, ja selbst als alle Rechtsgründe und Beweise, die ihr vielleicht aus der Verbindung der Umstände und Begebenheiten, vor dem Gericht zu Basel für euch aufzubringen vermögt. Nehmt mich, weil eure ungerechten und ungroßmütigen Brüder euch verlassen, als euren Freund und Bruder an, und gönnt mir den Ruhm, euer Anwalt in dieser Sa-

---

scher Klassiker Verlag 1997 (= Bibliothek deutscher Klassiker 122), I, A2, V. 75-136. Im Folgenden zitiert als SW2.)

> che zu sein; ich will den Glanz eurer Ehre vor dem Gericht zu Basel und vor dem Urteil der ganzen Welt wiederherstellen!' (SW3, DZ, S. 326)

Die Wortwahl des Kämmerers ist reich an juristischen Termini und zeigt, dass er die Regeln eines in einem Rechtsstaat laufenden Prozesses gut kennt. Sie bringt das Zeugnis für eine gewisse Kompetenz, die Mandantin rechtlich zu verteidigen. Dass Herr Friedrich von Trota dabei nicht einfach theoretisch prahlt, sondern sich bereits praktisch mit Prozessen auskennt, beweist dazu die Tatsache, dass er „in Akten, womit ihn ein Prozeß überschüttete, versenkt" ist, als Frau Littegarde zu ihm geführt wird (SW3, DZ, S. 325). Darüber hinaus lässt die Konzentration gegen Mitternacht auf die Akten auf die Sorgfalt des Kämmerers schließen. Aber der Rechtsgehilfe denkt an keinen Prozess, in dem er von seiner Fachkompetenz zeugen kann, sondern er beruft sich allein auf sein Vertrauen, auf sein Herz. Dabei verfolgt er auch ein eigenes Ziel, seinen „Ruhm". Die Feststellung der Merkwürdigkeit dieses Verhaltens eines Anwaltes überlässt der Erzähler nicht nur dem sorgfältigen Leser und Interpreten, sondern er macht auch deutlich darauf aufmerksam. So lässt er wissen, dass der Kämmerer sich nicht fachlich vorbereitet hat, sondern der Erscheinung, der „schicklichen Begleitung" mehr Bedeutung beigemessen hat. Es heißt:

> [S]chon am dritten Tage befand sich Hr. Friedrich von Trota, ohne sich über die Art und Weise, wie er seinen Beweis vor Gericht zu führen gedachte, auszulassen, mit einem zahlreichen Gefolge von Reisigen und Knappen auf der Straße nach Basel. (SW3, DZ, S. 327)

Der Anwalt verlässt sich also nicht auf seine fachliche Sachverständigkeit, sondern er übergibt sich hier ganz dem Gefühl, seinem Vertrauen zu Littegarde. Anstatt die Erklärungen der Beschuldigten aufmerksam zu hören und nach relevanten Einzelheiten zu befragen, sodass er wie Kohlhaasens zweiter Advokat gut unterrichtet sein kann, unterbricht der Rechtsverteidiger die Klientin, wie das obige Zitat mit seinem Angebot deutlich macht. Auch Frau Littegarde von Auerstein kümmert sich nicht um die juristische Kompetenz des Anwaltes. Obwohl sie selbst ganz genau weiß, was sie von ihrem Anwalt erwartet, weicht sie ganz der Unterbrechung ihrer Erklärungen und reagiert auf Herrn Friedrich von Trotas Angebot nur emotional. Kleists Wortwahl stellt das klar. So erfährt der Leser, dass Littegardens „Tränen vor Dankbarkeit und Rührung, bei so edelmütigen Äußerungen heftig flossen" (SW3, DZ, S. 326).

Offenbar hat die entschlossene Betonung der Emotionalität der Figuren trotz ihres großen Sinns für rein gesetzliche Prozesse eine Bedeutung für die Handlung. Sie ist vom Autor gewollt, denn Kleist lässt hier Prinzipien gelten, welche für Adlige standesgemäß sind. Nicht ausschließlich juristischer Sachverstand und Klugheit sind entscheidend, sondern das Ehrgefühl, die Bereitschaft zur Verteidigung der verletzten Ehre und der Kampf für den eigenen Ruhm. Diese Elemente waren die Motive für die Forderung zu einem Zweikampf, wie Kleist es mit seinem Titel beabsichtigt hat.[309] Wenn die Bedeutung der Ehre in *Michael Kohlhaas* und *Der Zerbrochne Krug* eine große Rolle spielt, hat sie hier ein besonderes Ausmaß. Littegardens Vater hat unter dem Schock der „Anzeige von *der Schande* seiner Tochter" den Geist aufgegeben, ohne dass die Beschuldigte „ihm ein Wort zur *Verteidigung ihrer Ehre* in die Ewigkeit mitgegeben" hat (SW3, DZ, S. 322, Hervorhebungen von mir, K.M.S.). Auch Littegardens unverständige Brüder verstoßen sie wegen der verletzten Ehre aus der Familie (SW3, DZ, S. 323). Die „schicklich[e] Begleitung", die eindrucksvolle Gefolgschaft des Kämmerers verfolgt das Ziel, sein Ansehen und dasjenige der Besudelten zu inszenieren. Dass die Hervorhebung der Empfindung zweckmäßig ist, zeigt darüber hinaus die Tatsache, dass der Dichter den Ankläger und den Anwalt nicht in die Lage versetzt, sich sachlich und fachlich über die Schuld oder Unschuld der Beschuldigten auseinanderzusetzen. Stattdessen richtet er den Prozess so ein, dass Herr Friedrich von Trota erst auftritt, um die Formalisierung des Urteils der Richter zu verhindern und den schuldbewussten und arglistigen Ankläger zum Zweikampf zu fordern (SW3, DZ, S. 328). Dabei hätte der Anwalt seinen Einspruch einfach einlegen können, damit das Gericht seine frühere Position, den Brief der Brüder nicht zu berücksichtigen, nochmals überdenkt und seine Untersuchung weiterführt. Unter diesen Umständen hätte ein richtiger Prozess mit rationalen Beweismaterialien stattfinden können, wie die spätere Geschichte mit Rosalie und ihrem Ring denkbar macht.

II.2 Das Scheitern des Anwaltes als Folge der Hervorhebung seines Eigeninteresses

II.2.1 Der Anwalt als Vertreter seiner Mandantin

Wie in *Michael Kohlhaas* fungiert der Anwalt in *Der Zweikampf* als Vertreter der Mandantin und damit als Verteidiger deren Ehre: Herr Friedrich von Trota macht sich ohne Frau Littegarde von Auerstein auf den Weg nach Basel (SW3,

---

[309] Vgl. Frevert, Ute: *Die Sprache der Ehre. Heinrich von Kleist und die Duellpraxis seiner Zeit.* In: Kleist-Jahrbuch 1999. Stuttgart, Weimar 2000, S. 215-221, insbesondere S. 215 -218. Vgl. auch Schubert, Ernst: *Der Zweikampf. Ein mittelalterliches Ordal und seine Vergegenwärtigung bei Heinrich von Kleist.* A.a.O., insbesondere S. 280f. u. S. 291-296.

DZ, S. 327). Mit seinem öffentlichen Einspruch hat er augenfällig gesetzmäßig gehandelt, zumal er als „Verteidiger Littegardens“ anerkannt wird (SW3, DZ, S. 329). Die Angeklagte[310] selbst wird erst nach dem Einspruch des Anwaltes vor dem Gericht von dem Kaiser nach Basel gerufen, „wie es die Ehrengesetze erforderten“, um dem Zweikampf beizuwohnen (SW3, DZ, S. 329). Dass Herr Friedrich von Trota eine Dame im Zweikampf vertritt, ist über die juristische Bedeutung hinaus der Verhältnisse der Geschlechter in der erzählten und Entstehungszeit der Novelle gemäß. Damals konnten Frauen „eine Ehrverletzung nicht selber ahnden, sie dürfen weder herausfordern, noch ein Duell bestreiten. An ihre Stelle tritt der Vater, Bruder oder Ehemann, der den Beleidiger in die Schranken fordert.“[311] Insoweit handelt der Kämmerer auch richtig, wenn er als Mann und Freund Frau Littegarde ehrengesetzlich vertritt und verteidigt.

II.2.2 Die Hervorhebung des eigenen Ruhmes als Verhängnis

Dass Herr Friedrich von Trota bei seinem Angebot, Frau Littegarde von Auersteins Anwalt zu werden, dabei auch an seinen eigenen Ruhm denkt, wurde schon erwähnt. Die gelungene Verteidigung der Ehre der Mandantin „vor dem Gericht zu Basel und vor dem Urteil der ganzen Welt“ sollte sein Ansehen erhöhen. Dass der Anwalt im Gerichtssaal ankommt, als das Gericht den Ankläger von dem Verdacht des Mordes formell freisprechen will, und seinen Einspruch öffentlich einlegt, geht in diese Richtung. Hierfür spricht nicht nur die Nachricht des Erzählers, dass „die Augen alles Volks auf ihn [den Anwalt, K.M.S.] gerichtet waren“ (SW3, DZ, S. 328), als er den Brief von Littegardens Brüdern zum Lesen erbittet. Auch der Dichter markiert den spektakulären Charakter des Auftretens formal, indem er die Erzählung der Arbeit der Richter mit Doppelpunkt unterbricht, um den Auftritt des Anwaltes zu beschreiben: „und das Gericht machte sich bereit, dem Schluß des Kaisers gemäß, in Bezug auf den ihm zur

---

[310] Modern betrachtet, kann man schwer den Begriff „Angeklagte“ auf Frau Littegarde von Auerstein anwenden, aber in dem Text wird sie so genannt. (Siehe z.B. SW3, DZ, S. 330) Hierzu gehört überhaupt auch die Funktion des Kämmerers als „Anwalt“ oder „Verteidiger Littegardens“, ohne die Kleists *Der Zweikampf* nicht bestünde. Dies entspricht auch der historischen Tatsache, dass die Verletzung der Ehre eines Adligen eine indirekte Anklage war, der ein Zweikampf oder Duell folgen könnte, in dem der Gekränkte als Gegenpartei seine Ehre verteidigen sollte. (Vgl. z.B. Frevert, Ute: *Die Sprache der Ehre. Heinrich von Kleist und die Duellpraxis seiner Zeit.* A.a.O., S. 217f.; Müller, Jan-Dirk: *Kleists Mittelalter-Phantasma. Zur Erzählung ‚Der Zweikampf‘ (1811).* In: Kleist-Jahrbuch 1998. Stuttgart, Weimar 1998, S. 3-20, insbesondere S. 5.)

[311] Frevert, Ute: *Die Sprache der Ehre. Heinrich von Kleist und die Duellpraxis seiner Zeit.* A.a.O., S. 220.

Seite stehenden Angeklagten, zu einer förmlichen Ehrenerklärung zu schreiten: als Hr. Friedrich von Trota vor die Schranken trat" (SW3, DZ, S. 328).

Dabei demonstriert der Anwalt, die geltenden Gesetze gut zu kennen. Da er sich nicht früher als Advokat gemeldet hat und die Angeklagte als verschollen gilt, präsentiert er sich nicht sofort als Anwalt, sondern beansprucht zuerst „das allgemeine Recht jedes unparteiischen Zuschauers" (SW3, DZ, S. 328). Die Bitte um eine Durchsicht des Briefes ist ein schlaues aber gesetzliches Mittel, seine Handlung zu legitimieren. Da die Menschen einschließlich des Kaisers als höchster Instanz auf Erden kein gerechtes Urteil fällen, bleibt keine andere Möglichkeit als die Wendung an Gott selbst, der als einzige Appellinstanz über dem Kaiser gilt. Deshalb erklärt der Anwalt Graf Jacob dem Rotbart: „daß er ein schändlicher und niederträchtiger Verleumder, und er entschlossen sei, die Schuldlosigkeit Frau Littegardens an dem Frevel, den er ihr vorgeworfen, auf Tod und Leben, vor aller Welt, im Gottesurteil zu beweisen!" (SW3, DZ, S. 329) Die Schimpfworte und der Ton in der Erklärung sowie das Zerreißen des Briefes und der Wurf der Stücke und des Handschuhs ins Gesicht des Anklägers bleiben in dem entsprechenden Register. All dies soll das Ehrgefühl des Grafen schüren und ihn in die Situation versetzen, die Forderung zum Zweikampf anzunehmen; was das Gottesurteil ermöglichen soll.

Die bisher erwähnten Elemente machen aus Herrn Friedrich von Trota einen klugen schuldlosen Anwalt, dessen Mission Erfolg verspricht. Auch Frau Littegarde von Auersteins Zuversicht lässt den Leser auf einen guten Ausgang hoffen: „laßt ihn sein Wort lösen! Keine Schuld befleckt mein Gewissen; und ginge er ohne Helm und Harnisch in den Kampf, Gott und alle seine Engel beschirmen ihn!" (SW3, DZ, S. 332) Die augenscheinliche Niederlage des Verteidigers trotz der günstigen Bedingungen ist deshalb überraschend, aber sie kommt als eine Strafe vor, deren Erklärung der Erzähler und die Forschung nicht im Dunkeln lassen: Es hat dem Anwalt an innerer Standhaftigkeit gefehlt, die mit der fachkundigen Nachdrücklichkeit und Standhaftigkeit der bisher erwähnten erfolgreichen Gerechtigkeitskämpfer zu vergleichen ist. In der Beschreibung des entscheidenden Momentes durch den Erzähler markiert der Dichter den überraschenden Charakter dieses modifizierenden Elementes wieder mit einem Doppelpunkt:

> Schon hatte der Kampf, die Augenblicke der Ruhe, zu welcher Entatmung beide Parteien zwang, mitgerechnet, fast eine Stunde gedauert: als sich von neuem ein Murren unter den auf dem Gerüst befindlichen Zuschauern erhob. Es schien, es galt diesmal nicht den Grafen Jacob, der es an Eifer, den Kampf zu Ende zu bringen, nicht fehlen ließ, sondern Hrn. Friedrichs Ein-

> pfählung auf einem und demselben Fleck, und seine seltsame, dem Anschein nach fast eingeschüchterte, wenigstens starrsinnige Enthaltung alles eignen Angriffs. (SW3, DZ, S. 332f.)

Dass sich Friedrich von dem Murren des Publikums stören lässt und damit seine Position wechselt, stellt das Verhängnis dar. Dies drückt der Erzähler mit dem folgenden Kommentar aus: „Hr. Friedrich, obschon sein Verfahren auf guten Gründen beruhen mogte, fühlte dennoch zu leise, als dass er es nicht sogleich gegen die Forderung derer, die in diesem Augenblick über seine Ehre entschieden, hätte aufopfern sollen.“ (SW3, DZ, S. 333)

> Friedrich fühlt nicht stark genug, und darin liegt sein Vergehen. Nicht seine äusserlich-physische [sic], sondern seine innere Kraft erlahmt in diesem Augenblick des Kampfes, so dass er aus gesellschaftlich bedingtem Zweckdenken, hier ist es die Absicht, die Menge für sich einzunehmen, seine ursprüngliche, auf der Absolutheit des Vertrauens beruhende Kampfhaltung aufzugeben bereit ist.[312]

Der Verlust des absoluten Selbstvertrauens ist also von der Sorge um den eigenen egoistischen Ruhm, um das eigene Interesse, bedingt. Dies formuliert Ernst Schubert in seiner Interpretation mit folgenden Worten deutlicher:

> Friedrich, der erst später sagen kann, ‚was kümmern mich diese willkürlichen Gesetze der Menschen', erkennt zunächst durchaus das Gesetz seiner persönlichen Ehre innerhalb eines Ordals an, in dem es um Littegardes Unschuld geht. Er, der als Werkzeug Gottes das Recht der unschuldigen Frau beweisen will, fühlt die damit verpflichtende Demut ‚zu leise'; er kämpft auch um sein Ansehen, um sich.[313]

Der Anwalt hat sich also korrumpieren lassen und ist deshalb trotz aller guten Voraussetzungen in seiner Mission gescheitert, etwa wie Kohlhaasens erster Advokat, der seinen Mandanten nicht selbstlos gegen die hochgestellten Adligen verteidigen will und sich deswegen zurückzieht. Aber nach den Gesetzen des Zweikampfs erleidet der Verteidiger mehr Folgen als die Mandantin: Nicht nur ist er derjenige, der den riskanten Kampf führt, sondern das Gericht betrachtet sowohl Littegarde als auch ihn als „dem Gesetz Verfallen[e]“ (SW3, DZ, S. 334). Daraus ergibt sich, dass die Verantwortung des Anwaltes sehr gewichtig ist, und dass die Folgen seiner Verfehlung entsprechend hart sind. Aber dank der

---

[312] BELHALFAOUI, Barbara: *„Der Zweikampf“ von Heinrich von Kleist oder die Dialektik von Absolutheit und ihrer Trübung*. A.a.O., S. 30.
[313] Schubert, Ernst: *Der Zweikampf. Ein mittelalterliches Ordal und seine Vergegenwärtigung bei Heinrich von Kleist*. A.a.O., S. 303.

Ermöglichung einer Art Auferstehung des Kämmerers gibt Kleist dem Leser die Möglichkeit, die Verantwortlichkeit des Anwaltes differenzierter zu erwägen.

II.2.3 Selbsterkenntnis als Weg zur Verantwortlichkeit und Besserung

Indem Kleist trotz des augenblicklichen Ausgangs des Zweikampfs die mysteriöse Heilung des Kämmerers möglich macht, bleibt er ganz in dem Rahmen der transzendenten Thematik des Gottesurteils: „Es zeigte sich [...] gar bald, daß Hrn. Friedrichs Wunden, so lebensgefährliche und zarte Teile sie auch berührten, durch *eine besondere Fügung des Himmels* nicht tödlich waren“ (SW3, DZ, S. 334, Hervorhebungen von mir, K.M.S.). Der anscheinende Sieg des Grafen und das logische Scheitern des Anwaltes machen dennoch ersichtlich, dass die Verantwortung des a priori unschuldigen Menschen im Zweikampf von Bedeutung ist. Insofern ist die fast komplette Vernichtung des Kämmerers eine harte Strafe für die Verfehlung seiner Verantwortung. Die Annahme einer eigenen Schuld an dem Misserfolg beim Zweikampf angesichts seiner vernünftig unerklärbaren Genesung veranschaulicht dennoch seine Fähigkeit, sich in Frage zu stellen und aus seinen Versäumnissen zu lernen. Die selbstkritische Reaktion auf die Erklärung seiner Mutter, dass Frau Littegarde von Auerstein und er der gesetzlichen Strafe nicht entgehen könnten, referiert der Erzähler wie folgt:

> Ach, rief Hr. Friedrich; das eben ist es, was mich Jammervollen in Verzweiflung stürzt! Der Stab ist, einer Überwiesenen gleich, über sie gebrochen; und ich, der ihre Tugend und Unschuld vor der Welt erweisen wollte, bin es, der dies Elend über sie gebracht: ein heilloser Fehltritt in die Riemen meiner Sporen, durch den Gott mich vielleicht, ganz unabhängig von ihrer Sache, der Sünden meiner eigenen Brust wegen, strafen wollte, gibt ihre blühenden Glieder der Flamme und ihr Andenken ewiger Schande Preis! (SW3, DZ, S. 336)

Dass dies eine tiefe Selbsterkenntnis ist, zeigt der Stieg einer „Träne heißen männlichen Schmerzes“ in seine Augen, während er diese Worte sagt (SW3, DZ, S. 336). Diese Autokritik ist das Ergebnis einer kontextnahen Interpretation des Ausgangs des Zweikampfs, welche die vielseitige Kompetenz des Anwaltes zum Vorschein bringt. Die Nachholung der Demonstration der „interdisziplinären“ fachkundigen Sachverständigkeit des Anwaltes lässt Kleist nicht mit dem Beleidiger, sondern mit der Mutter und der verzweifelten Verdammten zustande kommen.

Während Kleist beide weibliche Figuren in ihrer Konzeption der herrschenden Gesetze beharrlich bleiben lässt, gestaltet er den Kämmerer als selbstbewussten und progressiven Rechtsgelehrten. So erklärt Herr Friedrich von Trota seiner Mutter, die Littegarde für eine Heuchlerin hält, den Ausgang des Zweikampfes als menschlich unauslegbar: „'Ach, meine Mutter,' sprach der Kämmerer, ‚wo ist der Sterbliche, und wäre die Weisheit aller Zeiten sein, der es wagen darf, den geheimnisvollen Spruch, den Gott in diesem Zweikampf getan hat, auszulegen?'" (SW3, DZ, S. 325) Seine Reaktion auf den Hinweis der Mutter, dass er „auf eine nur leider zu bestimmte und unzweideutige Weise" besiegt wurde, ist trotz der spirituellen Konnotation der Wortwahl ein Gedanke an eine Appellierung. Nachdem er durch dialektische Fragen demonstriert hat, dass der Sieg des Grafen nur zeitweilig ist, stellt er sich vor, „vielleicht in wenig Tagen schon mit der Kraft doppelt und dreifach ausgerüstet, den Kampf, in dem ich durch einen nichtigen Zufall gestört ward, von neuem wieder aufzunehmen" (SW3, DZ, S. 336). Dieser Wunsch des Anwaltes, eine Berufung einzulegen, ist aber rein theoretisch und verlegt den Anwalt in das rationale Rechtssystem. Es handelt sich hier um eine reformerische Idee. Dies lässt wenigstens der Einwand der Mutter verstehen:

> ‚Törichter Mensch!' rief die Mutter. ‚Und weißt du nicht, dass ein Gesetz besteht, nach welchem ein Kampf, der einmal nach dem Ausspruch der Kampfrichter abgeschlossen ist, nicht wieder zur Ausfechtung derselben Sache vor den Schranken des göttlichen Gerichts aufgenommen werden darf?' (SW3, DZ, S. 335)

Damit stellt die Mutter die Frage nach der bedingungslosen Beachtung der herrschenden Gesetze, während der Rechtsgelehrte angesichts der unerwarteten Entwicklung der Angelegenheit eine entsprechende Erweiterung des Gesetzes nötig findet. Dass dies in der Gesellschaft keine normale Forderung ist, zeigt der Hinweis des Erzählers darauf, dass die Kritik des Anwaltes nicht von seinem Willen abhänge:

> Gleichviel! versetzte der Kämmerer unwillig. Was kümmern mich diese willkürlichen Gesetze der Menschen? Kann ein Kampf, der nicht bis an den Tod eines der beiden Kämpfer fortgeführt worden ist, nach jeder vernünftigen Schätzung der Verhältnisse für abgeschlossen gehalten werden? und dürfte ich nicht, falls mir ihn wieder aufzunehmen gestattet wäre, hoffen, den Unfall, der mich betroffen, wieder herzustellen, und mir mit dem Schwert einen ganz andern Spruch Gottes zu erkämpfen, als den, der jetzt beschränkter und kurzsichtiger Weise dafür angenommen wird?' (SW3, DZ, S. 335f.)

Da der Anwalt nicht die Macht der Gesetzesänderung innehat, bleibt die objektive Vorstellung einer Wiederaufnahme des Zweikampfes nur eine unsichere Hoffnung. Dies verdeutlicht einerseits Herrn Friedrich von Trotas Anwendung einer hypothetischen Form in der entsprechenden Stelle „dürfte ich nicht, falls mir ihn wieder aufzunehmen gestattet wäre, hoffen". Deutlicher formuliert andererseits die beharrliche Reaktion der Gesprächspartnerin die Hilflosigkeit des Anwaltes:

> ‚Gleichwohl [...] sind diese Gesetze, um welche du dich nicht zu bekümmern vorgibst, die waltenden und herrschenden; sie üben, verständig oder nicht, die Kraft göttlicher Satzungen aus, und überliefern dich und sie [gemeint ist Littegarde, K.M.S.], wie ein verabscheuungswürdiges Frevelpaar, der ganzen Strenge der peinlichen Gerichtsbarkeit.' (SW3, DZ, S. 336)

Die „bedenklich[e]" Aussprache dieser Worte macht dennoch ersichtlich, dass die Argumentation des Anwaltes die Mutter irgendwie beeinflusst beziehungsweise überzeugt hat. Die Beendigung des Dialogs mit der oben erwähnten Selbsterkenntnis des Kämmerers ist ein weiteres Zeichen für den Sieg des Anwaltes in dieser Auseinandersetzung mit der rein konservativen Position, die die Mutter im Text vertritt. Damit wird die Zukunftstragbarkeit der positiven Umwandlung des Kämmerers dargelegt. Diese rechtsstaatliche Debatte ist eine indirekte Voraussage vom Ausgang der ganzen Angelegenheit, nämlich der Erweiterung des Gesetzes durch die zuständige Behörde, den Kaiser. Es bleibt nicht mehr bei „der ganzen Strenge der peinlichen Gerichtsbarkeit", welche die Mandantin und ihren Anwalt „wegen sündhaft angerufenen göttlichen Schiedsurteils" zum „schmählichen Tod der Flammen" verurteilt (SW3, DZ, S. 342).

Was Littegarde anbelangt, erhält der Kämmerer erst nach seiner Selbsterkenntnis die Informationen, welche ihn über das bloße Vertrauen hinaus von der Unschuld der Mandantin überzeugt. Erst dann weiß er, dass der Graf zwar auf der Burg der Familie von Littegarde war, aber dass Littegarde nichts mit ihm hatte (SW3, DZ, S. 340f.). Dass die Mutter Helena, die hier als Gehilfe handelt, bereut, nicht vor dem Zweikampf gesprochen zu haben, ist ein Ausdruck der Tatsache, dass der Kämmerer sich früher hätte informieren sollen. Dies bekräftigt die Unentbehrlichkeit der Verantwortung des Menschen in der Herausfindung der Wahrheit.

Obwohl der Anwalt keinen Einfluss auf den Fortgang der Angelegenheit ausgeübt hat, kommt er als ein Medium vor, über das Gott die Ergänzung des Gesetzes zugunsten einer besseren Rechtssicherheit auch nach einer so risikoreichen und geheimnisvollen Form der Gerichtsbarkeit ankündigt und unentbehrlich macht. Das Verdienst dieser Verantwortung setzt aber seine Selbsterkenntnis voraus. Auch die Struktur der Novelle hebt diese Funktion des verbesserungsfähigen Anwaltes hervor, denn als neugeborenes, nun tadelloses Medium versichert der Kämmerer die verzweifelte Mandantin über den später erfolgten herrlichen Ausgang der Angelegenheit: „'[D]eine Unschuld wird, und wird durch den Zweikampf, den ich für dich gefochten, zum heitern, hellen Licht der Sonne gebracht werden!'" (SW3, DZ, S. 341) Diese feste Überzeugung - Dies bringt vor allem die Wiederholung des Hilfsverbs „wird" zum Ausdruck - stellt die letzte aktive Erscheinung der beiden Verdammten dar. Sie leitet zugleich die Enthüllung der Geheimnisse ein und wirkt damit als Schlüsselelement in der Klärung der Angelegenheit.

Dass die Selbsterkenntnis und die Verbesserungsbereitschaft des Kämmerers alles ins Gute verwandeln, zeigt einerseits die Ermöglichung der Heirat der Protagonisten, während Littegarde sie schon aufgegeben hatte. Dies demonstriert andererseits die Wiederherstellung seiner Ehre, welche durch das Hängen einer mit dem Ruhmeskranz von Prinz Friedrich von Homburg[314] vergleichbaren Gnadenkette um seinen Hals symbolisiert wird. Die Gnade, im religiösen Sinne als „verzeihende Güte" des Vertreters von Gott[315], ersetzt die harte Strafe, die sich der Kämmerer während des Zweikampfs zugezogen hat. Darüber hinaus wird das Ziel der Verteidigung erreicht, denn die Ehre der Vertretenen wird öffentlich und prunkvoll wiederhergestellt und alle ihre augenblicklich verlorenen Rechte werden wieder anerkannt. Insoweit hat sich der Kampf von Herrn Friedrich von Trota für die Rechtssicherheit seiner Mandantin vielseitig gelohnt.

Insgesamt ist es Kleist so gelungen, an einem Erbfolgekonflikt zwischen Adligen einen komplexen Rechtshandel darzustellen. Dabei macht er ersichtlich, dass es dem Staat nicht leicht fiel, zwischen den Mitgliedern dieses Standes zu vermitteln und Rechtssicherheit zu gewährleisten. Die Arglist der Einen bildet ein Hindernis für die Rechtsstaatlichkeit, zumal diese klug genug sind, um die Justizleute so zu manipulieren, dass sie die richtige Untersuchung und Beurteilung der verschiedensten Aspekte der jeweiligen Angelegenheit leicht verfehlen können. Der inszenierte Weg, die Wahrheit herauszufinden, kommt insoweit als eine positive Möglichkeit vor. Damit trägt Kleist zu der Debatte über die Notwendigkeit der physischen Auseinandersetzung der Parteien in einem Rechts-

---

[314] BELHALFAOUI, Barbara: *„Der Zweikampf" von Heinrich von Kleist oder die Dialektik von Absolutheit und ihrer Trübung*. A.a.O., S. 41.
[315] Vgl. Duden – *Deutsches Universalwörterbuch*. A.a.O., S. 665.

staat wie Preußen bei.[316] Seine Aussage ist deutlich: Das über den Zweikampf beziehungsweise das Duell entstehende Gottesurteil soll bleiben, aber die Gesetze müssen verbessert werden. Der Reformautor Kleist hat also erfolgreich aus einer in das 14. Jahrhundert gelegten Geschichte einen Präzedenzfall entwickelt, den er zwecks besserer Rechtssicherheit in einer Art Divination bzw. Vergegenwärtigung[317] konzipiert hat. Damit bestätigt sich die These, dass Kleist in der Novelle eine Camouflage unternimmt.[318] Mit dieser Tarnung ist es ihm gelungen, über die Thematik des Duells hinaus Aspekte einer modernen Rechtsordnung zum Ausdruck zu bringen und Reflexionen zum Rechtsdiskurswechsel in Preußen und anderen deutschen Staaten zu Beginn des 19. Jahrhunderts anzustellen. Die dargestellte Manipulierbarkeit der Richter sowie die ermöglichte positive Verwandlung des Anwaltes machen im Endeffekt klar, dass die Verantwortlichkeit und Aufmerksamkeit der Justizleute jeder Zeit unentbehrlich ist, soweit sie Rechtssicherheit gewährleisten und zum Funktionieren des Rechtsstaates beitragen wollen.

---

316 Vgl. Frevert, Ute: *Die Sprache der Ehre. Heinrich von Kleist und die Duellpraxis seiner Zeit.* A.a.O., S. 215ff. Vgl. auch Schubert, Ernst: *Der Zweikampf. Ein mittelalterliches Ordal und seine Vergegenwärtigung bei Heinrich von Kleist.* A.a.O., S. 281. Vgl. auch Müller, Jan-Dirk: *Kleists Mittelalter-Phantasma. Zur Erzählung ‚Der Zweikampf' (1811).* A.a.O., S. 4-9.

317 Laut Schubert war die Divination zu Kleists Zeit als ein Darstellungsvorgang historischer Prozesse bekannt, der die Dichtung und die Geschichtsschreibung kennzeichnete und heute Imagination genannt würde. Sie „ist als Zuflucht zur Phantasie bei unvollkommener Quellenkenntnis ein historiographisch noch zulässiges Verfahren in einer Zeit, in der die Grenzen zwischen Dichtung und Historie noch nicht abgesteckt waren, in der die Geschichtsschreibung noch nicht als wissenschaftliche Disziplin in die Zucht des strengen Methodenzwanges genommen worden war." Die Vergegenwärtigung soll zugleich den Inhalt der Divination einschließen und der Versuch sein, „die Distanz zwischen Gegenwart und Vergangenheit aufzuheben." (Schubert, Ernst: *Der Zweikampf. Ein mittelalterliches Ordal und seine Vergegenwärtigung bei Heinrich von Kleist.* A.a.O., S. 283f.)

318 Vgl. Müller, Jan-Dirk: *Kleists Mittelalter-Phantasma. Zur Erzählung ‚Der Zweikampf' (1811).* A.a.O., S. 5. Vgl. auch Schubert, Ernst: *Der Zweikampf. Ein mittelalterliches Ordal und seine Vergegenwärtigung bei Heinrich von Kleist.* A.a.O., S. 281ff.

Schlussbetrachtungen

Aus dem ersten Teil der Studie ergibt sich, dass die Zeit um 1800 in Hinsicht der Etablierung von Rechtsstaaten in deutschen Herrschaften und in Mitteleuropa auch eine „weichenstellende Entwicklungsphase“[319] darstellt. Die Auseinandersetzung mit verschiedenen Rechtspositionen und Aktionen im Kampf für eine bessere Rechtslage hat gezeigt, dass der Weg zur Rechtsstaatlichkeit ein langer Prozess war, an dem Gelehrte, Schriftsteller, Publizisten, Staatsleute mitwirkten. Die Beiträge der Gelehrten legen nahe, dass diese nicht einfach bei ihren theoretischen Betrachtungen bleiben durften, sondern auch die Umsetzung der Ideen vorbereiten und daran teilnehmen mussten. Entscheidend beim Kampf um Rechtsstaatlichkeit in Preußen war aber vor allem das Entstehen der ständeübergreifenden engagierten bürgerlichen Öffentlichkeit, welche die Existenz einer öffentlichen Meinung ermöglichte. Auch wenn dies heute in manchen Ländern nicht mehr sehr relevant ist, scheint es mir in den Staaten, die sich noch in den Anfängen auf dem Weg zum Rechtsstaat befinden, sehr wichtig, sich dieser Entwicklung in Staaten mit bereits etabliertem Rechtssystem bewusst zu sein. Der steinige Weg der deutschen Länder lässt festhalten, dass der Prozess zur Rechtsstaatlichkeit eine Angelegenheit aller Teile der Gesellschaft ist, insbesondere derjenigen, welche das intellektuelle Vermögen besitzen und mündig genug sind, sich damit auseinanderzusetzen. Ihr Reformwille muss sehr stark sein, und zum Erfolg gehört ein ebenso starker Kampfgeist gegen konservative Gruppen. Die Distanzierung eines großen Teils der bürgerlichen Öffentlichkeit von den Ausschweifungen der Französischen Revolution, ohne zugleich die rechtsstaatlichen Prinzipien zu negieren, gibt darüber hinaus zu verstehen, dass jeder junge Staat differenziert vorgehen sollte, wenn er überhaupt von den Erfahrungen der fortgeschrittenen Rechtsstaaten lernen will. Nur so bewahrt er seine Eigentümlichkeiten trotz des bewussten Lernens von anderen in einer sich immer stärker globalisierenden Welt.

Die Auseinandersetzung mit Heinrich von Kleists Zeit und Leben hat gezeigt, dass Kleists Biographie das soziale, politische und intellektuelle Leben um 1800 in deutschen und anderen mitteleuropäischen Ländern illustriert. Darüber hinaus haben der kurze Überblick über Kleists Leben und die Interpretation seiner

---

[319] Leo Kreutzer bezeichnet die Zeit von Goethe, die sich zwischen 1770 und 1830 erstreckt, als „weichenstellende Entwicklungsphase“ der deutschen Gesellschaft, und zwar in der Hinsicht der Suche nach einer kulturellen Identität und Autonomie als „fundamentale[m] Faktor nationaler Entwicklung“ sowie der Auseinandersetzung mit dem damaligen Übergang zur Modernisierung. (Vgl. Kreutzer, Leo: *Literatur und Entwicklung: Studien zu einer Literatur der Ungleichzeitigkeit*. Frankfurt/Main 1989, S. 27-30.)

Werke dargelegt, dass der Dichter und Publizist zu den Rechtsdiskursen in der Reformzeit in Preußen und deutschsprachigen Ländern um 1800 einen großen Beitrag leistete. Themen, die bei Gelehrten und der bürgerlichen Öffentlichkeit brandaktuell waren, sprich die Legitimität von Monarchen, die Befreiung der Bauern und anderer Bürger von Dienst- und Geldabgaben, die Kodifikation und Vereinheitlichung des Rechtssystems, Rechtssicherheit, Gehorsam bzw. Ungehorsam, die Reformen in Preußen um 1800 an sich, wurden in der Interpretation angesprochen. Dies macht aus Heinrich von Kleist nicht nur ein Monument seiner Zeit, sondern er stellt damit auch eine Referenz im Rahmen der Debatte über entwicklungstheoretische Themen wie Verantwortlichkeit und Rechtsstaatlichkeit dar, die fast 200 Jahre nach dem Tod des Dichters immer noch aktuell sind.

Die Verantwortlichkeit des brandenburgischen Staatschefs im zweiten Teil der Arbeit hat zu verstehen gegeben, dass Strenge und Verantwortungsbewusstsein in der Staatsführung und die Sorge für Rechtsstaatlichkeit zugleich die Zukunft des Staates, die Aufrechterhaltung der eigenen Macht sowie die Rechtssicherheit der Bürger garantieren sollen und damit zum Gedeihen des Staates beitragen. Im Fall von Unverantwortlichkeiten wie beim Junker Wenzel von Tronka und dem sächsischen Landesvater kann sich die Autorität für den Abbau des Rechtsstaates verantwortlich machen. Dieser Zerfall kann durch den Aufstand von aufgeklärten und sozial gut gestellten Bürgern wie dem Pferdehändler Michael Kohlhaas kommen, auch wenn andere wie die vielen vor Kohlhaas an der Grenze zur Tronkenburg Misshandelten oder der schändlich gefolterte Knecht Herse nicht reagieren (können). Die Konsequenzen solcher fundierter Reaktionen können nicht nur die ersten Verantwortlichen lebensbedrohlich treffen, sondern auch einen ganzen Staat in Unruhe stürzen. Außerdem zeigt das monarchische Gefüge der Staaten im Text, dass für den Dichterjuristen Kleist die Gewährleistung von Rechtsstaatlichkeit der Herrschaft nicht unbedingt in einem demokratisch organisierten System möglich ist. Dass Willkür, Ungerechtigkeit, Vetternwirtschaft, Straflosigkeit, kurzum Unverantwortlichkeit gegenüber Rechtsstaatlichkeit der Souveränität des von Krieg bedrohten sächsischen Fürstentums zum Verhängnis geworden ist, macht übrigens ersichtlich, dass mangelnde Rechtssicherheit ein Land innerlich schwächt und es für Einwirkungen bzw. Angriffe von außen anfällig macht. So erweist sich die Gewährleistung von Rechtssicherheit und Rechtsstaatlichkeit als eine Vorbeugung von Krisen. Zu Kleists Zeit sollte dies einem politischen Umsturz in Preußen nach dem Vorbild der Französischen Revolution vorbeugen, und den Bürgerinnen und Bürgern das Vertrauen einflößen, das in Ländern, deren Eigentümlichkeit damals von der einigen einheimischen Gebildeten und vielen Bauern messianisch erscheinenden französischen Fremdherrschaft bedroht war, sie in die Lage versetzen sollte, sich für die

Befreiungskriege zu engagieren. Heutzutage soll dies zur Prävention von Lynchjustiz und Enttäuschung ausdrückenden Krawallen,[320] ja von Auswanderungen und zum Schutz vor folgenschweren Interventionen von Außenmächten oder Putschisten[321] dienen.

Der Fall der Regentin in *Der Zweikampf* legt außerdem nahe, dass die Autorität, die die Rechtsordnung nicht streng beachtet, von den versöhnlich behandelten Verdächtigten aus politischen Gründen kompromittiert werden kann. Die Verantwortlichkeit von Kanzler Godwin illustriert, dass Staatsführer gute, sachkundige und besonnene Mitarbeiter brauchen, die ihnen den richtigen Weg zeigen können und bei Konflikten helfen, über politische Erwägungen hinauszuschauen und sich an das gesetzmäßige Prozedere zu halten. Sie benötigen keine unverantwortlichen Leute wie den Kämmerer Kunz von Tronka in Sachsen, die sie irreführen und dann zurücktreten, wenn sie wirklich gebraucht werden. Dass die Verantwortlichkeit für Rechtsstaatlichkeit nicht nur darin besteht, sicherzustellen, dass jedes Urteil nach dem herrschenden Gesetz gefällt wird, sondern auch die rechtsdogmatische Verbesserung der Regelungen zum Wohl aller zu gewährleisten, legt die Handlung des Kaisers am Ende der Novelle dar.

---

320 Hier sei beispielsweise an ein Interview von Christiane Schlötzer, stellvertretender Leiterin des Ressorts Außenpolitik bei der Süddeutschen Zeitung, am 09.12.2008 zu den Krawallen im Dezember 2008 in Griechenland erinnert. Christiane Schlötzer erklärte die Schwierigkeit der Polizei und der Regierung angesichts der Eskalation der Unruhen wie folgt: „Die Regierung ist […] sonst durch vielerlei Skandale in einer sehr schwachen Position. Man glaubt ihr wenig. Sie hat eine Reihe von Korruptionsskandalen hinter sich und hat das nicht gelöst. Auch die Justiz hat sehr an Autorität verloren, nachdem sie eben bei der Aufarbeitung dieser Skandale bislang nicht sehr weit gekommen ist. […] Man wird das Ergebnis nicht gleich glauben, weil es eben sehr wenig Autorität der Justiz gibt, im Moment." (http://www.sueddeutsche.de/-politik/198/450914/text/ (21.01.2009). Transkription von mir, K.M.S.)

321 Zu den genannten Gründen des Staatsstreichs im Dezember 2008 in dem westafrikanischen Land Guinea gehörten Korruption, Vetternwirtschaft, Ungerechtigkeit und Despotismus. Während einige Politiker und ihre Anhänger sowie der Chef der Armee den Putsch verurteilten, waren viele Teile der Bevölkerung wie die Opposition und Gewerkschaften damit einverstanden bzw. zufrieden. Sie verlangten nur, dass das neue Regime sein Versprechen hält, bis Ende 2010 freie und transparente Wahlen zu organisieren. Die Regierung musste aufgrund des allseitigen Drucks zurücktreten. Der neue Staatschef, Hauptmann Moussa Dadis Camara, erklärte ein "Aktionsprogramm gegen Ungerechtigkeit und Unsicherheit" zu einer seiner nächsten Maßnahmen. So wurde die international kritisierte illegale Machtübernahme intern legitimiert, weil die meisten Bürgerinnen und Bürger mit der sozialen und Rechtslage im Land unzufrieden waren. (Vgl. http://www.tagesschau.de/ausland/guinea124.html (21.01. 2009); http://www.uni-kassel.de/fb5/frieden/regionen/Guinea/camara.html (21.01.2009).

Die Haltung des Kaisers in *Prinz Friedrich von Homburg* lässt folgern, dass die Begnadigung nicht unbedingt der Rechtsstaatlichkeit widerspricht. Sein Widerstand gegen „liebliche Gefühle" bzw. verwandtschaftliche Beziehungen, machen dennoch klar, dass die Gnade als „satzungsmäßige Willkür" auch zu verantworten ist. Sie soll derart bedacht sein, dass sie der Geltung der herrschenden Satzung nicht schadet. Der Freiraum bzw. der beschwichtigende Umstand, für den Kottwitz wirbt, hat auch diese Bedeutung: Gnade ja, aber nach bestimmten Bedingungen; sonst muss der Ungehorsame bzw. der Täter seine gesetzwidrige Haltung gemäß der Rechtsordnung verantworten. Es geht offensichtlich um einen differenzierten Beitrag zur zeitgenössischen Debatte um die Begnadigung, aus dem man auch heute lernen kann, um mit der Begnadigung kein Unrecht an anderen Bürgern zu verüben.

Der dritte Teil, der sich mit dem Verhältnis des Justizpersonals zum Gesetz befasst, hat auch einiges über die Verantwortung der Richter, Kontrolleure und Advokaten gegenüber Rechtsstaatlichkeit zutage gelegt. Von Richtern wird Selbstverantwortung im Fall einer eigenen Verfehlung verlangt. Sich selbst schützen zu wollen und darum Gesetze gezielt zu missdeuten, wie Richter Adam dies in *Der Zerbrochne Krug* tut, ist unverantwortlich und schadet dem Vertrauen der Bevölkerung, das für die reibungslose Funktion der Rechtsstaatlichkeit unentbehrlich ist und jede willkürliche Reaktion der Bürger vermeiden soll. Außerdem sollen sie satzungstreu, sorgfältig und aufmerksam sein, sodass sie der Arglist von Menschen wie Graf Jacob dem Rotbart in *Der Zweikampf* nicht zum Opfer fallen und sich nicht vom Schein bzw. der Persönlichkeit der Parteien blenden lassen. Die Rolle der Kontrolleure hat sich ebenfalls als sehr wichtig erwiesen. Die (unerwartete) Inspektion hilft, Machtmissbräuche von Richtern und anderen im Justizapparat Tätigen zu vereiteln, und das Ansehen der Justiz und damit die Rechtsstaatlichkeit zu retten. Die Vertrauenskrise, die überwiegend auf dem Unwissen der Bevölkerung um das Verfahren von Prozessen basiert, macht eine Aufklärung der Bürger über die herrschenden Regelungen und Rechtsstaatlichkeit notwendig, wenn erwartet wird, dass die Bürger auch verantwortungsbewusst zur Garantie der Rechtsstaatlichkeit beitragen, anstatt diese zu gefährden. Darüber hinaus lässt die Willkür in Sachsen in *Michael Kohlhaas* festhalten, dass die Unabhängigkeit des Justizpersonals von politischen Zwängen in einem Staat der Willkürfreiheit dienen und Rechtsstaatlichkeit stärken soll. Das Gleiche gilt auch für Anwälte. Ihre Unabhängigkeit von politischen Einflüssen und die Ausführung ihrer Aufgabe ohne Angst vor sozialer Unsicherheit sollen die sichere Verteidigung der Rechte ihrer Mandanten garantieren. Persönliche Eigenschaften wie eine gute Ausbildung, Ausdauer, Nachdruck und Selbstlosigkeit, die in der Textanalyse herausgearbeitet wurden, sollen ihnen helfen, ihrer Verantwortung bei der Gewährleistung von Rechtssicherheit und Rechtsstaatlichkeit erfolgreich nachzukommen. Daraus wird ersichtlich, dass die Inexistenz von deutlichen landesweit allgemein geltenden Gesetzen die Sozialschwachen der Willkür der besser stehenden Bürger ausliefert und die Arbeit von Inspektoren und Advokaten erschwert.

Es ist abschließend bemerkenswert, dass Kleists Werke Themen behandeln, welche die zeitgenössischen Auseinandersetzungen über Rechtsstaatlichkeit, Rechtspluralismus, Good Governance oder „rule of law“ bereichern können. Dies bestätigt Kleists Modernität[322] und macht aus der sogenannten Goethezeit (1770-1830), zu der auch Heinrich von Kleist gehört, und in der die öffentliche Meinung bzw. die Zivilgesellschaft und der Rechtsstaat in Deutschland und anderen westlichen Staaten ihre Wurzeln haben, zu einem sehr relevanten Untersuchungsgegenstand. Einerseits kann sie jungen Nationen als Inspirationsquelle und Vorbild einer ihnen näher stehenden rechtstaatlichen Entwicklungsstufe dienen. Andererseits kann sie weiterentwickelten Rechtsstaaten als Reflexionsbasis helfen, Rückschritte zu vermeiden bzw. zu überwinden.

---

[322] In einem Gespräch mit dem Journalisten Peter Voß im Rahmen der Sendereihe „Was taugen unsere Klassiker?“ bezeichnet Marcel Reich-Ranicki Kleist als einen für seine Epoche hochmodernen Autor. Am Ende des Gesprächs erklärt Reich-Ranicki, er sei sicher, daß Kleist nicht nur ein Klassiker sei, sondern noch eine große Zukunft habe. (Vgl. Emig, Günther (Hrsg.): *„Er konnte gar nichts, nur dichten“. Heinrich von Kleist.* Peter Voß im Gespräch mit Marcel Reich-Ranicki. Heilbronn 2006 (= Heilbronner Kleist-Blätter apart 1), S. 21 u. S. 29f..) Jens Bisky präzisiert seinerseits den epochalen Sonderweg von Kleist, dem Goethe vorwarf, nicht für die Gegenwart zu schreiben, mit folgenden Worten: „Kein zweiter Dichter der Zeit hat sich mehr auf die Forderungen des Tages eingelassen und zugleich den Zwängen seiner Gegenwart getrotzt.“ (Bisky, Jens, A.a.O., S. 9.)

Bibliographie

Adelung, Johann Christoph: Grammatisch-kritisches Wörterbuch der hochdeu-Tschen Mundart, mit beständiger Vergleichung der übrigen Mundarten, besonders aber der Oberdeutschen. Teil 1. Hildesheim, New York 1970. (= Reprint der 2. Auflage, Leipzig 1793-1801)

Arntzen, Helmut: Die ernste Komödie. Das deutsche Lustspiel von Lessing bis Kleist. München 1968.

Asmuth, Bernhard: Einführung in die Dramenanalyse. 5. aktualisierte Auflage. Stuttgart, Weimar 1997.

Barthel, Wolfgang: Heinrich von Kleist 1777-1811. Chronik seines Lebens und Schaffens auf Grund von Selbstaussagen, Dokumenten und Aussagen Dritter. Frankfurt/Oder 2001.

Basedow, Johann Bernhard: Praktische Philosophie für alle Stände. Teil 2. Leipzig 1758.

Baßler, Moritz: Einleitung: New Historicism – Literaturgeschichte als Poetik der Kultur. In: New Historicism: Literaturgeschichte als Poetik der Kultur. Mit Beiträgen von Stephen Greenblatt, Louis Montrose u.a.. Hrsg. von Moritz Baßler. 2. Auflage. Tübingen, Basel 2001 (= UTB Nr. 2265), S. 7-28.

Baßler, Moritz (Hrsg.): New Historicism: Literaturgeschichte als Poetik der Kultur. Mit Beiträgen von Stephen Greenblatt, Louis Montrose u.a.. 2. Auflage. Tübingen, Basel 2001 (= UTB Nr. 2265).

Becker, Hans-Jürgen: Adoption – Verlöbnis – Ehe. Die zivilrechtliche Einbindung des Individuums bei Kleist. In: Kleist-Jahrbuch 1993. Stuttgart, Weimar 1993, S. 75-88.

BELHALFAOUI, Barbara: 'Der Zweikampf' von Heinrich von Kleist oder die Dialektik von Absolutheit und ihrer Trübung. In: Études Germaniques. Bd. 36 (1981). Paris 1981, S. 22-42.

Best, Otto F.: Schuld und Vergebung. Zur Rolle von Wahrsagerin und ‚Amulett' in Kleists ‚Michael Kohlhaas'. In: Germanisch-Römische Monatsschrift. Neue Folge. Bd. 20. Heidelberg 1970, S. 180-189.

Bisky, Jens: Kleist: Eine Biographie. Berlin 2007.

Bohnert, Joachim: Positivität des Rechts und Konflikt bei Kleist. In: Kleist-Jahrbuch 1985. Berlin 1985, S. 39-55.

Brockhaus Enzyklopädie. 17. völlig neubearbeitete Auflage des Großen Brock haus. Bd. 12. Wiesbaden 1971.

Brockhaus Konversationslexikon. 14. vollständig neubearbeitete Auflage. Neue revidierte Jubiläums-Ausgabe. Bd. 11 u. Bd. 15. Leipzig 1908.

Broockmann, Hartmut: Mittelalterliches Recht bei Kleist: Ein Beitrag zum Verständnis des ‚Michael Kohlhaas'. In: Kleist-Jahrbuch 1985. Berlin 1985, S. 84-108.

Bunia, Remigius: Vorsätzliche Schuldlosigkeit – begnadete Entscheidungen. Rechtsdogmatik und juristische Willenszurechnung in ‚Der Prinz von Homburg' und ‚Die Marquise von O…' In: Kleist-Jahrbuch 2004. Stuttgart, Weimar 2004, S. 42-61.

Cölln, Georg Friedrich Willibald von: Vertraute Briefe über die inneren Verhältnisse am preußischen Hofe seit dem Tode Friedrichs II.. Amsterdam und Cölln 1807.

Corssen, Meta: Kleist und Shakespeare. Weimar 1930.

Emig, Günther (Hrsg.): „Er konnte gar nichts, nur dichten". Heinrich von Kleist. Peter Voß im Gespräch mit Marcel Reich-Ranicki. Heilbronn 2006. (= Heilbronner Kleist-Blätter apart 1)

De Mazza, Ethel Matala: Recht für bare Münze. Institution und Gesetzeskraft in Kleists ‚Zerbrochnem Krug'. In: Kleist-Jahrbuch 2001. Stuttgart, Weimar 2001, S. 160-177.

Doering, Sabine: Literaturwissen, für Schule und Studium. Heinrich von Kleist. Stuttgart 1996. (= Universal-Bibliothek Nr. 15209)

Duden: Deutsches Universalwörterbuch. Mannheim et al. 2003.

Dass.: Wie verfasst man wissenschaftliche Arbeiten?: Ein Leitfaden vom ersten Studiensemester bis zur Promotion. 2., neu bearbeitete Auflage von Klaus Poenicke. Mannheim et al. 1988.

Dyer, Denis G.: Junker Wenzel von Tronka. In: German Life and Letters. Bd. 18. (1964-1965). New York, London 1971, S. 252-257.

ÉLA, Jean-Marc: Guide pédagogique de formation à la recherche pour le développement en Afrique. Paris et al. 2001.

Evangelisches Staatslexikon. Hrsg. von Roman Herzog et al.. 3. Auflage. Kreuz 1987.

Fichte, Johann Gottlieb: Grundlage des Naturrechts nach Prinzipien der Wissen schaftslehre (1796). Hamburg 1979.

Ders.: Zurückforderung der Denkfreiheit von den Fürsten Europens, die sie bisher unterdrückten. Eine Rede (1793). Hrsg. von Reinhard Strecker. Leipzig 1919.

Fischer, Bernd: Der Ernst des Scheins in der Prosa Heinrich von Kleists: Am Beispiel des ‚Zweikamps'. In: ZdPh 105 (1986). Berlin 1986, S. 213-234.

Foley, Peter: Heinrich von Kleist und Adam Müller. Untersuchungen zur Aufnahme idealistischen Ideenguts durch Heinrich von Kleist. Frankfurt/Main et al. 1990. (= Europäische Hochschulschrift, Reihe 1; Deutsche Sprache und Literatur, Bd. 1209)

Forster, Georg: Über die Beziehung der Staatskunst auf das Glück der Menschheit. In: Georg Forsters Werke: Revolutionsschriften (1792/93). Bearbeitet von Klaus-Georg Popp. Berlin 1990, S. 565-591.

Ders.: Über die öffentliche Meinung. In: Georg Forsters Werke: Kleine Schriften zu Philosophie und Zeitgeschichte. Bearbeitet von Siegfried Scheibe. Berlin 1974 (= Georg Forsters Werke: Sämtliche Schriften, Tagebücher, Briefe. Bd. 8.), S. 364f.

Frevert, Ute: Die Sprache der Ehre: Heinrich von Kleist und die Duellpraxis seiner Zeit. In: Kleist-Jahrbuch 1999. Stuttgart, Weimar 2000, S. 215-221.

Frommel, Monika: Die Paradoxie vertraglicher Sicherung bürgerlicher Rechte. Kampf ums Recht und sinnlose Aktion. In: Kleist-Jahrbuch 1988/89. Berlin 1988, S. 357-374.

Glitho, Serge: Kleists ‚Michael Kohlhaas' in Unterrichtsversuchen an den Universitäten Lomé und Cotonou. In: Welfengarten 7/1997. Hrsg. von Leo Kreutzer und Jürgen Peters. Hannover 1997, S.181-193.

Ders.: Heinrich von Kleist und die Debatte um ein bürgerliches Recht für Deutschland zwischen dem Universalismus des Code Napoléon und dem Partikularismus der Historischen Deutschen Rechtschule. In: Weltengarten 2005. Hrsg. von Leo Kreutzer und David Simo. Hannover 2005, S. 58-64.

Grathoff, Dirk: Der Fall des Krugs. Zum geschichtlichen Gehalt von Kleists Lustspiel. In: Kleist-Jahrbuch 1981/82. Berlin 1983, S. 290-313.

Grawe, Christian: Zur Deutung von Kleists Novelle Der Zweikampf. In: Germanisch-Romanische Monatsschrift 27 (1977). Heidelberg 1977, S. 416-425.

Greenblatt, Stephen: Kultur. Übersetzung aus dem Amerikanischen von Moritz Baßler. In: New Historicism: Literaturgeschichte als Poetik der Kultur. Mit Beiträgen von Stephen Greenblatt, Louis Montrose u.a.. Hrsg. von Moritz Baßler. 2. Auflage. Tübingen, Basel 2001 (= UTB Nr. 2265), S. 48-59.

Ders.: Schmutzige Riten: Betrachtungen zwischen Weltbildern. Aus dem Amerikanischen von Jeremy Gaines. Berlin 1991.

Ders.: Was ist Literaturgeschichte? – Mit einem Kommentar von Catherine Belsey. Aus dem Englischen von Reinhard Kaiser und Barbara Naumann. Frankfurt/Main 2000 (= Erbschaft unserer Zeit: Vorträge über den Wissensstand der Epoche, Bd. 9 und Suhrkamp Nr. 2171).

Hagedorn, Günter: Erläuterungen und Dokumente zu Heinrich von Kleists Michael Kohlhaas. Stuttgart 2000.

Häker, Horst: Kleist und Berlin. In: Kleist-Jahrbuch 2005. Stuttgart, Weimar 2005, S. 285-294.

Hamacher, Bernd: „Auf Recht und Sitte halten“? Kreativität und Moralität bei Heinrich von Kleist. In: Kleist-Jahrbuch 2003. Stuttgart, Weimar 2003, S. 63-78.

Ders.: Erläuterungen und Dokumente: Heinrich von Kleist: Prinz Friedrich von Homburg. Stuttgart 1999. (= UB Nr. 8147)
Handwörterbuch zur deutschen Rechtsgeschichte. Bd. I. Berlin 1971.
Handwörterbuch zur deutschen Rechtsgeschichte. Bd. II. Berlin 1978.
Hardenberg, Karl August Freiherr von: Über die Reorganisation des Preußischen Staates. Verfaßt auf höchsten Befehl Seiner Majestät des Königs 1807. 12. September. In: Denkwürdigkeiten des Staatskanzlers Fürsten von Harden-Berg vom Jahre 1806 bis zum Jahre 1813. Bd. 4. Hrsg. von Leopold von Ranke. Leipzig 1877.
Harnisch, Hartmut: Die Herrschaft Boitzenburg: Untersuchungen zur Entwicklung der sozialökonomischen Struktur ländlicher Gebiete in der Mark Brandenburg vom 14. bis zum 19. Jahrhundert. Weimar 1968.
Hartung, Fritz: Die Entwicklung der Menschen- und Bürgerrechte von 1776-1946. Berlin 1948. (= Quellensammlung zur Kulturgeschichte, Schrift I)
Ders.: Neuzeit von der Mitte des 17. Jahrhunderts bis zur Französischen Revolution 1789. Darmstadt 1962.
Heinrich, Gerd: Die Geisteswissenschaften an der brandenburgischen Landesuniversität Frankfurt/Oder um 1800. Bemerkungen zu Studienangebot u. Gelehrtenbestand der Hochschule Heinrich von Kleists vor ihrer Auflösung. In: Kleist-Jahrbuch1983. Berlin 1983, S. 71-97.
Hellmann, Hanna: Kleists ‚Prinz von Homburg' und Shakespeares ‚Maß für Maß'. In: Germanisch-Romanische Monatsschrift. Jg. 11. Heidelberg 1923, S. 288-296.
Henning, Friedrich-Wilhelm: Herrschaft und Bauernuntertänigkeit. Würzburg 1964.
Ders.: Studien zur Wirtschafts- und Sozialgeschichte Mittel- und Ostdeutschlands. Dortmund 1985.
Höfer, Manfred: Die Kaiser und Könige der Deutschen. München, Esslingen 1994.
Hofmann, Hasso: Individuum und allgemeines Gesetz. Zur Dialektik in Kleists ‚Penthesilea' und ‚Prinz von Homburg'. In: Kleist-Jahrbuch 1987. Berlin 1987, S. 137-163.
Hohoff, Curt: Heinrich von Kleist. Mit Selbstzeugnissen und Bilddokumenten. 32. Auflage.Hamburg 1999.
Horn, Peter: Das erschrockene Gelächter über die Entlarvung einer korrupten Obrigkeit. Kleists zwiespältige Komödie „Der zerbrochne Krug". In: Heinrich von Kleist. Studien zu Werk und Wirkung. Hrsg. von Dirk Grathoff. Opladen 1988, S. 149-162.

Ilting, Karl-Heinz: Naturrecht. In: Geschichtliche Grundbegriffe. Historisches Lexikon zur politisch-sozialen Sprache in Deutschland. Hrsg. von Otto Brunner et al.. Bd. 4. Stuttgart 1978, S. 245-313.

Jin, Il-Sang: Die gesellschaftlichen Formationen in Heinrich von Kleists Erzählungen. Frankfurt/Main et al. 1997.

Kant, Immanuel: Beantwortung der Frage: Was ist Aufklärung? Braunschweig 1947.

Ders.: Metaphysik der Sitten. Hrsg. von Karl Vorländer. Vierte Auflage. Leipzig 1922.

Ders.: Über den Gemeinspruch: Das mag in der Theorie richtig sein, taugt aber nicht für die Praxis (1793). Hrsg. von H.G. Gadamer. Frankfurt/Main 1946.

Kanzog, Klaus: Heinrich von Kleist, ‚Prinz Friedrich von Homburg'. Text, Kontexte, Kommentar. München, Wien 1977.

Karl Markus, Michel von (Hrsg.): Politische Katechismen – Volney – Kleist – Heß. Frankfurt/Main 1966.

Kehlmann, Daniel: Das Leben der Dichter: Grammatik und Freiheit. In: Literaturen 12/2007. Berlin 2007, S. 14-18.

Kittler, Wolf: Die Geburt des Partisanen aus dem Geist der Poesie. Heinrich von Kleist und die Strategie der Befreiungskriege. Freiburg im Breisgau 1987.

Kleist, Heinrich von: Sämtliche Werke und Briefe: in vier Bänden. Hrsg. von Ilse-Marie Barth et al.. Bd. I. Frankfurt/Main: Deutscher Klassiker Verlag 1991 (= Bibliothek deutscher Klassiker 71).

Ders.: Sämtliche Werke und Briefe: in vier Bänden. Hrsg. von Ilse-Marie Barth et al.. Bd. II. Frankfurt/Main: Deutscher Klassiker Verlag 1987 (= Bibliothek deutscher Klassiker 26)

Ders.: Sämtliche Werke und Briefe: in vier Bänden. Hrsg. von Ilse-Marie Barth et al.. Bd. III. Frankfurt/Main: Deutscher Klassiker Verlag 1990 (= Bibliothek deutscher Klassiker 51)

Ders.: Sämtliche Werke und Briefe: in vier Bänden. Hrsg. von Ilse-Marie Barth et al.. Bd. IV. Frankfurt/Main: Deutscher Klassiker Verlag 1997 (= Bibliothek deutscher Klassiker 122)

Ders.: Der Zerbrochne Krug. Mit Anmerkungen von Helmut Sembdner. Stuttgart 1996. (= UB Nr. 91)

Ders.: Der Zweikampf, Die heilige Cäcilie, Sämtliche Anekdoten, Über das Marionettentheater und andere Prosa. Mit Anmerkungen von Christine Ruhrberg. Stuttgart 2002. (= UB Nr. 8004)

Ders.: Hinterlassene Schriften. Hrsg. von Ludwig Tieck. Berlin 1821.

Ders.: Michael Kohlhaas. Mit Anmerkungen von Bernd Hamacher und einem Nachwort von Paul Michael Lützeler. Stuttgart 2003. (= UB Nr. 218)

Ders.: Prinz Friedrich von Homburg. Ein Schauspiel. Mit Anmerkungen von Bernd Hamacher. Stuttgart 2002. (= UB Nr. 178)

Ders.: Sämtliche Erzählungen. Hrsg. und mit Anmerkungen versehen von Curt Grützmacher. Nachwort, Zeittafel und bibliographische Hinweise von Dr. Hannelore Schlaffer. München 1980.

Ders.: Sämtliche Werke und Briefe. Hrsg. von Helmut Sembdner. Zweibändige Ausgabe in einem Band. München 2001.

Klemme, Hans-Peter: Leserarten. Varianz und Konsequenz in Heinrich von Kleists *Der zerbrochne Krug*. In: Perspektiven einer anderen Moderne. Literatur und Interkulturalität. Hrsg. von Arne Eppers und Hans-Peter Klemme. Hannover 2003 (= Festschrift für Leo Kreutzer), S. 61-71.

Klippel, Diethelm: Staatsamt und bürgerliche Gesellschaft: Die Theorie des Staatsdienstes im aufgeklärten Absolutismus und im Vormärz. In: Zeitwende?: Preußen um 1800. Hrsg. von Eckhart Hellmuth et al.. Stuttgart, Bad Cannstatt 1999, S. 77-96.

Kraft, Herbert: Kleist: Leben und Werk. Münster 2007.

Kreutzer, Hans Joachim: Über Gesellschaft und Geschichte im Werk Heinrichs [sic] von Kleist. In: Kleist-Jahrbuch 1980. Berlin 1982, S. 34-72.

Kreutzer, Leo: Literatur und Entwicklung: Studien zu einer Literatur der Ungleichzeitigkeit. Frankfurt/Main 1989.

Ders.: Für ein Regietheater in der Literaturwissenschaft. In: Literatur und Erfahrung 12/13 (1983). Berlin 1983, S. 26-28.

Kwak, Miran: Identitätsprobleme in Werken Heinrich von Kleists. Frankfurt/-Main 2000.

Lange, Henrik: Säkularisierte Bibelreminiszenzen in Kleists „Michael Kohlhaas“. In: Kopenhagener Germanistische Studien. Band 1. Kopenhagen 1969, S. 213-226.

Limbach, Jutta: „Im Namen des Volkes“: Macht und Verantwortung der Richter. Stuttgart 1999.

Loch, Rudolf: Kleist: Eine Biographie. Göttingen 2003.

Locke, John: Über die Regierung. In: Staatsdenker der Moderne. Klassikertexte Von Machiavelli bis Max Weber. Mit Einführungen hrsg. von Rudolf Weber-Fas. Tübingen 2003, S. 85-107.

Lucas, R. S.: Studies in Kleist. ‚Michael Kohlhaas'. In: Deutsche Vierteljahrsschrift für Literaturwissenschaft u. Geistesgeschichte (Dvjs) 44 (1970). Stuttgart 1970, S. 120-145.

Lucas, Raymond: Die Aporie der Macht. Zum Problem der Amnestie in Kleists ‚Michael Kohlhaas'. In: Kleist-Jahrbuch 1992. Stuttgart, Weimar 1992, S. 140-151.

Lüderssen, Klaus: Recht als Verständigung unter Gleichen in Kleists ‚Prinz von Homburg' – ein aristokratisches oder ein demokratisches Prinzip? In: Kleist-Jahrbuch 1985. Berlin 1985, S. 56-83.

Martini, Fritz: Heinrich von Kleist und die geschichtliche Welt. Berlin 1940; Nendeln, Liechtenstein 1969. (= Germanische Studien, Heft 225)

Machiavelli, Niccolò: Der Fürst. In: Staatsdenker der Moderne. Klassikertexte von Machiavelli bis Max Weber. Mit Einführungen hrsg. von Rudolf Weber-Fas. Tübingen 2003, S. 1-24.

Mathieu, Gustave: The struggle of a man's mind: A modern view of Kleist's Prinz von Homburg. In: German Life and Letters 13 (1959/60), Oxford 1960 (= Reprint, New York 1966), S. 169-177).

Miller, Norbert: Literarisches Leben in Berlin im Anfang des 19. Jahrhunderts. Aspekte einer preußischen Salon-Kultur. In: Kleist-Jahrbuch 1981/82. Berlin 1983, S. 13-32.

Mohl, Robert von: Die Geschichte und Literatur der Staatswissenschaften. Bd. I. Erlangen 1855.

Müller, Adam: Ausgewählte Abhandlungen. Mit erklärenden Anmerkungen. Hrsg. von Dr. Jakob Baxa. Vermehrte u. veränderte 2. Auflage. Jena 1931.

Ders.: Ueber König Friedrich II. und die Natur, Würde und Bestimmung der Preussischen Monarchie. Oeffentliche Vorlesungen, gehalten zu Berlin im Winter 1810. Berlin 1810.

Müller, Jan-Dirk: Kleists Mittelalter-Phantasma. Zur Erzählung ‚Der Zweikampf' (1811). In: Kleist-Jahrbuch 1998. Stuttgart, Weimar 1998, S. 3-20.

Müller, Richard Matthias: Kleists Michael Kohlhaas. In: Dvjs 44 (1970). Stuttgart 1970, S. 101-119.

Müller-Michaels, Harro: Insubordination als Autonomie: Heinrich von Kleists "Prinz Friedrich von Homburg". In: Deutsche Dramen: Interpretationen zu Werken von der Aufklärung bis zur Gegenwart. Bd. I. und II. Hrsg. von Harro Müller- Michaels. Königstein/Ts. 1981, S. 128-144.

Müller-Salget, Klaus: Das Prinzip der Doppeldeutigkeit in Kleists Erzählungen. In: ZdPh 92 (1973). Berlin 1973, S. 185-211.

Müller-Seidel, Walter (Hrsg.): Kleist und die Gesellschaft: Eine Diskussion. Berlin 1965.

Muth, Ludwig: Kleist und Kant – Versuch einer neuen Interpretation. Köln 1954.

Neumann, Gerhard (Hrsg.): Heinrich von Kleist. Kriegsfall – Rechtsfall – Sündenfall. Freiburg im Breisgau 1994. (= Rombach Wissenschaft-Reihe Litteterae, Bd. 20)

Ockert, Karin: Recht und Liebe als symbolisch generalisierte Kommunikations-

medien in den Texten Heinrich von Kleists. St. Ingbert 2005. (= Mannheimer Studien zur Literatur- und Kulturwissenschaft, Bd. 37)
Peter, Klaus: Für ein anderes Preußen. Romantik und Politik in Kleists ‚Prinz Friedrich von Homburg'. In: Kleist-Jahrbuch 1992. Stuttgart, Weimar 1992, S. 95-125.
Picher, Wolfgang: „Geld, Pfand und Rache - Versuch über ein Motiv bei Kleists 'Kohlhaas'". In: Kleist-Jahrbuch 2000. Stuttgart, Weimar 2000, S.104-117.
Pickerodt, Gerhard: „Bin ich der Teufel? Ist das der Pferdefuß?" Beantwortung der Frage, warum Kleists Dorfrichter Adam den linken Fuß zeigt. In: Kleist-Jahrbuch 2004. Stuttgart, Weimar 2004, S. 107-122.
Ribbat, Ernst: Babylon in Huisum oder der Schein des Scheins. Sprach- und Rechtsprobleme in Heinrich von Kleists Lustspiel ‚Der zerbrochne Krug'. In: Heinrich von Kleist. Studien zu Werk und Wirkung. Hrsg. von Dirk Grathoff. Opladen 1988, S. 133-148.
Rieger, Bernhard: Geschlechterrollen und Familienstrukturen in den Erzählungen Heinrich von Kleists. Frankfurt/Main et al. 1985. (=Europäische Hochschulschriften, Reihe I, Bd. 839)
Rothenberger, Curt: Der deutsche Richter. Erstes Buch. Hamburg 1943.
Rückert, Joachim: „... der Welt in der Pflicht verfallen ...". Kleists ‚Kohlhaas' als moral- und rechtsphilosophische Stellungnahme. In: Kleist-Jahrbuch 1988/89. Berlin 1988, S. 375-403.
Ryan, Lawrence: Zur Kritik der Gewalt bei Heinrich von Kleist. In: Kleist-Jahrbuch 1981/82. Berlin 1983, S. 349-357.
Schild, Wolfgang: Alte Gerichtsbarkeit. Vom Gottesurteil bis zum Beginn der modernen Rechtssprechung. München 1980.
Schlumbohm, Jürgen: Freiheit – Die Anfänge der bürgerlichen Emanzipationsbewegung in Deutschland im Spiegel ihres Leitwortes (ca. 1760-ca. 1800). Düsseldorf 1975.
Schmidhäuser, Eberhard: Das Verbrechen in Kleists ‚Marquise von O...'. Eine nur am Rande strafrechtliche Untersuchung. In: Kleist-Jahrbuch 1986. Berlin 1986, S. 156-175.
Schmidt, Jochen: Heinrich von Kleist. Die Dramen und Erzählungen in ihrer Epoche. Darmstadt 2003.
Ders.: Kleists Werk im Horizont der zeitgenössischen Legitimationskrise. In: Kleist-Jahrbuch 1981/82. Berlin 1983, S. 358-379.
Ders.: Stoisches Ethos in Brandenburg-Preußen und Kleists ‚Prinz Friedrich von Homburg'. In: Kleist-Jahrbuch 1993. Stuttgart, Weimar 1993, S. 89-102.
Schmidt, Lothar: Das treffende Zitat zu Politik, Recht, Wirtschaft. Hamburg 1986.

Schneider, Hans-Peter: Justizkritik im ‚Zerbrochnen Krug'. In: Kleist-Jahrbuch 1988/89. Berlin 1988, S. 309-326.
Schreiber, Christiane: „Was sind dies für Zeiten!" Heinrich von Kleist und die preußischen Reformen. Frankfurt/Main et al. 1991. (= Germanistische Arbeiten zu Sprache und Kulturgeschichte, Bd. 18)
Schubert, Ernst: Der Zweikampf. Ein mittelalterliches Ordal und seine Vergegenwärtigung bei Heinrich von Kleist. In: Kleist-Jahrbuch 1988/89. Berlin 1988, S. 280-308.
Schubert, Jörg: Das „Prinzip Verantwortung" als verfassungsstaatliches Rechtsprinzip – Rechtsphilosophische und verfassungsrechtliche Betrachtungen zur Verantwortungsethik von Hans Jonas. Baden-Baden 1998.
Schulz, Gerhard: Kleist: Eine Biographie. München 2007.
Ders.: Von der Verfassung der Deutschen. Kleist und der literarische Patriotismus nach 1806. In: Kleist-Jahrbuch 1993. Stuttgart, Weimar 1993, S. 56-74.
Schulz, Siegfried: Heinrich von Kleist als politischer Publizist. Frankfurt/Main et al. 1989.
Schutte, Jürgen: Einführung in die Literaturinterpretation. 5. erneuerte und erweiterte Auflage. Stuttgart, Weimar 2005.
Sembdner, Helmut: Heinrich von Kleist. Der zerbrochne Krug. Erläuterungen und Dokumente. Stuttgart 1998. (= Nr. 8123)
Shakespeare: All's well that ends well – Ende gut, alles gut. Deutsch von A. W. von Schlegel und Ludwig Tieck. Berlin um 1925.
Skrotzki, Ditmar: Die Gebärde des Errötens im Werk Heinrich von Kleists. Marburg 1971. (= Marburger Beiträge zur Germanistik, Bd. 37)
Sohoudé, Kuessi Marius: Die Problematik der Einflussnahme in Heinrich von Kleists „Michael Kohlhaas". Université d'Abomey-Calavi 2002. (Unveröffentlichte Maîtrise-Arbeit)
Ders.: Zum Diskurs der Rechtsreform in Deutschland um 1800 im Werk Heinrich von Kleists. In: Textprofile intermedial. Hrsg. von Dagmar von Hoff u. Bernhard Spies. München 2008, S. 299-308.
Steinborn, Hans-Christian: Abgaben und Dienste holsteinischer Bauern im 18. Jahrhundert. Neumünster 1982. (= Quellen und Forschungen zur Geschichte Schleswig-Holsteins, Bd. 79)
Streller, Siegfried: Verantwortung und Verantwortlichkeit in Kleists ‚Prinz Friedrich von Homburg'. In: Kleist-Jahrbuch 1991. Stuttgart, Weimar 1991, S. 53-59.
Theisen, Manuel René: Wissenschaftliches Arbeiten: Technik – Methodik – Form. 12., neu bearbeitete Auflage. München 2005.
Theologische Realenzyklopädie: Vernunft III – Wiederbringung aller. Bd. 35.

Berlin, New York 2003.
Thomasius, Christian August: Anweisungen vernünftig zu leben. Leipzig 1744.
Veeser, H. Aram (Hrsg.): The New Historicism. New York, London 1989.
Vierhaus, Rudolf: Heinrich von Kleist und die Krise des Preußischen Staates um 1800. In: Kleist-Jahrbuch 1980. Berlin 1982, S 9-33.
Weber, Max: Politik als Beruf. In: Staatsdenker der Moderne. Klassikertexte von Machiavelli bis Max Weber. Mit Einführungen hrsg. von Rudolf Weber-Fas. Tübingen 2003, S. 329-353.
Weber-Fas, Rudolf (Hrsg.): Staatsdenker der Moderne: Klassikertexte von Machiavelli bis Max Weber. Tübingen 2003.
Wendt, Ernst: O Himmel ! Zu einigen Wörtern in Kleists ‚Zerbrochenem Krug'. In: Kleist-Jahrbuch 1984. Berlin 1984, S. 62-65.
Wichmann, Thomas: Heinrich von Kleist. Stuttgart 1988.
Witte, Barthold C.: Fremdheitswissen als Basis auswärtiger Kulturpolitik. In: Kulturthema Kommunikation. Hrsg. von Alois Wierlacher. Möhnesee 2000, S. 415-422.
Wittkowski, Wolfgang: 'Der zerbrochene Krug': Gaukelspiel der Autorität, oder Kleists Kunst, Autoritätskritik durch Komödie zu verschleiern. In: Sprachkunst. Beiträge zur Literaturwissenschaft. Jg. XII. (1981) Wien 1981, S. 110-130.
Ders.: Gerechtigkeit und Loyalität, Ethik und Politik. Kleists ‚Verlobung in St. Domingo' und Goethes teilweiser Widerspruch in der ‚Belagerung von Mainz'. In: Kleist-Jahrbuch 1992. Stuttgart, Weimar 1992, S. 152-171.
Ders.: Nationalismus oder für eine bessere Gesellschaft? Goethe, Schiller, Kleist. Oldenburg 1995. (= Bibliotheksgesellschaft Oldenburg, Nr. 13)
Wolff, Hans Matthias: Heinrich von Kleist: Die Geschichte seines Schaffens. Bern 1954.
Ziolkowski, Theodore: Kleists Werk im Lichte der zeitgenössischen Rechtskontroverse". In: Kleist-Jahrbuch 1987. Berlin 1987, S. 28-51.
Zoozmann, Richard: Zitatenwelt der Weltliteratur. Überarbeitet von Dr. Otto A. Kielmeyer. Hamburg 2001.
Zschokke, Heinrich: Eine Selbstschau. Aarau 1853.

Links

http://www.gewaltenteilung.de/mueller.htm (05.03.2008)
http://www.rewi.hu-berlin.de/jura/ls/knr/Richter/Rechtsgeschichte/AB_08.html (05.03.2008)
http://www.preussenweb.de/personen/cocceji.htm (04.03.2008)
http://www.retrobibliothek.de/retrobib/seite.html?id=103133 (05.03.2008)

http://www.hu-berlin.de/ueberblick/geschichte/wilh_html (26.05.2008)
http://www.wissen.swr.de/sf/begleit/bg0014/bg_fe05a.htm (02.08.2005)
http://www.aesgb.de/html/projekte/9g3/kohlhaas.htm (03.08.2005)
http://www.zopeman.bbaw.de/BK/bibliographie/Grunderfassung.html (20.03.2006)
http://www.brandenburg1260.de/sachsenspiegel.html (12.08.2008)
http://idw-online.de/pages/de/news16626 (12.08.2008)
http://freenet-homepage.de/Eike.Genscher/EikevonRepgow.html (12.08.2008)
http://www.bund.de/nn_5916/Microsites/Deutsche-Demokratie/Grundlagen/Rechtsstaat/Rechtsstaat-knoten.html__nnn=true (18.03.2008)
http:viadrina.euv-frankfurt-o.de/kleist/klemt-kl.html (06/09/2000)
http://literaturen.partituren.org/de/archiv/2007/Ausgabe_1107/index.html?inhalt=20071123113533 (06.01.2009)
http://www.sueddeutsche.de/politik/198/450914/text/ (21.01.2009)
http://www.tagesschau.de/ausland/guinea124.html (21.01.2009)
http://www.uni-kassel.de/fb5/frieden/regionen/Guinea/camara.html (21.01.2009)

STUDIEN ZUR DEUTSCHEN UND EUROPÄISCHEN LITERATUR DES 19. UND 20. JAHRHUNDERTS

Herausgegeben von Dieter Kafitz †, Franz Norbert Mennemeier, Erwin Rotermund und Bernhard Spies

Band 1 Kafitz, Dieter (Hrsg.): Dekadenz in Deutschland. Beiträge zur Erforschung der Roman-literatur um die Jahrhundertwende. 1987.

Band 2 Thomas Fraund: Bewegung - Korrektur - Utopie. Studien zum Verhältnis von Melan-cholie und Ästhetik im Erzählwerk Thomas Bernhards. 1986.

Band 3 Edward McInnes: 'Ein ungeheures Theater'. The Drama of the Sturm und Drang. 1987.

Band 4 Georgia A. Schneider: Portraits of Women in Selected Works of Gabriele Reuter. 1987.

Band 5 Michael Limlei: Geschichte als Ort der Bewährung. Menschenbild und Gesellschafts-verständnis in den deutschen historischen Romanen (1820-1890). 1988.

Band 6 Hoda Issa: Das *Niederländische* und die *Autopsie*. Die Bedeutung der Vorlage für Georg Büchners Werke. 1988.

Band 7 Christa Jordan: Zwischen Zerstreuung und Berauschung. Die Angestellten in der Erzählprosa am Ende der Weimarer Republik. 1988.

Band 8 Alfons Weber: Problemkonstanz und Identität. Sozialpsychologische Studien zu Franz Werfels Biographie und Werk - unter besonderer Berücksichtigung der Exilerzählungen. 1990.

Band 9 Michael Krüger: Vom ordnenden Subjekt zur subjektgemäßen Ordnung. Studien zu Arnolt Bronnens Dramen. 1989.

Band 10 Michael Schmitt: Der rauhe Ton der kleinen Leute. "Große Stadt" und "Berliner Witz" im Werk Adolf Glaßbrenners (zwischen 1832 und 1841). 1989.

Band 11 Jutta Kiencke-Wagner: Das Werk von Gerlind Reinshagen. Gesellschaftskritik und utopisches Denken. 1989.

Band 12 Susanne Werling: Handlung im Drama. Versuch einer Neubestimmung des Hand-lungsbegriffs als Beitrag zur Dramenanalyse. 1989.

Band 13 Jürgen Hillesheim: Die Welt als Artefakt. Zur Bedeutung von Nietzsches "Der Fall Wagner" im Werk Thomas Manns. 1989.

Band 14 Jörg Marx: Lebenspathos und 'Seelenkunst' bei Stanislaw Przybyszewski. Interpretation des Gesamtwerkes unter besonderer Berücksichtigung der weltanschaulichen und kunsttheoretischen Positionen sowie der Poetik. 1990.

Band 15 Edward McInnes: 'Eine untergeordnete Meisterschaft?' The Critical Reception of Dikkens in Germany 1837-1870. 1991.

Band 16 Andrea Stoll: Erinnerung als ästhetische Kategorie des Widerstandes im Werk Ingeborg Bachmanns. 1991.

Band 17 Werner Brand: Der Schriftsteller als Anwalt der Armen und Unterdrückten. Zu Leben und Werk Walter Kolbenhoffs. 1991.

Band 18 Birgit Graafen: Konservatives Denken und modernes Erzählbewußtsein im Werk von Hermann Lenz. 1992.

Band 19 Barbara Krauß-Theim: Naturalismus und Heimatkunst bei Clara Viebig. Darwinistisch-evolutionäre Naturvorstellungen und ihre ästhetischen Reaktionsformen. 1992.

Band 20 Birgit Kneip: Zwischen Angriff und Verteidigung. Satirische Schreibweise in der deutschen Erzähl- und Dokumentarprosa 1945-75. 1993.

Band 21 Wolfgang Düsing (Hrsg.): Experimente mit dem Kriminalroman. Ein Erzählmodell in der deutschsprachigen Literatur des 20. Jahrhunderts. 1993.

Band 22 Bernd Waldmann: "Schiller ist gut – Schiller muß sein!" Grundlagen und Funktion der Schiller-Rezeption des westdeutschen Theaters der fünfziger Jahre. 1993.

Band 23 Bernd Kiefer: Rettende Kritik der Moderne. Studien zum Gesamtwerk Walter Benjamins. 1994.

Band 24 Eva Borst: Über jede Scham erhaben. Das Problem der Prostitution im literarischen Werk von Else Jerusalem, Margarete Böhme und Ilse Frapan unter besonderer Berücksichtigung der Sittlichkeits- und Sexualreformbewegung der Jahrhundertwende. 1993.

Band 25 Doortje Cramer: Von Prag nach New York ohne Wiederkehr. Leben und Werk Hermann Grabs (1903-1949). 1994.

Band 26 Elisabeth Hillesheim: Die Erschaffung einer Märtyrers. Das Bild Albert Leo Schlageters in der deutschen Literatur von 1923 bis 1945. 1994.

Band 27 Claudia Bibo: Naturalismus als Weltanschauung? Biologistische, theosophische und deutsch-völkische Bildlichkeit in der von Fidus illustrierten Lyrik (1893-1902). Mit einem Anhang: Organisationen der Deutschgläubigen Bewegung. 1994.

Band 28 Roswita Schwarz: Vom expressionistischen Aufbruch zur Inneren Emigration. Günther Weisenborns weltanschauliche und künstlerische Entwicklung in der Weimarer Republik und im *Dritten Reich*. 1995.

Band 29 Martin Steinmetz: Fernando Pessoa und Gottfried Benn. Eine vergleichende Studie zur Identitätsproblematik in der Dichtung des 20. Jahrhunderts. 1995.

Band 30 Helena Frenschkowski: Phantasmagorien des Ich. Die Motive Spiegel und Porträt in der Literatur des 19. Jahrhunderts. 1995.

Band 31 Verena Mahlow: "Die Liebe, die uns immer zur Hemmung wurde...". Weibliche Identitätsproblematik zwischen Expressionismus und Neuer Sachlichkeit am Beispiel der Prosa Claire Golls. 1996.

Band 32 Irene Schüpfer: "Es war, als *könnte* man gar nicht reden." Die Kommunikation als Spiegel von Zeit- und Kulturgeschichte in Eduard Mörikes *Maler Nolten*. 1996.

Band 33 Elisabeth Fillmann: Realsatire und Lebensbewältigung. Studien zu Entstehung und Leistung von Werner Krauss' antifaschistischem Roman "PLN. Die Passionen der halykonischen Seele". 1996.

Band 34 Gerd Schattner: Der Traum vom Reich in der Mitte: Bruno Brehm. Eine monographische Darstellung zum operationalen Charakter des historischen Romans nach den Weltkriegen. 1996.

Band 35 Doris Kolesch: Aufbauende Zerstörung. Zur Paradoxie des Geschichts-Sinns bei Franz Kafka und Thomas Pynchon. 1996.

Band 36 Susanne Marschall: TextTanzTheater. Eine Untersuchung des dramatischen Motivs und theatralen Ereignisses "Tanz" am Beispiel von Frank Wedekinds *Büchse der Pandora* und Hugo von Hofmannsthals *Elektra*. 1996.

Band 37 Peter W. Marx: Heiner Müller: *Bildbeschreibung*. Eine Analyse aus dem Blickwinkel der Greimas'schen Semiotik. 1998.

Band 38 Jürgen Kron: Seismographie der Moderne. Modernität und Postmodernität in Ernst Jüngers Schriften von *In Stahlgewittern* bis *Eumeswil*. 1998.

Band 39 Sabine Hillebrand: Strategien der Verwirrung. Zur Erzählkunst von E.T.A. Hoffmann, Thomas Bernhard und Giorgio Manganelli. 1999.

Band 40 Christina Jung-Hofmann: Wirklichkeit, Wahrheit, Wirkung. Untersuchungen zur funktionalen Ästhetik des Zeitstückes der Weimarer Republik. 1999.

Band 41 Stefan Schwöbel: Autonomie und Auftrag. Studien zur Kunsttheorie im Werk von Peter Weiss. 1999.

Band 42 Alexa Hennemann: Die Zerbrechlichkeit der Körper. Zu den Georg-Büchner-Preisreden von Heiner Müller und Durs Grünbein. 2000.

Band 43 Anne Waterstraat: »Ein System und keine Gnade«. Zum Zusammenhang von Gottesbild, Sündenverständnis und Geschlechterverhältnis in ausgewählten Texten Marieluise Fleißers. 2000.

Band 44 Ina-Gabriele Dahlem: Auflösen und Herstellen. Zur dialektischen Verfahrensweise der literarischen Décadence in Heinrich Manns *Göttinnen*-Trilogie. 2001.

Band 45 René Geoffroy: Ungarn als Zufluchtsort und Wirkungsstätte deutschsprachiger Emigranten (1933-1938/39). 2001.

Band 46 Carola von Edlinger: Kosmogonische und mythische Weltentwürfe aus interdiskursiver Sicht. Untersuchungen zu *Phantasus* (Arno Holz), *Das Nordlicht* (Theodor Däubler) und *Die Kugel* (Otto zur Linde). 2002.

Band 47 Ruthild Kropp: Konstanz und Wandel der Pferdedarstellung in der neueren deutschen Literatur. Ein Beitrag zur Motivgeschichte des Pferdes. 2002.

Band 48 Ulrike Brandenburg: Hanns Heinz Ewers (1871-1943). Von der Jahrhundertwende zum Dritten Reich. Erzählungen, Dramen, Romane 1903-1932. Von der Genese des Arioheros aus der Retorte: Die Gestaltwerdung einer ‚deutschen Reichsutopie'. 2003.

Band 49 Katharina Theml: *Fortgesetzter Versuch* - Zu einer Poetik des Essays in der Gegenwartsliteratur am Beispiel von Texten Christa Wolfs. 2003.

Band 50 Brigitte Dörrlamm: Gasthäuser und Gerüchte. Zu integrativer Polyphonie im Werk Wilhelm Raabes. 2003.

Band 51 Brigitte Schultze: Der polnische *Bauernfürst*: Vom Bauern zum König. Arbeit am Stoff in vier Jahrhunderten. 2003.

Band 52 Ewa Makarczyk-Schuster: Raum und Raumzeichen in Stanisław Ignacy Witkiewiczs Bühnenschaffen der zwanziger Jahre *oder* Kann man am Ende der Bühne noch die Hand ausstrecken? 2004.

Band 53 Dörte Lütvogt: Raum und Zeit in Olga Tokarczuks Roman *Prawiek i inne czasy* (Ur- und andere Zeiten). 2004.

Band 54 Michael Hesse: Kunst als fraktales Spiel. Potentiale der Kommunikation in den Romanen Alfred Anderschs. 2004.

Band 55 Natalia Shchyhlevska: Deutschsprachige Autoren aus der Bukowina. Die kulturelle Herkunft als bleibendes Motiv in der Identitätssuche deutschsprachiger Autoren aus der Bukowina. Untersucht anhand der Lyrik von Paul Celan, Rose Ausländer, Alfred Kittner, Alfred Gong, Moses Rosenkranz, Immanuel Weißglas, Alfred Margul-Sperber, Selma Meerbaum-Eisinger, Klara Blum, Else Keren. 2., korrigierte Auflage. 2009.

Band 56 Ellen Graßmann: Frauenbilder im deutschen Roman der fünfziger Jahre. 2004.

Band 57 Frauke Lamberts: Die Muse und die Erinnerung. Stilistische und poetologische Analyse von Hans Joachim Schädlichs Roman *Schott*. 2005.

Band 58 Elinor Waldmann: Frank Wedekinds *Bismarck*. Deutschnationale Heldenverehrung oder Dokument subversiver Kritik. 2005.

Band 59 Ernst Günter Fröls: *Die Weber* in der Revision. Untersuchungen zu Quellen, Struktur und Intention von Hauptmanns Weberdrama. 2005.

Band 60 Martin Buchwaldt: Ästhetische Radikalisierung. Theorie und Lektüre deutschsprachiger Theatertexte der achtziger Jahre. Tankred Dorst: *Karlos*, Rainald Goetz: *Krieg*, Heiner Müller: *Bildbeschreibung*. 2007.

Band 61 Valeska Steinig: Abschied von der DDR. Autobiografisches Schreiben nach dem Ende der politischen Alternative. 2007.

Band 62 Agnieszka Rajewska-Perzyńska: Rolf Bongs. Dissoziation eines Schriftstellers im Spannungsfeld zwischen Selbststilisierung und Anpassung. 2009.

Band 63 Veronica Alina Buciuman: *Sinceritas.* Der poetologische Begriff in Hermann Hesses Prosawerk. 2010.

Band 64 Annette Peitz: Chick Lit. Genrekonstituierende Untersuchungen unter anglo-amerikanischem Einfluss. 2010.

Band 65 Kuessi Marius Sohoudé: Rechtsstaatlichkeit und Verantwortlichkeit bei Heinrich von Kleist. 2010.

Band 66 Walter Schmidt: Zimmerspiele Mainz / Haus am Dom. Ein Zimmertheater der Nachkriegszeit (1950-1959/60) oder Der Versuch, poetische Schwingungen zu erzeugen. 2010.

Peter Lang · Internationaler Verlag der Wissenschaften

Gerd Grözinger (Hrsg.)

Perspektiven der Bildungsforschung

Frankfurt am Main, Berlin, Bern, Bruxelles, New York, Oxford, Wien, 2007.
179 S., zahlr. Tab. und Graf.
ISBN 978-3-631-54805-9 · br. € 37,10*

Der Band will einen Überblick zu zentralen Themen der Bildungsforschung geben. Darin enthalten sind Beiträge zur Bildungsberichterstattung, zur Weiterentwicklung von PISA, zur Bildungsökonomie, zur hochschulischen wie zur beruflichen Bildung, zu Bildung und Gesundheit und zur Repräsentanz von Bildung in den Medien. Diese basieren auf Vorträgen, die anlässlich der Etablierung des Zentrums für Bildungsforschung an der Universität Flensburg gehalten wurden. Die Autorinnen und Autoren kommen aus Facheinrichtungen wie dem Bundesinstitut für Berufsbildung, dem Centrum für Hochschulentwicklung, dem Deutschen Jugendinstitut, dem Deutschen Institut für Internationale Pädagogische Forschung, dem Institut der deutschen Wirtschaft sowie dem Leibniz-Institut für die Pädagogik der Naturwissenschaften.

Aus dem Inhalt: Pisa · Bildungsberichterstattung · Hochschule · Bildungsökonomie · Berufliche Bildung · Bildung in den Medien